多言語・多文化社会へのまなざし

—新しい共生への視点と教育—

赤司英一郎
荻野　文隆　編
松岡　榮志

白帝社

はじめに

わたしたちはときとして広い世界へ足を踏みだすように、国際社会について考えをめぐらしますが、その国際社会が具体的な現実のすがたをとるときにはいつも、目の色、肌の色、生活習慣や考え方の異なる、一人ひとりの人間となってあらわれます。すると、わたしたちは、身近な人に対してすら訳のわからない変な人という思いを抱くことがあるくらいですから、たちまちにして他者理解や異文化理解のむずかしさを体験することになります。そのような理由もあるからでしょう、これまで、他者や異文化を理解するなどという七面倒臭いことはやめにして、暴力によって相手を自分や自分の文化に従わせようとする企てばかり起きてきたことは、世界史が物語るとおりです。あるいは、温暖な気候に恵まれた豊かな島国の日本は、鎖国をして他者や異文化をやり過ごそうとしたこともあります。しかし今日、地球温暖化による環境問題、多国籍企業の活動がからむ食糧問題、経済的および政治的原因による移民現象など、国境を越える事がらがわたしたちの生活と関係していることがわかってきますと、もはや鎖国はありえませんし、戦争のような暴力による問題の解決がいかに愚劣であるかは、だれの目にも明らかになりました。21世紀はきっと、共生の時代となるに違いありません。もはや自分の周囲で、あるいは自分の国で起きていることだけを知って理解さえすればよい時代ではなくなったのです。「仲間以外はみな風景」（宮台真司『まぼろしの郊外』）という考え方がいまの若い人たちのあいだにひそかに蔓延しているみたいですが、そのようなナルシスト的な閉鎖性は、世界に目を向け、他者と異文化について考えることで打破してほしいとおもいます。

日本の学校にも、さまざまな国で生まれたさまざまな国の文化を背景にもつ子どもたちが顔をみせるようになりました。2007年7月のニュースによりますと、日本語指導の必要な外国人児童・生徒の数が前年度比8.3%増で、過去最高の22,413人（2006年9月1日現在）になったそうです。これに加えて日本語指導の必要でない外国人児童・生徒がいますし、ダブルの子どもたち（以前はハーフと呼ばれましたが、〈半分〉ではなく〈両方〉の大切さが認識されるようになりましたので、そう呼ばれます）も増えてきました。日常生活においてだけでなく学校現場においても、そのような児童・生徒にどのように対応したらよいのかが問われるようになったのです。この今日的な課題ときちんと向き合うには、地球上のさまざまな地域でどのような多様な生活が営まれているのか、他者や異文化との出会いに起因するいかなる出来事がこれまでに起きてきたのか、今日も起きているのか、世界の学校現場にはどのような多文化状況が展開しているのか、それらを知り、それらから学ぶことが大切でしょう。

20世紀を代表する女性の思想家であるハンナ・アーレントが、共生についてこんなことを言っています。「世界の中に共生するというのは、本質的には、ちょうど、テーブルがその周りに坐っている人びとの真中《ビトウィーン》に位置しているように、事物の世界がそれを共有している人びとの真中《ビトウィーン》にあるということを意味する」（『人間の条件』志水速雄訳）。

さまざまな状況のなかで暮らしている多様な人びとが一つのテーブルをかこんで坐り、おなじテーマについて語りあい、生活を共にするようすを想像しますと、たしかにそれこそが地球の本来の姿のように思えてきます。この本も、多様な人びとがお互いの違いについての理解を深めつつ、一つのテーブルに坐るようになるための準備の一助となることを願ってつくられました。

３部構成になっています。第一部には世界の多様性について、第二部には、多言語・多文化社会の歴史と現在について、第三部には、学校のなかの多文化状況についての論文やコラムが載せられています。このように多様な社会と文化の状況、このような異文化間の交流、そして、このような他者と異文化にまつわる歴史によって国際社会が形成されてきたこと、現在も形成されていること、さらに、そのなかに暮らすわたしたちが、学校の中でも、このような他者と異文化にまつわる問題に直面しながら、新しい共生への視点を探しもとめていることを、多くの学生に、そして外国文化のなかで育った児童・生徒と日々接しておられる小学校・中学校の先生方に、共に考えていただけたらとおもいます。

（赤司英一郎）

目次

第三部　学校のなかの多文化状況

第5章 豊かな自然を大切に

第一部

世界の多様性

世界はひとつの多様な家族

荻野　文隆

ひとつの家族が異なる個性をもつ人々から成り立っているように、教室や学校には多様な個性をもつ子どもたちがいます。社会や世界もまた多元的な価値観や異なる風習、多様で豊な文化や歴史を背景にして存在しています。まさに世界は大きな家族ですが、しかし極めて多様な家族なのです。この多様性を単一の価値観や単一のやり方から守ることは、私たちにとって本当に大切なものを守ることにつながるのではないでしょうか。

1．はじめに

「世界はひとつ、人類はひとつの大きな家族」という表現がある。これは国同士が戦争をし、イデオロギーを異にする陣営が対立するかたちで数限りない殺戮が行なわれてきた歴史をもつ人類にとって、対立や戦争の愚かさや残虐さへの反省として重要な意味をもつといえる。しかしそれが世界を単一の価値観でひとつにすることができ、一部の国の一部の人々の単一的な考え方で世界に秩序をもたらすことができるという認識を表わすとすれば、それは取り返しのつかないあらたな過ちを繰りかえすことになるだろう。ひとつの社会に多様な価値観を持つ人々が住んでいるように、ひとつの学校や教室にもそれぞれ個性の異なる子どもたちがいる。その子どもたちを単一の感じ方、単一のやり方で枠に嵌めようとしたとすれば大変な事態が発生するように、ひとつの社会や教室よりもさらに多元的な要素を孕んだ世界に向かうときその多様性に則した対応が求められるのである。

ではどのようにして世界の多様性を捉えることができるのだろうか。そのひとつのやり方がおそらく家族構造の多様性に注目することなのである。

2. 家族構造の類型

人類学が家族構造を分類するときに使う二つの基準がある。ひとつは相続形態が平等相続なのか、一子相続なのかという違いであり、もうひとつは結婚した相続者が親と同居するか、別居するかの違いである。この二つの基準から四つの組合せが定義できる。

その1：直系家族：日本やドイツ、スウェーデン、ノルウェー、アイルランドなどの伝統的な家族構造で、一子相続と成人し結婚した後継ぎが親たちと同居するという形態である。直系家族の特徴は兄弟の不平等と親の権威の価値が重視されることである。

その2：平等主義核家族：フランスのパリ盆地やイタリア北部と南部、スペインの中部から南部にかけて支配的な家族構造で、平等相続と結婚した子どもたちが親と別居するのを特徴としていた。平等相続に平等の価値の強さを見出すことができ、また別居する形態に前の世代からの自由の度合いの大きさをみることができることから、その特徴は兄弟の平等と親の世代からの自由ということになる。フランス革命がこの家族構造を背景に持つ地域で発生したのも偶然ではないのである。

その3：外婚制共同体家族：ロシア、中国、ベトナム、セルビアなどに支配的だった家族構造であり、20 世紀に入って共産主義体制を選択した地域の人類学的条件であった。平等相続と結婚した兄弟たちが親と同居し大家族を形成するのが理想とされ、平等主義と権威主義を基本的な価値としてもつ。

その4：絶対核家族：イングランド、デンマーク、オランダの西部などのいわゆるアングロサクソン地域の家族構造で、一子相続と別居を基本とする形態である。平等への無関心と自由主義が社会の無意識的な価値として構造化されている。

以上4つの類型にさらにイトコ同士の結婚を容認もしくは奨励しているか、逆に禁止しているかという内婚制と外婚制の違い、さらには父系制、母系制、あるいは双系制の偏差を重ねあわせることでほぼ八つの類型が想定される。そのなかにはインド南部のケララ州にみられる母系制システムやアフリカに見られる父系制と母系制が組み合わされたかたちの家族システム、そしてアラブ・イスラム地域の内婚制共同体家族などが含まれる。[1)]

もちろんこの 8 つの類型はさらにそのひとつひとつのなかに微妙な差異があるのである。家族が人間の社会の最小集団であることを考えれば、この多様性が画一的な決め付けに抵抗し、世界が文化、思想、政治、宗教、イデオロギー上の多様性を保持し続ける基底の条件となっていたとしても決して不思議ではないのである。ここでは世界の人類学的な多様性を概観するとともに、それが社会の選択にどのような意味を付与しているかを具体例を通して見ていくことにする。また学校という場に求められる選択がどのような人類学的な要因によって条件づけられるのかについても触れてみたい。

3．直系家族と教育力

日本列島に支配的な人類学的類型は直系家族であり、ヨーロッパの北部、そして韓国・朝鮮に限られた家族構造である。古くは山東省を始めとした中国の沿岸地域の家族構造であったと考えられている。ヨーロッパではドイツ文化圏からノルウェー、スウェーデンにつながる地域、さらにはフランス南西部、スペイン北部、ちょっと飛んでアイルランド、スコットランドの西部といった地域に見られたものである。この家族構造の存在が文化やイデオロギー的な選択にある種の親近感を感じる条件となっている例として挙げることができるのは、明治憲法がその基本的なモデルをフランスの共和制憲法にではなく当時のプロイセンの憲法によっていたことである。そこに日本とフロイセンという二つの国の伝統的な家族構造が直系家族という同一の類型を共有していたという事実を重ねあわせると、憲法という極めて重要な政治的選択において両国がかなり類似した対応をしていたことが決して偶然ではないことに気づくことができる。ともに直系家族の権威主義と不平等主義が、政治イデオロギーのレベルで表現されたのであり、その根底に平等主義と自由主義をもつフランスの共和制憲法とは適合しないことが解る。そこには社会の選択が、家族構造に書き込まれている価値に無意識的に沿ったかたちでなされている現象が読み取れるのである。

ところで直系家族は、ヨーロッパにおいて識字化の最も早い立ち上がりを実現した地域の家族構造である。直系家族の一子相続の慣習の特徴は、親の世代が獲得した経済的・文化的な財産をそっくりそのまま次の後継者にうけつがせようとする意欲が非常に強いことだが、それが読み書きという文化的な能力を獲得し受け継がせる力として発揮されたのである。スウェーデンからドイツにかけての地域は16世紀にその文化的な成長の活性力が、プロテスタンティズムの台頭をもたらし西欧にあらたなイデオロギー状況を出現させた地域である。カトリックとプロテスタントの宗教戦争は中世から近代への移行現象であったと同時にじつは文化的な先進地域と後進地域の文化的な対立でもあったのである。これはイングランドで工業化という近代化が始まるはるか以前のことで、いまだ大幅に農民共同体であった社会で識字化という近代化がすでに始まっていたことを意味する。識字化という現象における家族構造の果たす役割は重要だが、同時に注目すべきは、いわゆる国家的な制度は決して主要な要素ではなかったということである。文化的なテイクオフの原因が人類学的な条件としての家族構造であり、国家による上からの制度はむしろその結果としてついてくるものであったことはフランスやロシアなどの例を見ると明瞭に確認できるのである。たとえばフランス国内の識字化の進展は政治的中心であるパリを中心に立ち上がった現象ではなく、ドイツ語圏と隣接した北東地域から南西地域へと広がるかたちで実現された。ロシアでも同様の現象が見られる。そこでは識字化の震源地はモスクワでもサンクトペテルブルグでもなく、バルト海の向こうのスウェーデンだった。やはり国外の直系家族地域で実現された文化的な立ち上がりの影響を受けるかたちで識字化が進行していったのである。教育における活性力というのは、社会そのものがもつ文化的な活性力によるところが大きいのであり、国家の制度として上からやって来るものではない。日本における寺子屋がはたした役割などはそのひとつの典型であるといえる。[2)]

4．東アジアの家族構造

ユーラシア大陸の東部地域には大きく分けて 3 つの家族構造がある。先ず日本や韓国・朝鮮の直系家族、中国、ベトナムの外婚制共同体家族、そしてフィリピン、インドネシア、カンボジアなどのアノミー家族である。アノミー家族については、ユーラシア大陸の極西地域に存在する絶対核家族に近い類型であること、そして東アジアの他の二類型に見られる権威主義が弱いという特徴をもつことだけを指摘するにとどめて、ここでは直系家族と外婚制共同体家族について見てみよう。

直系家族地域で識字化が早期に実現したというヨーロッパで確認された現象と類似した現象が、歴史、文化、地理的に大きく異なる東アジアでも見ることができる。日本は江戸時代に既に文化的な近代化といえる識字化が始まっていたことが判っているが、韓国・朝鮮でもかなり早く識字化の立ち上がりが確認されている。これに対して中国では識字化の立ち上がりが幾分か遅れていた。[3] その背景に日本や韓国・朝鮮とは異なる家族構造の存在を見ることができる。ところで日本と同じ直系家族の国である韓国・朝鮮だが、地理的な条件のために中国の政治的、文化的な影響が日本とは比較にならないくらいに大きかった。その結果そこでの直系家族はちょうど日本と中国の中間的な形態といえるものになった。たとえば、結婚した複数の兄弟が親の家に同居することが、恒常的な形態ではないという認識をともないながらも許容されることなどは、中国の共同体家族の影響といえる。日本に見られる直系家族の感覚では、結婚した複数の兄弟が親元で同居するというのは、あらかじめ選択肢から排除されているといえるのではないだろうか。中国の影響は、さらにその強い外婚制規制においても見ることができる。日本では一時はイトコ同士の結婚が 10%に近かったという調査結果が出ているくらいで、内婚制の日本に対して極めて強い外婚制の韓国・朝鮮という対比が存在するのである。

ところでこの共同体家族の直系家族への影響という現象は、歴史的に遡れば実は中国の内側でも展開したものだった。じつは秦が韓、魏、楚、趙、燕、斉を征服し、秦の制度をもって中国を統一したとき、その制度を支えていた価値が共同体家族のそれであった。実際、山東出身の孔子の儒教はこのとき厳しく弾圧されたが、直系家族の価値を体現した儒教が共同体家族のそれに適合しなかったのである。その後の中国の歴史は、秦以外の地域がこの共同体家族の価値へ同化されていく歴史として生きられた。その現象は遠くベトナムや韓国・朝鮮にも及んだ。興味深いことに、直系家族の地域であった山東出身の孔子が開いた儒教がその後、中国よりもむしろ直系家族の伝統の強い韓国・朝鮮に深く根付くことになったのも偶然ではなかったのである。伝統的な直系家族の価値が儒教のそれと合致したといえるのである。

5. 家族構造とイデオロギーの関係

さて家族のなかに形成された人間関係が社会における人間関係の原型となるという考えは非常に単純なものだけに古くから多くの人々が自然に持ち合わせた感覚だった。フランスの思想家のジャン=ジャック・ルソーもそのひとりだったが、『社会契約論』のなかで彼が次のように指摘するとき、それは平等主義核家族の感覚だったのだ。

> あらゆる社会のなかでもっとも古く、また唯一自然なのは家族という社会なのである。今日でもなお、子どもたちは自己保存のために父親を必要とする間は父親につながれている。この必要がなくなるや否や、しぜんの繋がりはほどける。子どもたちは父親に対して負っていた服従の義務から解放され、父親も子どもたちを世話する義務から解放され、それぞれが同じく独立生活へと戻って行く……そういうわけで、言ってみれば家族とは政治的社会の最初のモデルなのである。首長は父親の似姿であって、いずれも生まれながらにして平等にして自由であり、実利のため以外にその自由を放棄することはない。[4)]

「生まれながらにして平等にして自由」な人間関係として想定された家族関係がそのまま社会の人間関係をも律しているというこのルソーの人間観、社会観の背後にあるのは、まさに平等相続により兄弟間の平等が実践され、成人した子どもたちが親から独立し別居することで享受できる自由が存在する平等主義核家族の家族感そのものだった。[5)] しかしこのルソーも人類学者のエマニュエル・トッドが確認した次の事例を知ったとしたら、そこまで深い影響があったとは思わなかったと告白したかも知れない。それは20世紀において社会主義体制、共産主義体制を選択した国の伝統的な家族構造が同一のものであったということである。[6)] ロシア革命を実現したロシアの伝統的な家族構造は外婚制共同体家族あり、毛沢東が実現した中国革命もやはり外婚制共同体家族だった。ベトナムもセルビアもさらにはキューバもそうだったのである。また社会主義体制をとるところまではいかなかったとしても、伝統的に共産主義、社会主義が安定した基盤を有している地域はやはりこの家族構造が支配的な地域なのである。イタリアの中部がその例だ。この家族構造は平等と権威の価値を内包しているが、それは社会・共産主義体制の基本である人民の平等と党の指導的な権威に反映されているといえる。これに反してプロレタリアートをもっとも早く大量に生み出したことでもっとも革命に近いとマルクス自身が考えていたイギリスは、共産主義への支持基盤をついに生み出すことはなかった。家族構造の分析からいうならば、イングランドの支配的なシステムは絶対核家族であり、そこに書き込まれた価値は自由主義と平等への無関心というものだった。イギリスに革命が起るためには平等主義が決定的に欠けていたのである。歴史的にさかのぼって考えた場合、ブルジョワ革命という別様の革命であったフランス革命もやはり平等主義を基本的な価値としてもつ国で起こった運動だった。フランスの支配的な構造は平等主義核家族であり、平等と自由が同時に基本的な価値として書き込まれた類型だった。フランス革命のスローガンが自由、平等、友愛であったのも決して偶然ではなかったのである。中国もやはりその歴史のなかで何度となく革命を繰り返してきた国だが、その家族構造が外婚制共同体家族であり、平等主義が根底に息づいているのである。

この外婚制共同体家族は複数の兄弟たちの共同からなる大家族を理想とするが、それはまた父親の死によって家族の崩壊が定期的に繰り返される類型でもある。この家族サイクルを心理的な情景としてとらえた場合、ある意味では革命により体制が崩壊し、新たな体制が打ち立てられる運動を受け入れるための心理的な準備が家族サイクルのなかで常に実践されている類型であるといえるのだ。これに対して日本などの直系家族はひたすら体制を次の世代へ継続させようとする欲求が心理的な情景として強く演出される類型なのである。

6．参政権と家族構造

フランスでは1848年に成人男性を対象とした普通選挙が制定された。ドイツでは1871年だった。これに対してイギリスでは1918年にほぼ普通選挙といえる制度が制定されたが、一人一票という権利の平等が実現したのは1950年の総選挙のときだった。それまでは特定の職種や地位にある人々に二重選挙権が認められていたのである。政治的権利の平等の実現にイギリスがこれほども遅れたのはいったいなにを意味するのだろうか。やはり平等主義が家族構造に書き込まれているフランスと平等への無関心がその人類学的条件に書き込まれているイギリスとの違いを見ることできる。しかしいかなる制度にもさまざまな要素からなる厚みというものがあるもので、この二つの国の選挙制度の歴史にはもう一つ別の側面があるのである。それは女性の普通選挙の実施の時期が、フランスとイギリスでは逆転していることだ。イギリスでは1918年に制定された男性の普通選挙と同時に30歳以上の女性に選挙権が認められたのに反して、フランスでは1944年、つまり第2次世界大戦の終結を待たねばならなかった。つまりフランスでは男性の選挙権が認められてから女性に選挙権が認められるまでにほぼ百年かかったのだ。

このフランスとイギリスの違いはおおよそ次のように理解することができる。フランスではその家族構造の平等主義によって社会的平等の一形態である男性の普通選挙がもっともはやく実現されたのに対して、イギリスではその平等への無関心が普通選挙の実現を遅らせた。しかし家族構造に書き込まれている女性の地位の相対的な高さがイギリスでは、男性と同時期に女性の参政権を認める条件としてあった。これに反して、フランスの平等相続に書き込まれた女性の地位の相対的な低さが女性の参政権の導入を遅らせた、と。実は平等相続という習慣は、実質的には相続から女性を排除するという副次的な特徴をもつのである。兄弟で平等に財産を分け、姉妹は結婚することで家族の外に生きる場所を見出すべく定めらている。それに反して一子相続制は男性が生まれなかった場合には女性が後を継ぐという選択肢が用意されており、その分女性の地位が高くなり、その女性の地位の高さが文化的な成長を支える重要な条件となるのである。ヨーロッパでは一子相続で同居型の地域であるスウェーデンやドイツ語圏で16世紀に識字化の現象がたち現われるが、これも女性の地位の高さと無関係ではなかった。日本も世界では数少ない直系家族地域のひとつだが、識字化がすでに江戸時代から始まっていたことが確認されていることは、直系家族がもつ教育力の現われといえるのである。フランスでも直系家族地域である南西地方のバカロレア取得率がパリなどの平等主義核家族地域のそれを上回っているが、これも直系家族の伝統が息づいていることの一例である。スウェーデン、ドイツ語圏、フランスそして日本などにおける直系家族の家族構造の教育力の強さは、まさにこの家族構造の価値が草の根的に発揮されたときにたち現われる現象なのである。

7．歴史のなかの家族構造

フランスでもボルドーやトゥルーズなどの都市がある南西地方はかつてアキテーヌ地方と呼ばれ、その相続形態は一子相続、つまり直系家族地域だったのだ。そこにフランスの歴史のなかでも有名なアリエノール・ダキテーヌという女性が12世紀の前半に生まれている。彼女はこの地方を支配していたアキテーヌ公ギヨームの一人娘で、直系家族の伝統にしたがって跡取り娘となった。この跡取り娘は、その後それぞれフランス王とイギリス王となるふたりの王子と結婚することになるが、その一人は後のフランス王ルイ 7 世であり、もう一人は後のイギリス王ヘンリー2世となるプランタジネット家のアンジュ公アンリだった。アリエノールはルイ 7 世との15年の結婚が破毀された 2 ヵ月後にはアンリと結婚しているが、アンリがその 2 年後にイギリス王となったため、アリエノールが領主であったフランスの南西部全域が、イギリス王の支配下に組み込まれた。アンジュ公アンリが既にフランスの北西部を領地として支配していたことから、アンリとアリエノールの結婚は、現在のフランス本土のほとんど西半分がルイ 7 世の直接の支配を受けない地域となり、加えてアンリがイギリス王となったことでイギリス王の領地がフランスの西半分を含む広大な勢力圏を形成することになったのだ。このようにして出現したフランスのなかでのフランス王とイギリス王の利害が真っ向から対立する構図は、2世紀後のフランスとイギリスの百年戦争へと突き進む基本的な構図を生み出すものとなった。自らの領土を持つ領主としての資格に裏打ちされたアリエノール・ダキテーヌの奔放さは、一子相続地域の女性の地位の高さを象徴するものだったのだ。

これに対してパリ盆地を中心とした平等相続地域を基盤としていたフランスの王位に女性が就くことはなかった。それもフランスの伝統である平等相続に見られる兄弟間の平等の強さが、女性を排除したかたちで実践されていることと無関係ではないのである。平等主義の慣習法は 500 年頃にフランク王国を打建てたクロヴィスの時代には王権のレベルでも存在していたもので、さらに 800 年頃のシャルルマーニュの時代にも依然として確認できるものだった。それがその後のドイツ語圏では一子相続への傾斜がみられたのに対して、パリ盆地を中心としたフランスではこの平等相続が継続された。平等相続の継続とともに女性を相続から遠ざける慣習も堅持され、女性を王位から遠ざける慣習として制度化されていった。1300 年代に入ると、フィリップ 5 世が自らの王位継承を正当化するためにこの習慣を強く主張し、女性を王位から排除することが規則として確認されている。ところがこのフィリップ 5 世には男の子が生まれなかったために、彼の死後、王位が弟のシャルル 4 世の手に移るという皮肉な事態も起っている。王の娘は王位に就けないという状況のなかでも、王の娘と結婚した男性には王権を継承する権利が認められていた。15 世紀末から 16 世紀初頭にフランスの王位についたルイ 12 世やフランソワ 1 世がその例だった。16 世紀末にナントの勅令を出したアンリ 4 世もそのひとりだ。これに対して一子相続のイギリスやスコットランドでは女性でも王権につくことができ、エリザベス 1 世、マリー・スチュアート、ヴィクトリア女王などの存在はそのような人類学的な背景が条件付けた現象であった。また直系家族の地域であるスウェーデンのクリティーヌ女王も女性が王位につくことを許容する人類学的な条件を背景とした例だった。フランスとイギリスのこのような人類学的な条件の違いが 20 世紀に入っても、女性の参政権に対する社会そのものの姿勢の違いとして現われていたとしても決して不思議ではないのである。

8．女性参政権の導入の歴史

男性の参政権の実現に時期的な差があったように、女性参政権の導入の時期もそれぞれ国によって異なる。1892 年のニュージーランドを初めとして、フィンランド（1904 年)、そして帝政ロシアの崩壊でロシアで女性の参政権が導入された（1917 年)。その後、1918 年にはイギリス、第 1 次世界大戦後の 1919 年にはオーストリア、オランダ、チェコ、ポーランド、ドイツで制定され、さらにアメリカ、カナダの 1920 年となっている。インド(1921)、トルコ(1934)、フィリピン（1937）なども女性参政権の実現は、日本より早かった。じつは工業化が進んでいた国のなかで、第 2 次世界大戦終結まで女性参政権が導入されなかった国は、フランス、イタリアそして日本だったのである。[7)]

とはいえフランスでも戦前に女性参政権の導入の試みがなされなかったわけではない。女性の参政権を認める法案が国民議会を 2 度通過しながら、上院によって否決されている。ではなぜ上院が否決したのか。それを理解するためには、上院議員の体質を見る必要がある。上院議員を選ぶための選挙権は、現在でも一般の選挙民には認められておらず、地方議会議員や市長のみに許されている権利で、勢い彼らの選択は非常に保守的で時代の趨勢からはかなり遅れたものとなる構造性をもっている。この保守的で時代の流れとのズレをもつ上院が、一般の有権者によって選出された国民議会議員たちの選択を拒否したのである。フランスの家族構造が平等主義であるということが社会の選択を根底で条件づけていることはたしかだが、歴史の動きには実在する具体的な制度の性格と機能も大きく関わってくるのである。

日本でも戦前、女性の参政権を認める婦人公民権法案が衆議院を通過しながら貴族院で否決されるという事態が 1930 年、1931 年の 2 度起っていた。これも衆議院議員の選出の仕方に較べて貴族院議員の選出が極めて偏ったものであったことから、保守的で時代の流れから乖離した貴族院が衆議院の判断を拒否したものだった。また明治憲法下の法律が当時のヨーロッパの趨勢の影響を受けたかたちで、女性の権利を強く制限するものとなっていたことも背景として指摘することができる。日本において女性から相続権を奪ったのは明治期に定められた法律であり、これは日本の伝統である双系制の直系家族という女性の地位が比較的高く、女性にも相続権を認めていた慣習をかなり歪めるものだったのだ。[8)]

フランスの上院が女性の参政権を拒否した背景には、その保守性ばかりではなく、家族構造の影響も見ることができる。政治的な論理のレベルでは、フランスの共和制の前提である人民の不可分性という原理が、かえって女性の参政権の導入に有利にはたらかなかったのである。人民の不可分性という概念は、フランス共和制の立法の前提となる概念で、法律は人民全体に平等に適用されるものとして制定されるべきものであって、ある特定のグループだけを標的にした立法は不当であるという認識である。[9)] これはフランス革命以前の絶対王政の時代にカトリックによってプロテスタントが迫害を受けていたことへの反省の意識のなかから革命によって生まれた共和制の原理として書き込まれた認識なのである。この不可分性の概念はさらに20世紀において、ナチス・ドイツの占領下のヴィシー政権がユダヤ人だけを対象とした反ユダヤ法によって数千人のフランスのユダヤ人をアウシュヴィッツに送った事実への批判の意識として今日も生き続けている。戦前においてはこれが女性だけを対象とした法律の成立を牽制する議論を支えたのである。[10)]

9．平等と過半数

ところで選挙制度において1票の価値の平等が守られ、少数意見が尊重されることは民主主義にとって非常に重要な前提である。フランスなど西欧において小選挙区制で代表者を選ぶとき、有権者の代表をひとり選ぶのであるから、少なくとも投票した人々の過半数の票を得て初めてその選挙区の代表者としての信任を得たものと認めるという考え方がある。そこで1回目の投票で過半数を獲得する候補者がいない場合、もっとも票の多かった候補者たちで決選投票を行うことになる。このような選挙制度は今日の民主主義の基本である1票の平等性という価値を背景にしているとともに、決戦投票に向けて残れなかった候補者たちが決選投票に残った候補者との政策協議を行うことで少数意見も取り入れる可能性を残す仕組みなのである。

1票の平等性の観念を別のかたちで体現しているもう一つの制度がある。それは中選挙区制と呼ばれ1990年代まで日本で採用されていた選挙制度である。ひとつの選挙区から複数の代表を選ぶもので、1回の投票による得票の上位から予め決められていた数の候補者を当選者とするものだ。この制度の利点は、少数意見も反映させた代表者を選ぶことができること、死票が少ないこと、そして投票は1回だけなので費用と時間が少なくて済むことなどである。

これに反して、票の平等にはこだわらず、少数意見を切り捨てるという制度としてあるのが、伝統的にイギリスで行われている小選挙区制で、1回だけの投票で下院の全議席を決めるというものがある。この制度では過半数をとれなかった候補者でも得票率が1位であれば当選するため、投票率が低く、各候補者の得票率が近似している場合、有権者のごく一部の支持しか得られていないのに選挙区の唯一の代表として選ばれてしまう。この制度の特徴は多くの票が死票となり、少数意見が切り捨てられることである。これは現代の民主主義の考え方からすると重大な問題を孕んでいるのだが、イギリスで永らくこの制度が採用されてきた。問題はフランスなどでは拒否されるこの制度がなぜイギリスに定着しているのかである。議会制民主主義の発祥の地といわれるイギリスでなぜこのように平等に配慮しない、しかも少数意見を排除する制度が存続しているのだろうか。ここでもアングロサクソン型の家族構造に書き込まれた価値がひとつの要因になっていることが解る。一子相続による平等への無関心と別居型の特徴である個人主義が、格差への警戒心をあらかじめ解除しているのである。イギリスが現在でも極めて特異な階級社会を形成しているのもこのような背景と無関係ではない。

ところが1994年、日本では1回の投票で民主主義の代表を選ぶ制度としてかなりの公正さが担保されていた中選挙区制を廃止してこのイギリス・アメリカ型の選挙制度を導入したのである。それは1票の平等性、代表者としての正当性、少数意見の取り入れの可能性を保障していた制度を、少数意見を切り捨て、多数の死票をうみだし、代表者としての正当性を担保できない小選挙区制への変更であったのだ。この変更が導入されたときの議論は、日本の民主主義をさらに前進させるために政権交代が頻繁に起っているイギリス・アメリカ型の選挙制度にするのがいいというものだった。つまり政権交代可能な制度を作るためであったのだが、結果はむしろ逆に一元的な勢力が安定的に政権をとり続ける体制ができあがってしまい、正当性のある少数意見が全く無視されるようになってしまった。政権交代を促進するはずだったものが、全く逆の結果をもたらしたのである。（同様の現象が台湾でも見られた。2008年1月12日に台湾で行われた立法委員選〔日本の国会に相当する〕は、中選挙区制から小選挙区比例代表並立制にルールが変更されてから初めての立法委員を選ぶものであった。結果は少数政党が壊滅し、国民党が3分の2以上の議席を獲得するという一元化をもたらすものであった。）これはちょうど臓器移植の際に、血液型の違う臓器を移植すると身体全体が拒絶反応を起してしまうようなもので、まったく期待していたのとは異なる結果を引き起してしまうのに似ている。アングロサクソン型の社会で機能している小選挙区制という臓器を、日本という異なる社会に移植したけれども、政権交代という期待された現象は起こらなかったのだ。これは個人主義が強く歴史的にも政治的・宗教的・民族的な異質性と分裂の契機を多く孕んでいるイギリス社会が必要としていた制度を、日本という集団主義が強く均質性の高い社会に移植したためである。

確かに絶対核家族型のイギリス、アメリカでは、冷戦の時代に5回から6回の政権交代を経験しているが、日本社会と同じ家族類型をもつドイツ、スウエーデン、ノルウエーでは1回の政権交代に止まっている。少数意見を切り捨て、死票が多数出てしまう小選挙区制によってなぜアングロサクソン型の社会では頻繁な政権交代が繰り返されるのだろうか。それはイギリス社会がなぜ小選挙区制という選挙制度を必要としているかという問いに答えることで明らかになるのである。

10. イギリスはなぜ小選挙区制を必要としているのか

イギリスはイングランド以外にウェールズ、スコットランド、北アイルランドとその内側に文化、民族上の異質性を多く孕んでいる国だが、それに加えてイギリス国教会と非国教会の対立はこの国に根底的な分裂の契機を突きつけてきた。この歴史的な対立の構図が政治的にはトーリー党と労働党の対立となって今日まで受け継がれてきた。この状況のなかで必要とされたのが、まさに分裂の契機を最小限にとどめることができる小選挙区制だったのである。少数意見を切り捨て、死票を多く出しても守るべきはイギリスの統一であったのだ。では分裂の契機を最小限にするこの制度でありながら、なぜイギリスでは頻繁に政権交代が起るのか。それこそまさにアングロサクソン型の家族構造に支えられた自由主義的で強い個人主義に裏打ちされた投票行動のなせる技なのである。つまり小選挙区制は分裂の契機を頻繁な政権交代に止めることでイギリスの統合を守っているのである。

アメリカ合衆国はこのような政治構造がイギリスからの移民によってもたらされたうえに、植民地社会であり移民社会であることから、イギリスにもまして対立と分裂の契機を最小にできるこのような制度が必要だったのである。これに対して直系家族が支配的で均質性の高い日本、ドイツ、スウェーデンなどが必要としている選挙制度は、むしろ少数意見を汲み取り、死票を最小限に抑えることができる制度だといえる。そのような制度のなかで直系型社会であるスウェーデンは高福祉社会を実現してきたのである。尾篭な比喩を弄すならば、下痢症体質の人に処方すべき薬と便秘症体質の人に処方すべき薬はまったく違うはずだが、日本がイギリス型の選挙制度を導入したことは、いわば便秘症の人に下痢止めの薬を処方したようなものだったのだ。結果は政権交代がさらに起りにくい状態を生み出したのである。

11. 教育における一元化の弊害

問題はこのような社会や政治の機能と特性に対する誤解が学校に持ち込まれることで同様の弊害が教育の現場に起ることである。学校は子どもたちの多様な状況、多様な必要性、多様な求めに応えることで初めて子どもたちに安定した活力を育み、生きる力、学ぶ力を生み出すことができるものだとすれば、自由主義と個人主義の強いアングロサクソン社会が必要としているあり方が権威主義と集団主義の強い日本社会の環境のなかの学校に押しつけられるとき、学校の現実は大きく歪められることになる。子どもたちと落ち着いて向かい合い、彼らのことを深く知り、感じることが前提となったきめの細い多様な対応が求められる今日の状況のなかで、まったく逆のことが行なわれると学校の可能性が根底から崩されていくことになりかねない。まさに日本社会の特性に対する誤解が学校の危機、教育の危機として子どもたちに圧し掛かってくる危険性がそこにあるのである。

日本は江戸の鎖国時代に身分制度を確立するために儒教を導入した。明治期には、近代化を進めるためにヨーロッパを真似て女性の権利が大きく侵害されていた法体系をモデルにして法律を整備した。そしてグローバル化の時代である現在、格差を前提としたアングロサクソン型のモデルを追随すべきモデルとしている。しかし社会そのものがもつ活性力が生みだされてくるところ、社会そのものが育くむ子どもたちの特性と教育力を引き出してくるところ、それは異なる社会から移植された制度ではなく、識字化の実現において歴史的に決定的な要因であった人類学的な条件だといえる。また文化的な成長においては国家的な制度の存在は決して決定的な要素ではなく、むしろその結果だったという歴史的な事実の意味はきわめて大きいのである。国の制度として上からやって来るものが家族構造によって育まれた価値と符合しないとき、また子どもたちの状況を踏まえたものでないとき、それは逆に子どもたちの可能性を疎外し、社会がもつ教育力と活性力を歪め潰してしまうことになりかねないのである。

世界には多様な家族構造があるように多様な制度が存在している。社会、政治そして教育を考えるとき、まさにそれぞれの社会の根底にある人類学的な条件をふり返りながら現在ある状況に対応していくことが求められるといえるだろう。異なる体質の社会の制度を安易に移植しようとすることや、適合しない制度の導入により過去に繰り返されてきた人類学条件の歪曲と混乱を無自覚に繰り返すのでは、それぞれの社会がもつ文化的成長のメカニズムを活かすことはできない。家族構造の多様性が世界、社会そして学校の多様性にも通じていることを視野に入れることは、今日の状況のなかで何が起っているのか、そしてそれが何を意味するのかを理解するための一助になるのではないだろうか。

【注】

1）エマニュエル・トッド（石崎晴己編）『世界像革命』（藤原書店、2001年）
2）大石学『江戸の教育力』（東京学芸大学出版会、2007年）
3）エマニュエル・トッド（石崎晴己訳）『文明の接近』（藤原書店、2008年）

4) エマニュエル・トッド（石崎晴己訳）『新ヨーロッパ大全　第1巻』（藤原書店、1992年）265頁
5) 直系家族の価値を体現したものの例は、とりわけドイツ語圏の思想のなかに見出すことができる。たとえばヘーゲルの『法の哲学』に見られる次のような認識がその一例である：「国家は実体的意志の現実性であり、この現実性を、国家的普遍性にまで高められた特殊的自己意識のうちにもっているから、即自かつ対自的に理性的なものである。この実体的一体性は絶対不動の自己目的であって、この目的において自由はその最高の権利を得るが、他方、この究極目的も個々人に対して最高の権利をもつから、個々人の最高の義務は国家の成員であることである。......国家は、現実的形態と一個の世界の組織へとおのれを展開する現在的精神としての神的意志なのである。」（エマニュエル・トッド（石崎晴己訳）『新ヨーロッパ大全　第2巻』（藤原書店、1993年）10頁
6) エマニュエル・トッド（荻野文隆訳）『世界の多様性：第三惑星、世界の幼少期』（藤原書店、2008年）
7) 山川菊江栄『日本婦人運動史』（大和書房、1979年）129頁
8) ナポレオン法典は帝政下に制定された法体系であり非常に保守的な内容をもち、19世紀の各国の法体系に大きな影響を与えた。近代のある種の特徴である女性の権利の制限を制度化したのもこのナポレオン法典であり、伝統的な女性の地位が男性のそれに従属するものとして規定されたのである。たとえば国籍法のレベルでは、ドイツ人の男性と結婚したフランス人女性はフランス国籍を失うという規定が1927年まで存在したのもその一例である。しかもこの現象はフランスだけに限った現象ではなく、世界的な広がりをもったのである。ただ国籍法に関しては、出生地主義と血統主義の有無、そして2重国籍の承認がなされているかを視野に入れておく必要がある。例えば1927年当時、フランスは血統主義と出生地主義をとっていたに反して、ドイツは血統主義だけを認めていた。*Qu'est-ce qu'un Français?*, Patrick Veil, Gallimard, 2004.
9) ピエール・ロザンヴァロン〈婦人参政権の歴史〉in『〈女の歴史〉を批判する』ジョルジュ・デュビー、ミッシェル・ペロー編（藤原書店、1996年）98－104頁
10) 1998年に制定されたPacs法の成立にいたる過程で展開された議論が、この女性参政権法案をめぐるそれと構造的に非常に近かったことは興味深い。「協同の生活を組織しようとする異性もしくは同性のふたりの成人の間で結ぶことのできる」この契約は、従来から存在した宗教結婚、公民結婚契約、さらには同棲契約から排除された同性愛のひとびとも視野に入れた共同生活の法的な保障を目的としたものであった。その際、もっとも強い反対の議論を支えたのがカトリック教会を支持を背景とした運動であったが、その他にも法案自体が当初ホモセクシャルの人々をとりわけ念頭においたものであったために、この不可分性の原則をもって反対する議論が行われたのであった。井上たか子「パックス、家族、フェミニズム」in『普遍性か差異か』三浦信孝編（藤原書店、2001年）

横浜媽祖廟

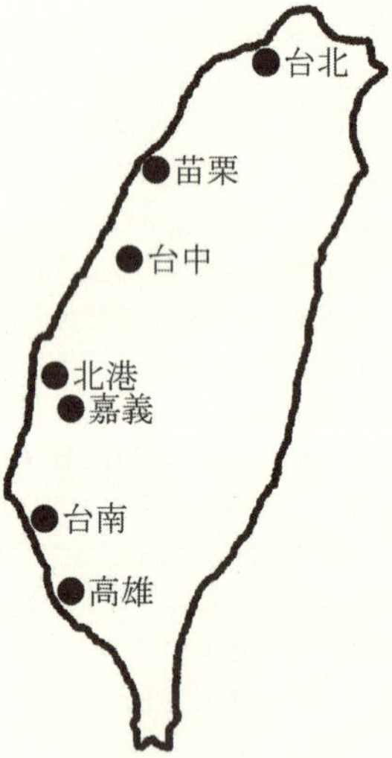

宗教が結ぶ日本と台湾

藤井　健志

日本と台湾との間には数百年前より様々な宗教の交流があり、それが今にいたるまで続くとともに、近年になって新しく始まった宗教交流もある。「媽祖《まそ》」という中国福建省の女神、台湾における日本の宗教の活動、現代台湾の巨大な仏教教団という三つの視点から日台の宗教交流を見ることによって、宗教がいかに人と人とを結びつける役割をしているかを考えてみる。

1．はじめに

富士五湖の一つ本栖湖の西岸を車で走っていると、湖岸にきれいでしゃれたお寺が静かに建っているのに出会う。ここは代表的な台湾現代仏教の一つ「仏光山《ぶっこうさん》」という教団の本栖寺《もとすじ》という寺院である。仏光山は 2007 年には東京板橋区の川越街道の近くにも瀟洒な仏光山寺という寺を新築した。他にも大阪や福岡に寺院がある。このようにいくつかの台湾の宗教が現在少しずつ日本に入って来つつある。

一方、台北のやや郊外にある大直の美麗華百樂園（ミラマー・エンターテインメント・パーク）の少し東の方に、日本の仏教系新宗教の一つ真如苑《しんにょえん》の台湾本部がある。日本の伝統文化と現代文化とを合わせて表現したような洗練された仏教建築である。また同じく台北のあの有名な故宮博物院の向い側に、創価学会が会館を建設中である（2009 年竣工予定）。このように日本の宗教も現在、盛んに台湾に進出している。

日本と台湾との間には歴史上様々な関係が創られてきたが、上に書いたように、様々な宗教も相互に拡がっている。それも現代に限らない。日台間の宗教交流の歴史は意外に古いのである。ここでは台湾の歴史や宗教の様子をふまえながら、日台の宗教交流の様々な事例をあげてみようと思う。そしてそれによって今の日台関係を考えるとともに、宗教の役割を浮かび上がらせたいと思う。

2．台湾の歴史と宗教

最初に台湾および台湾の宗教について大雑把に見てみよう。[1] 台湾は九州ぐらいの大きさの島国で、現在の人口はおよそ 2300 万人である。台湾人の多くは中国から渡ってきた漢族 [2] で、中でも 17 世紀以降に対岸の福建省から来た人々の子孫が多く、全人口の 70%前後を占めている。彼らの言語はよく「台湾語」と呼ばれるが、元来（そして今でも）中国の福建省南部で使われている言語(閩南語《びんなんご》)である。この福建系の人々とは別に、客家《はっか》という別のグループの漢族が少し遅れて台湾に来た。彼らも漢族に含まれるが、その言語は客家語である。さらにこの他に、戦後に蒋介石の国民党とともに台湾に渡ってきた一群の中国人がいる。彼らは「台湾省」の外から来た人という意味で「外省人《がいしょうじん》」と呼ばれることが多い。多くの外省人は閩南語も客家語も話せず、北京語（一般の中国語）を共通言語としていた。閩南語、客家語、北京語は大きく見れば中国語の一部だが、発音等がかなり異なるため互いに通じないのである。外省人に対して戦前から台湾にいた福建系の人と客家人とを合わせて「本省人《ほんしょうじん》」と呼ぶこともある。客家人も外省人もそれぞれ台湾の人口の十数%を占める。

これらの漢族が台湾人の多数派であるが、もともと台湾にいたのは「原住民」と呼ばれるオーストロネシア語系の言語（マレーシア、インドネシア、ポリネシア等に拡がる言語）を話す人々である。日本の植民地時代には「高砂族《たかさごぞく》」などとも呼ばれ、20 以上の民族に分かれていた。ただし現在その数は減少し、人口の 2%前後しかいない。このように現在の台湾は福建系の人々、客家人、外省人それに原住民という四つのエスニック・グループからなる国である。台湾で電車に乗ると駅名がまず北京語で、次いで閩南語で、それから客家語で放送されるのはこうした事情を示している。

台湾の宗教は人口の多数を占める漢族の宗教が中心である。[3] その宗教は仏教と道教とを根幹とするが、特に福建省や広東省など南中国の伝統を基盤にしているため、それ以外の地域の中国とは形態が少し異なる。南中国の民間信仰や、台湾で発生した民間信仰が混ざり合って複雑なものとなっているのである。さらに 1949 年に中華人民共和国が成立して以来、中国においては仏教寺院や道教の廟（合わせて「寺《じ》廟《びょう》」という）が減っている。これらのため現在では台湾の宗教と中国の宗教とはやや異なるものになっている。

19 世紀末まで中国の清朝に組み込まれていた台湾は、日清戦争後の 1895 年に日本に割譲された。日本が統治する植民地となったのである。以後台湾に渡る日本人が増え、台湾の近代化を進めるとともに、日本文化の影響を与えた。日本統治時代に日本語教育を受け、日本語に堪能な老人が今でも台湾に残っている。後で述べるように、この時代の台湾には日本の諸宗教も渡っており、その中にはいまだに台湾で活動を続けているものもある。

1945 年の日本の敗戦とともに日本人は台湾から引揚げ、かわりに蔣介石の国民党政府（中華民国政府）の役人や軍隊がやって来た。しかしこうした外省人と、従来から台湾に住んでいた本省人とでは言語も習慣や考え方も異なり、1947 年に二・二八事件が起きてしまう。本省人が国民党（外省人）の統治を批判して決起したが、逆に国民党の軍隊に鎮圧され、2 万人以上とも言われる本省人が虐殺されたのである。その後 1949 年には中国大陸における共産党との争いに敗れた国民党政府全体が台湾に移転し、以後 1980 年代末まで国民党による一党独裁が続く。49 年から 87 年までは戒厳令が布かれ、様々な自由が制限された。教育や放送においては北京語以外の言語の使用が禁じられ（北京語が「国語」と呼ばれている）、本省人の母語である閩南語や客家語は公には使うことができなくなった。ここに外省人と本省人との間の根強い対立感情が生まれ、むしろ日本の植民地時代の方がよかったという本省人が増えたのである。外省人の宗教と本省人の宗教もあまり交流がなかった。

台湾の政治状況は 1980 年代末に本省人の李《り》登《とう》輝《き》が総統になると大きく変化し、様々な自由とともに宗教活動の自由が認められるようになった。以下で述べる日本と台湾との宗教の交流もこうした台湾の歴史を反映している。

3．南中国の海の女神

現在でも台湾人の宗教の中心にあるのは仏教、道教、民間信仰が混ざり合った伝統的寺廟である。日本からの観光ツァーがよく行く台北の龍《りゅう》(竜)山寺《ざんじ》はその代表的なものである。台湾人の宗教的情熱を知るためにもぜひ一度この寺に行ってみよう。行ったらそこにどのような神仏が祀られているかをよく見てほしい。本尊は観音であるが、後殿には道教や民間信仰の様々な神が祀られている。[4] このように仏教寺院に道教などの神々が祀られていたり、その反対に道教の廟に仏像が祀られていることが台湾の寺廟ではしばしばある。

さてこの龍山寺の後殿中央の神を見ると「天上聖母《てんじょうせいぼ》」とある。この神が本節で述べる「媽祖《まそ》」という女神である。[5] この女神は道教の神と言うべきなのか、民間信仰の神と考えるべきなのか、はっきりしない。宋の時代に福建省に実在した女性が神として祀られるようになったと言われているが、必ずしも実証されたわけではない。しかしその女性がいたとされる福建省の湄《び》洲《しゅう》島には媽祖の「祖廟《そびょう》」が建てられている。いずれにしてもその信仰は福建省を中心として中国南部の海岸地帯に拡がるとともに、福建人の移動とともに世界に拡がった。日本を含む世界の華僑・華人[6] が住んでいる地域にも媽祖の信仰は広く見られる。むしろ反対に中国の北部や内陸部では媽祖信仰はほとんど見られない。媽祖は南中国の海の女神なのである。

沈みかけた船から人を助けたという伝説のある媽祖はもともと航海の守護神だった。福建の人々は船で移動するときに媽祖像を携えていき、目的地に着くと廟を創ってその媽祖像を祀ったのである。こうして媽祖信仰は拡がり、台湾でもいたるところに媽祖廟がある。台湾の多数の媽祖廟は多くの台湾人がかつて福建省から渡ってきた人々であることを物語っているのである。現在では様々なご利益をもたらす神となった媽祖は、台湾における道教・民間信仰の神の代表格と言える。戦後は福建省でも媽祖信仰が廃れてきており、現代の媽祖信仰の中心は台湾だと言っても過言ではない。

台湾に数ある媽祖廟の中では、中南部の嘉義《かぎ》という都市の郊外の北港《ほっこう》という町にある朝天宮《ちょうてんぐう》が、最も古いものの一つだと考えられている。そこから多くの媽祖が分霊され、台湾各地に多くの媽祖廟が建てられたという。旧暦の 3 月 23 日は媽祖の「誕生日」とされており、その前の 1〜2 ヵ月は台湾各地の分霊された媽祖廟からそれぞれの媽祖像を携えた信者たちがここに里帰りするように集まってくる。その際には多くの人々が参集し、神がかった伝統的なシャーマン（「タンキー」と呼ばれる）も続々とやってくる。すさまじい爆竹の音に銅鑼や太鼓の音が混ざり合い、花火も打ち上げられてたいへんな喧噪となる。祭が最高潮に達したときにその渦中にいると、東京の三社祭のような大祭すら静かなものに思えるほどで、いかにも中国的な祭だという感じがする。

ところがこの祭で日本からの参加者を見かけたことがあるのである。日本式の神輿《みこし》を担いだ彼らは、箱根からやってきたという。観光地の箱根湯本に大慈悲山福寿院（箱根観音）という寺院があるが、実はここに媽祖（「媽祖菩薩」と呼ばれている）が祀られているのである。ここの媽祖信仰は比較的新しいもので、1970 年代末に始まったという。その媽祖像はこの朝天宮から来ているため、媽祖の誕生日前に里帰りをすることがあるのである。もともとこの寺院には台湾人尼僧が関係しており、その関係で在日台湾人や留学生、かつて台湾に住んでいた日本人が集まるようになった。「媽祖菩薩」はそうした人々の集まりの核となって日台間を往復しているのである。[7]

媽祖廟という名を正式に持つ所もある。横浜中華街は日本最大の中華街だが、そこに関帝廟《かんていびょう》[8] という中国式の寺廟があるのを知っている人も多いだろう。だがその他にここには「横浜媽祖廟」（p.20 写真参照）がある。2006 年にできた新しい廟なのであまり知られていないが、関帝廟に勝るとも劣らない華麗な廟である。この廟は中華街の人々が資金を出し合って建立したものである。日本でも中国系の華僑・華人と台湾系の華僑・華人とは必ずしも仲がよくないのだが、媽祖廟はそうした人々をまとめる役割を果たしている。ここの媽祖廟では神像は福建省の祖廟から分霊し、各種の祭祀方法は台湾の台南にある大天后宮《だいてんこうぐう》という媽祖廟に教わっているという。この意味では横浜媽祖廟は日本と台湾と中国とを結びつけている。

以上の二つはいずれも新しいものだが、日本には江戸時代以前からいくつかの媽祖廟があった。いずれも中国人や台湾人がもたらした媽祖信仰に始まるものである。古い時代の媽祖は中国でも日本でも「天妃《てんぴ》」と呼ばれていたことが多い。上に書いた大天后宮の「天后」にしても「天妃」にしても基本的には神の位のようなものだ。中国では后や妃といった、もともとは皇帝の妻の地位を表す語で神の位を表すことがある。日本でも「正一位稲荷大明神」の「正一位」のように神の地位を表す仕組み（神階）があるが、それに似ている。媽祖は清の時代に天妃から天后に昇格した(17 世紀後半)。日本の古い媽祖廟は、それ以前の戦国時代から江戸時代初期に来日したものが多いので、天妃と呼ばれるものが多いのである。逆に言えばその呼び名からいつ来日したのかをうかがうこともできる。

沖縄県那覇市ではもともとあった天妃宮の名が天妃小学校の名などに残っており、久米島には天后宮が現存する。鹿児島県などの南九州でも媽祖像が何体か残っており、媽祖を祀っていた記録もある。長崎の唐寺と呼ばれる興福寺と崇福寺には媽祖を祀る堂が今でもあり、媽祖行列が行われている。茨城の媽祖信仰は江戸時代に徳川光圀（水戸黄門）が招いた中国人僧侶に発し、天妃山や天妃神社の名とともに媽祖像が残されている。青森県大間では江戸時代に媽祖信仰が伝えられ、天妃媽祖大権現が祀られたと言われている。ここでは 1996 年より天妃祭が行われており、青森日台交流会の人も来るという。またここの稲荷神社は前述の北港朝天宮と姉妹宮になっているという。宗教の違いを超えた友好関係を持っているのである。こうしてみると日本人と媽祖とのつきあいは意外に長く古い。しかし同時に近年再び活発になってきてもいるのである。

以上のように台湾、日本の媽祖廟やその痕跡を見ていくと、台湾の歴史や、日本と台湾との様々な交流が浮かび上がってくる。そして媽祖信仰が台湾人同士、台湾人と日本人、台湾人と中国人、中国人と日本人など様々な人々を結びつけてきたことがわかるのである。

4．台湾に渡った日本人と日本の宗教

台湾中部の台中に宝覚寺《ほうがくじ》（寶覺寺）という寺院がある。布袋《ほてい》の姿をした金色の弥勒大仏で有名な寺なので、観光ガイドブックにもよく紹介されている。しかし毎年 11 月にここで「日本人物故者慰霊祭」が、台湾日本人会の主催で、日本の仏教系新宗教本門仏立宗《ぼんもんぶつりゅうしゅう》僧侶の手によって行われていることを知っている人はあまり多くないだろう。

前に書いたように台湾は 1895 年から 1945 年までの 50 年間、日本の植民地であった。そのためこの間に台湾に住んでいた日本人は多く、1940 年代前半には約 40 万人の日本人が台湾に住んでいた。当然のことながらこの間に台湾で亡くなった日本人も少なくない。そうした人のために戦前の台湾では各地に日本人墓地があった。しかし 1945 年以降、日本人がいなくなるとそうした日本人墓地は荒れ果て、遺骨が散乱する所もあった。その中で何人かの台湾人が日本人の遺骨を拾い集め、祀ってくれたのである。ここでは三人の台湾人（一人は日本に帰化）を紹介しよう。

台湾北西部に苗栗《びょうりつ》という客家人が多い地域がある。ここに住んでいた客家人の張六和《ちょうろくわ》（1917～83）は日本人女性と結婚していたが（日本国籍を取得後、野沢という妻の姓を名乗る）、1947 年に偶然日本人の遺骨を発見する。彼は遺骨の悲惨な状況に心を痛め、それ以後、自費、自力で台湾全土をまわり一万柱以上の遺骨を収集した。現在でもその事績は宝覚寺の草に埋もれた石碑の上に読み取ることができる。

一方台中では陳銘芳《ちんめいほう》（1913～82）、林錦東《りんきんとう》（1923～77）という二人の仏教僧侶が同じように日本人遺骨を収集している。陳銘芳は福建系の台湾人だが、日本の浄土真宗西本願寺派の僧侶として戦前に京都で勉強し、台湾に帰った後は同派の開教師（布教師）として活動した人である。戦後、日本人がいなくなった後も一人で浄土真宗の布教を続け、苦労しながらも独力で寺院を建立した。現在の台中には西本願寺派の寺院が 2 ヶ寺（光照寺、光明寺）あるが、いずれも彼の息子が住職をしている。この陳銘芳がやはり日本人の遺骨を気の毒に思って戦後直後より自ら集め始めるのである。

林錦東も福建系の台湾人だが、彼の場合は日本の臨済宗妙心寺派の僧侶

として、やはり戦前の日本で勉強をしている。宝覚寺はもともと妙心寺派の寺院として日本人が建立したものだが、戦後は林錦東が受け継いで住職となる。彼は台中で集められた遺骨を宝覚寺に収納し、ここに納骨堂を創るのである。以後宝覚寺は戦前の台湾で亡くなった日本人に対する慰霊の中心となった。ちなみに同寺は現在も妙心寺派に所属している。

野沢六和、陳銘芳、林錦東の三人は、個人の力で日本人遺骨を収集してくれた人として、日本人の記憶にその名を留めておくべきであろう。日本政府が台湾における遺骨収集に乗り出すのはやや遅れて 1957 年からである。61 年には収集・整理がほぼ終わって台北、台中、高雄の 3 ヵ所に遺骨安置所を設置して（台中は宝覚寺）、日本人物故者の慰霊祭を毎年行うようになった。70 年からは慰霊法要を本門仏立宗が担当するようになり、現在にいたっている。[9] 海を渡った日本人の慰霊を台湾人と日本人、それに日本の宗教が協力しながらやってきているのである。言い換えると慰霊という宗教儀礼が日本人と台湾人とを結びつけている。

これらのことからもわかるように、戦前も戦後も日本の宗教は台湾に渡って活動をしている。[10] 戦前は多くの神社があり、日本の仏教、新宗教が台湾で活動していた。もちろん戦前の台湾は日本の植民地であったので、日本の宗教にとっては活動がしやすかった。また台湾在住の日本人だけを対象として活動していた宗教も多い。しかし天理教のいくつかの教会や浄土真宗西本願寺派、臨済宗妙心寺派のように積極的に台湾人に布教したところもある。この時期の日本の宗教の展開は、日本の植民地支配の威を借りるところがあり、健全とは言えない面も持っている。だが一方では台湾人に対するまじめな宗教活動もなされていたことは知っておくべきである。

そのことは終戦直後の 10 年間を見るとよくわかる。日本人が引揚げていなくなった後も、台湾人だけで独自に日本の宗教の活動を継続していた例がいくつかあるのである。すでに述べた浄土真宗の陳銘芳の場合や、臨済宗の林錦東の場合も完全に自発的なものであった。臨済宗ではこの他、戦後の早い時期から日本人僧侶の再来を望む声が出ている。また天理教でも日本人がいない間、中南部の嘉義を中心にして台湾人信者だけで宗教活動を熱心に続けていた。これらは台湾人が日本の宗教の価値を認めていたことを示している。全体から見ると事例は少ないが、一部の日本の宗教は確かに台湾人の心をとらえていたのである。

その後 1960 年代ぐらいから、日本の宗教はまた台湾に渡ってくるようになった。戦後から現在までに台湾に来た日本の宗教教団は 25 前後にのぼる。87 年に戒厳令が解除されてからは、多くの教団が法人化され、自由に活動をしている。今は 7 万人以上の信者がいるという創価学会、1 万世帯の信者がいるという佛所護念会《ぶっしょごねんかい》、2 万〜3 万人の信者がいる天理教、さらには前述の真如苑といった新宗教が活発である。既成仏教ではすでに触れた 2 宗派の他、高野山真言宗や日蓮正宗《にちれんしょうしゅう》が寺院を開設している。いずれも信者のほぼすべてが台湾人である。前の節で述べた媽祖とは逆に、日本の宗教が台湾に行って日本と台湾とを結んでいると言えようか。

最後にその媽祖信仰と日本仏教とのおもしろい結び付きを見ておこう。現在の台北の地下鉄板南《ばんなん》線西門《せいもん》駅の近くに台北天后宮がある。東京の渋谷に似た繁華な街中にあるこの媽祖廟には、なんと弘法大師空海の像が祀られているのである。実はここは戦前は高野山真言宗の弘法寺という寺であった。戦後は媽祖廟になっていたが、戦前ここに祀られていた空海像が、媽祖廟を管理していた台湾人の夢に出てきたという。その結果、しまわれていた空海像が表に出され、媽祖廟で祀られるようになったのである。見ていると参拝に来た台湾人は媽祖と同じように空海にも拝礼している。空海は完全に台湾の道教や民間信仰の神々の中に溶け込んでいるようである。また毎年、日本の真言宗の僧侶と信者がここを訪れ、媽祖を信仰する台湾人が見守る中で法要を行っている。ここでも異なる宗教が結び付き、ささやかな交流が行われているのである。

5．台湾現代仏教の拡がり

上で現代台湾で活動する日本の宗教を紹介したが、現在の台湾の総人口が約 2300 万人だということを考えると、その信者数はそれほど多いとは言えない。戦後の台湾で日本の宗教がそれほど拡がっていない理由の一つとして、台湾現代仏教の隆盛が考えられる。この節では戦後の台湾の歴史に密接に関係しているこうした仏教について見てみよう。

前にも書いたように、戦後、国民党政府とともに百万人以上の外省人が台湾に渡ってきた。しかしすでに述べたような本省人との対立があったために、本省人の信仰対象となっていた台湾の伝統的寺廟を外省人が信仰対象にするはずがなかった。また外省人は一般に日本に対して批判的であることが多いので、日本の宗教にもほとんど入っていない。外省人はむしろ台湾に新しい寺廟を建てたり、大陸から新しい宗教をもたらしたのである。

その中で戦後の台湾の宗教状況に大きな影響を与えたものとして、大陸からの仏教僧侶の渡来をあげなければならない。戦後の共産党と国民党の争いやそれに伴う社会の混乱、その後の共産党の宗教に対する抑圧等で、多くの外省人僧侶が台湾に渡ってきている。それによって台湾の仏教事情が変化してくるのである。

もともと台湾には 17 世紀以後の漢族の大量移住とともに仏教も入ってきており、寺院が各地に建てられていた。ただそれらは前に触れた龍山寺のような道教や民間信仰と混ざり合った寺院が中心だった。しかし台湾社会の近代化とともに交通の便がよくなり、台湾と対岸の福建省との往来が盛んになってくる。19 世紀末頃より福建省の仏教寺院において正式に得度・受戒する僧侶が増え始め、そうした僧侶によって中国仏教の中でも特に臨済宗や曹洞宗の禅宗寺院が台湾に建てられるようになった。こうした比較的新しい禅宗寺院では道教や民間信仰との習合はあまり見られず、僧侶は肉食妻帯を避け、戒律を守って修行をしていた。もっとも日本の植民地であった時代は、あまり戒律が厳しくない日本仏教の影響で、肉を食べたり妻を持つ台湾人僧侶も珍しくはなかった。[11]

戦後新たに台湾に来た外省人僧侶は浙江《せっこう》省や江蘇《こうそ》省出身の者が多かった（ちなみに蒋介石も浙江省出身である）。彼らは肉食妻帯を厳しく禁じ、戒律を厳重に守ることを重視していた。[12] 戦後はこうした外省人僧侶を中心とした中国仏教会がやはり台湾に移ってきており、台湾仏教全体を管理するようになった。[13] 中国仏教会は教規の整理、教義の宣揚等を掲げ、僧侶に戒律を守らせ、道教等と習合しない純粋な仏教を広めていこうとしたのである。そしてそれとともに日本仏教の影響の払拭に努めた。前述の陳銘芳や林錦東は日本仏教の僧侶でかつ妻帯をしていたので、迫害と言ってもよいような目にあっている。

外省人僧侶は閩南語や客家語を話せないことが多く、本省人との対立感情もあったため中国仏教会の方針は徹底はされず、龍山寺のような伝統的寺廟も多く存続した。また陳銘芳が戦後に浄土真宗寺院を建立できたのも同じ理由による。しかし一方で 19 世紀以降にできた比較的新しい禅宗寺院は、その性格が中国仏教会の方針と矛盾しなかった。そのため次第に戒律を守る僧侶を中心とした純粋な仏教寺院が戦後の台湾には増えていく。

1980 年代に入り戒厳令の規制が弱くなると、優れた外省人僧侶に率いられたいくつかの仏教教団が台頭してくる。[14] 星雲大師《せいうんだいし》（1927〜）が創設した前述の仏光山、聖厳《せいげん》法師（1930〜）の法鼓山《ほっくざん》、惟覚《いかく》和尚（1928〜）の中《ちゅう》台禅寺《たいぜんじ》等である。それに創始者の証厳《しょうげん》法師（尼僧、1937〜）自身は本省人だが、外省人僧侶の印順《いんじゅん》法師（1906〜2005）の影響を強く受けている慈済《じさい》功徳会《くどくかい》も重要である。これらはいずれも戦前の中国において中国仏教の再建と改革に力を尽くした太虚《たいきょ》大師（1890〜1947）の影響を強く受けており、仏教の社会活動を重視し、現世において人々を救うことを重要な目的としている。そのため仏教研究、仏教教育、文化活動、慈善活動を積極的に行っており、多くの信者を組織している。現在は外省人と本省人との対立感情はそれほど強くなくなり、また社会活動を重視するこうした新しい仏教教団の理念が広く台湾人に受け容れられたため、信者数は増えている。中でも仏光山は百万人以上の信者がいると言われ、慈済功徳会にいたっては会員数四〜五百万人と言われている。外省人僧侶と深い関係を持つ巨大仏教教団が現代の台湾では拡がっているのである。

ここで重要なのはこれらの教団が海外でも活動をしていることである。いずれも欧米やアジアに支部や末寺を持っている。前述のように仏光山は日本でも活動をしており、慈済功徳会も日本に支部を持っている。法鼓山の聖厳法師は日本の立正大学で学位を取り、中台禅寺にも日本語に堪能な尼僧がいる。現実には日本での活動の担い手は、主に台湾人やその関係者であるが、外省人僧侶から端を発した現代仏教が日本で活動を展開していることには注目したい。かつては日本に批判的であった外省人の関わる仏教が、現在日本との間に新たな絆を創ろうとしている。彼らは日本の宗教法人として認められ、日本でも仏教教育や文化活動、慈善活動を展開しようとしている。それは媽祖信仰とは別の形の現代的な台湾宗教であり、日本と台湾との新しい関係を象徴しているようでもある。

6. むすび

以上では三つの観点から日本と台湾との宗教の交流について、いくつかの事例をあげて見てきた。こうした諸事例から私たちは何を考えるべきだろうか。

かつて台湾は親日的であることで有名だった。植民地時代に日本語教育を受けた台湾人は日本語に堪能で、日本人に親切であった。だが今やそうした人々は高齢化しており、若い台湾人は日本よりもアメリカに関心を持つようになってきたと言われている。確かに台湾の街ではドラえもんやキティなどのキャラクターを多く見かけるが、日本語を話せる若者は少ない。最近(2005 年以降)では、日本に少し批判的な国民党が勢力を強めている。

しかし見てきたように日台間の宗教交流は現在でもかなり活発に行われている。宗教によってはむしろその交流が盛んになってきているとさえ言うことができる。こうした交流を通して日本と台湾とは今でも密接に結びつけられていると考えてよいだろう。このように宗教という視点から見ると、両者の多様な関係が浮かび上がってくるのである。

現代の世界では宗教的対立から様々な紛争が起きており、宗教に批判的な人は、宗教さえなければ世界はもっと平和なのにと思っているかもしれない。しかし一方で宗教は人と人とを結びつける機能も持っていることを忘れてはならない。人と人を対立させる宗教もあれば、人と人を結びつける宗教もあるのだ。だとすれば私たちはもっと注意深く宗教を観察し、どのような場合に宗教が平和的な役割を果たすのかを見きわめていかなければならないだろう。

【注】

1) 台湾に関する概説書として柳本通彦『台湾革命』(集英社新書　2000年)、若林正丈『台湾』(ちくま新書　2001 年)、司馬遼太郎『台湾紀行』(朝日文庫　1997年) をあげておく。

2) 日本人がイメージしている普通の中国人はほとんどが漢族である。漢族等の中国の民族に関しては可児弘明他編『民族で読む中国』(朝日選書　1998年) を参照。

3) 台湾や漢族の宗教の入門書として二階堂善弘『中国の神さま』(平凡社新書　2002 年)、やや専門的な本として渡邊欣雄『漢族の宗教』(第一書房　1991年) をあげておく。

4) 龍山寺に祀られている神仏に関しては、窪徳忠『道教の神々』(講談社学術文庫　1996年) 290頁に図があり、参考になる。ただし現在の祀られ方と少し異なっている。

5) 媽祖は通称であるが、正式な名称は複雑なので本稿では通称を用いる。媽祖に関しては朱天順『媽祖と中国の民間信仰』(平河出版社　1996年) 参照。

6) 一般に海外に出た中国人・台湾人のうち移住先の国の国籍を取得している人を華人、国籍を取らずに居住している人を華僑と呼ぶことが多い。

7) 窪徳忠「箱根観音の媽祖祭り」(『宗教研究』307　1996年) 参照。

8) 関帝廟はいわゆる『三国志演義』に出てくる関羽を神として祀った廟である。

9) 慰霊祭の概要については藤井健志「戦後台湾における「日本人」慰霊の諸相」(『宗教研究』351、2007年) を参照。なお現在は台北の遺骨安置所はなくなり、その遺骨は宝覚寺に移されている。ただし慰霊祭は台北、台中、高雄の3ヵ所で続けられている。

10) 台湾における日本宗教の活動については藤井健志「戦後台湾における日本宗教の展開」(『宗教と社会』13　2007年) を参照。

11) 台湾の伝統的な仏教に関しては張曼濤「台湾の仏教」(『アジア仏教史中国編Ⅳ　東アジア諸地域の仏教』佼成出版社　1976年) を参照。

12) 大乗仏教を含め世界のほとんどすべての仏教において、僧侶の妻帯は禁じられている。また上座部仏教 (いわゆる小乗仏教) においては必ずしも肉食は禁止されていないが、中国仏教では一般に禁止されている。中国仏教はもちろん大乗仏教である。

13) 台湾における中国仏教会の活動については釈浄心「中国仏教会と中華民国仏教の教化活動に就いて」(水谷幸正先生古希記念会編『佛教教化研究』思文閣出版　1998年)を参照。

14) 台湾の現代仏教については五十嵐真子『現代台湾宗教の諸相』(人文書院　2006年) および蕭新煌他(野川博之訳)「新仏教集団のダイナミクス」(西川潤他編『東アジアの社会運動と民主化』明石書店　2007年) を参照。

コラム

東南アジア大陸部の多文化多言語世界

吉野　晃

東南アジア大陸部と、雲南・貴州・広東・広西などの南中国の地域は、多くの河川が流れ、その間に幾多の山脈が並ぶ。おそらく地球上で地形が最も複雑な地域である。この複雑な地形に対応して、この地域には多くの民族が住んでいる。生態環境が複雑であれば、その環境に適応して生きてきた人々の文化も多様となる。山地の間を縫う河川は山間に谷底の平地を形成し、この地域には山間盆地が多数ある。タイ系の民族はそこに村を作り、水稲耕作を営み、一つの生態を作り上げてきた。タイ語で「くに」を表すムアン（Mueang）という語は、基本的にはこの山間盆地に展開した政体とその景観を指す。雲南とベトナム、ラオス、ビルマ、タイの国境周辺の地図を見ると、Muang…, Muong…、Mong…、猛…といった地名が散見される。さらには、Chiang…、Xieng…、Keng…、景…といった地名も見つかる。Muang,Muong,Mong,猛は、タイ系の言語で上述の「くに」を表し、Chiang,Xieng,Keng,景は、「まち」「みやこ」を表す。こうした地名は、山間盆地において「くに」があり、場所によっては首長のいる「みやこ」が築かれていたことをしめす。細かい地図を見てゆくと、こうした地名が無数あることに気がつくだろう。

こうした山間盆地で水稲耕作を営む人々がいる一方、山地では、焼畑耕作が行われてきた。現在は各国で森林伐採禁止や焼畑耕作禁止などの政策がとられており、焼畑耕作を見ることは少なくなってきたが、かつては山地の斜面で行う農耕は焼畑耕作であった。人口密度が低い場合、斜面で行う農耕としては焼畑耕作が適しているからである。その焼畑耕作もいくつものバリエーションがある。このほか、森林の中には採集狩猟民がいた。農耕を行う者も狩猟に従事していた。

生態と生業の多様性が見られ、かつては人口過疎地帯であった東南アジア大陸部は、また、民族の移動の舞台でもあった。焼畑耕作民が耕地の切り替えに伴って移住することは有名であるが、水稲耕作民も新たな水田適地を探して移動を繰り返してきたからである。現在タイ王国を形成しているタイ民族は、北から移住を繰り返し、現在のタイ王国の版図に広がったのであった。

生態と生業の多様性と民族移動が、さらにこの地域の人々の文化を多様にしてきた。移動した人々は、元の地とは異なる他民族や環境に適応する。その結果として文化の変化が生じ、移動しなかった、あるいは他の地へ移動した同胞と異なった文化を形成することがある。場合によっては、異なるアイデンティティを持つこともある。

このような多民族多文化状況の中で、人々は異なる文化の人々と日常的に接している。それぞれの国で少数民族である山地民族の場合、平地の多数民族たる水稲耕作民との接触・交通のみならず、山地民族同士の接触・交通を保ってきた。その結果として、山地民族の多くは複数の言語を操る能力をつけてきている。筆者が調査してきたタイ北部のユーミエン（他民族からはヤオといわれてきた）という山地民族は、焼畑耕作に従事して中国からベトナム、ラオス、タイへと移動し、かつてはアヘン芥子を換金作物として耕作していた。彼らが接する民族は、平地のタイ系民族だけでなく、他の山地民族もおり、山地を行商していた漢民族の商人とも曽ては交渉を持っていた。

その結果として、彼らは、複数の言語を操れる。日常会話であれば、三～四の言語を話せるのである。現在六十歳代以上のユーミエンの男性は、母語のミエン語の他、北タイ語（中央タイ語とは異なる）、漢語雲南方言を少なくとも操れる。それより若い世代となると、少なくとも、ミエン語、北タイ語、中央タイ語を操る。これに加えて、さらに他の山地民族の言語も使える者が結構いる。若い世代でも漢語を話せる者がいる。儀礼を執行する祭司となると、漢字で書かれた経典を読誦するときに用いる言語が複数あり、簡単な儀礼では、ミエン語あるいは漢語雲南方言、高レベルの儀礼となると、広東語を用いる。この他、歌謡で用いる言語は会話のミエン語とは異なる単語を多用し、ミエン歌謡語といわれる。こうした複数の言語を使い分ける様は、端で見ていても見事なものである。

東南アジア大陸部山地民族の多言語能力は、もちろん上記のような文化の多様な状況に少数民族として適応する必要から獲得されたものである。しかし、ミエン語やタイ語の習得に苦労してきた筆者のような者から見ると、その多言語能力は羨ましくあるし、新たな言語を学ぶための刺激ともなっている。

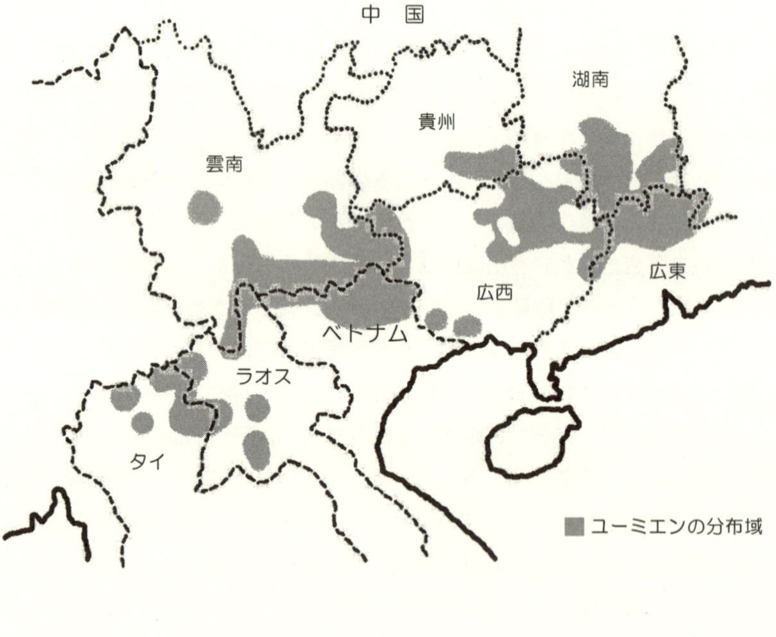

アジアの美意識と化した儒教文化と韓国

李　修京

中国から生まれた儒教とは孔子の教えである論語をもとにした社会思想である。しかし、朝鮮時代には儒教が国の政治思想として取り入れられ、500年以上社会に影響を及ぼしてきた。今でも根強く残っている韓国の儒教文化に触れながら、儒教とは何かを考える。

1．はじめに

韓国社会は古くから「東方礼儀之国」と称され、礼節を重んじてきた。その背景には、朝鮮時代から徳治政策として取り入れられた儒教の根強い影響がある。儒教は本来、中国山東省の曲阜出身の孔子による教えを基にするが、中国はもちろん、その近隣諸国、特に北朝鮮や韓国、日本など東アジアを含む各地で時代と社会状況によって多様に変化してきた。その根本的教えは、〈仁・義・礼・智・信〉の教えを基本理念にする五常と、集団・組織における厳格な上下関係による秩序、君主に対する忠誠心、祖先崇拝精神、人間関係における仁義と信頼と礼節、親に対する孝行、夫婦の役割、控えめの美徳などを説いた五倫、即ち、〈君臣・父子・夫婦・長幼・朋友〉の在り方を軸としている。

中でも人間としての道徳精神を重んじる儒教は、秩序と道徳的規範、そして大義名分の観念を強調し、東アジア地域の家族制度や社会制度に強い影響を与えてきた。また、仁義を貫く事や相手を配慮する心、丁重な礼節精神が美徳とされ、年功序列の秩序も定着するようになった。このように人間の融和を唱える儒学の教えを共通認識とし、融和的文化を共有してきた東アジア地域に宗教紛争が見られないのは決して偶然ではない。時代によっては、仏教文化の発展と勢力拡大による権力争いや為政者による宗教弾圧・禁教令政策に反発する動きは見られるものの、特定の宗教を理由にする国家間の宗教戦争や地域紛争は勃発していない。また、現在も東アジアには多種多様な宗教があるが、宗教による過激な衝突はおきていない。むしろ、それぞれが自分の宗教を享受しつつ、相手の宗教をも認めながら共生を模索しているといえる。その根底には長年培ってきた道徳的社会意識から生まれた「譲り合い」や「歩み寄る」ことの美意識が大きく作用している。

本稿では、かつて日本・中国以外に 4Dragons（韓国・香港・台湾・シンガポール）と呼ばれた経済協同体から、〈北東アジアの文化共同体〉や〈ASEAN プラス 3（韓・日・中)〉〈東アジア共同体〉への試みなどが進んでいる現状を念頭に置きつつ、東アジアの中でも儒教が根強く残っている韓国社会を通して儒教文化とは何か、また、どのような社会制度を生み出して来たかを考察する。もちろん、厳しい家父長制や身分制度による男尊女卑・女性差別・人権問題などの弊害も少なくないが、それらの問題にも指摘しつつ、東アジア社会で影響し続けている儒教の特徴を考えてみる。

２．儒教（Confucianism）とは？

儒教とは中国の魯国（現在の山東省）の曲阜出身の孔子（春秋時代の B.C.551～479）の教えであった「礼」と「仁」を倫理的理念とした徳治理論であり、中国を代表する思想である。その理論は言行録である『論語』に見られるが、後世に儒教の教えを継ぐ儒者（a Confucian: a Confucianist）によって発展するようになった。戦国時代は孟子や荀子によって展開され、董仲舒《とうちゅうじょ》を重用した前漢の武帝時代に定着されるようになった。主な理論書には『論語』『大学』『中庸』『孟子』の四書と、『春秋』『周易』『書経』『詩経』『礼記』の五経がある。

その後、南北朝時代には長引く戦乱による厭世的な社会雰囲気は心を救ってくれる仏教や道教の教えが求められ、儒教はしばらく衰えた。北宋の時代では儒教や仏教などの教えが混じり合った新たな理論（宋学）が生まれ、北宋の周敦頤《しゅうとんい》が唱え、南宋の朱子が‘性即理’理論を取り入れて朱子学として大成させた。それに対する陸象山《りくしょうざん》の‘心即理’理論に明代中期の王陽明が知行合一理論などを加えて陽明学として隆盛を極めたが、明では朱子学に基づいて科挙や公的な儒教として朱子学を取り入れるなど、朱子学が重用されるようになった。しかし、明末から清代には訓詁学や考証学が発展した。その動きに対する反省によって、儒教に基づく理論を高めようとするものの、中華民国以降は科挙制度が廃止されるなど、儒教批判の動きが時代とともに激化するのである。祖国の自決意識の鼓舞によって思想啓蒙運動が活発になる 1919 年の 5・4 運動期には特に儒教批判が強まった。その後、中華人民共和国では文化大革命期に革命に対する反動理論として弾圧が行われ、1973 年の「批林批孔」運動[1]では、周恩来を批判する江青を含む四人組が、歴史上の人物を借りて政敵（周恩来）を批判するのだが、孔子と儒教も強い批判の対象となった。この時期は、共産主義思想と儒教批判によって女性の社会的活動への平等性が生まれた時期でもあり、国家の重要な労働力としての女性の生活地位への動きもみられるようになった。しかし、文化大革命が終焉を迎えた 1978 年以降に儒教の再評価が試みられ、近代社会主義理論の一つとして再び用いられるようになった。

現在は中国の国際社会に対する文化的戦略として儒教を通しての中国の漢語と文化普及を目論んだ「孔子学院」が世界的に開設されており、日本でも各大学で相次いで開いている。2007 年 4 月、日本を訪問した温家宝首相が 2005 年に日本で初めて孔子学院を開設した京都の立命館大学を訪問したのは話題となった。ちなみに、海外で初めて孔子学院が設立されたのは韓国のソウルである。儒教的影響がもっとも根強く残っている社会であるだけではなく、中国との経済・政治的関係が深まるにつれ、中国語を勉強しようとする人が急増していることが背景にある。

3．日本と儒教

日本へ儒教が伝わったのは、概ね応神天皇時代に王仁《ワンイン》博士（4 世紀末～5 世紀。韓国全羅南道の霊岩生れ）が百済王から命を受けて『論語』十巻と

『千字文（基礎漢字）』1巻をもって日本に来たのがその始まりである。その後、513年に五経博士が来日してから、体系的な儒教として政治思想に取り入れられるようになった。以後、大学・国学を設けて官吏養成の学問として発展する。鎌倉末期に禅僧によって朱子学が伝えられ、南朝が正統性を主張する理論的根拠ともなり、五山を中心に発展した。江戸時代になると、仏教とは一線を画して、学問（儒仏分離）としての儒学を形成する動きが高まった。江戸初期に藤原惺窩《せいか》の弟子であった林羅山が幕府の儒官となり、儒教は幕府の官学として林家がつかさどるようになった。また、藤原惺窩の弟子であった松永尺五の門から木下順庵らが輩出し、儒教は幕藩体制の思想的支柱として位置づけられるようになった。一方、名分論を重んじた山崎闇斎によって神儒一致論による儒教神道が唱えられ、その系統からは尊王論が生まれ[2]、明治維新に影響を与えた。江戸時代にはこのほか、陽明学派、古学[3]派、考証学派、折衷学派などが起こった。

近代では、帝国主義を遂行する天皇制の下で教育勅語などの儒教道徳が強調され、戦争を経る過程で生命を含む倫理や宗教などの価値観の形成に強い影響を与えた。

国家に対する愛国精神や祖先崇拝による儀式、年功序列など、今でも儒教の影響は社会の至るところに残っているものの、民主主義平等社会における男尊女卑思想・人権問題に対する人々の意識向上によって儒教への評価も変わりつつある。また、高度の通信・交通技術の発達によって民族の移動が流動的になって多文化社会化し、家族やコミュニティーの形態が急変している現在、儒教の在り方を通して社会的変化を試みようとする動きも表れている。その意味で、家族愛や礼儀正しさ、仁・義・孝・忠が盛り込まれている韓国の映画やドラマに共鳴し、ノスタルジーを覚える人によっていわゆる‘韓流熱風’が茶の間を賑わせたのである。

4. 韓国[4]と「儒教」

韓国にはなぜ儒教がもっとも根強く残っているのか。

韓国における儒教の歴史は長く、『三国史記　高句麗本紀』には第17代の小獣林王《ソスゥリムワン》（在位は 371〜384）の頃に律令を作り、大学による子弟教育を行ったことになっている。だが、三国時代から高麗末期までは、当時勢力を強めていた仏教と共存した儒教であり、文学を用いた儒教にすぎなかった。しかし、1392 年に始まる朝鮮時代に、「崇儒排仏」の統治理念を掲げた支配思想として取り入れられ、徳治政策による国家理念として朝鮮 500 年の歴史に深く関わって来るのである。

朝鮮儒教の特徴[5] を概括すると以下の通りである。

①文臣優位の両班《ヤンバン》（士大夫《サデブ》、文班《ムンバン》と武班《ムバン》を称す）が支配階級として強い政治力を発揮した。兵役免除の特権や、官職以外の農工商のいかなる職業にも従事しなかった。教育はソウルでは四学、地方では郷校《ヒャンギョ》を経て、成均館《ソンギュングァン》へ進んで、科挙試験に合格して文臣の地位を確保した。これらの教育機関で儒教＝朱子学の教養を身につけた。

②朝鮮初期の王朝体制作りに貢献した経世治国的朱子学[6] を重用し、性理学＝道学が尊重された。吉再《キルチェ》が郷里の慶尚道《キョンサンド》（嶺南《ヨンナム》）で道義を講義し、士林を発展させ、趙光祖《チョクァンゾ》（朝鮮道学の祖と称される）や李退渓《イトェゲ》（朝鮮の朱子と称される）などを輩出した。

③16 世紀後半に陽明学が入るが、朱子学の全盛期もあって、朝鮮ではさほど受け入れられなかった。なお、党派争い（東人に李退渓派が、西人に李栗谷《イユルゴク》派が学説争いを行うなど、権力者による政権主導権争いが多かった。）にも儒学者がしばしば登場する。

④厳格な身分階級（両班、中人《チュンイン》、常民《サンミン》、賤民《チョンミン》）と家族制度が設けられ、国は〈三綱行実図〉に基づく孝子、忠臣、烈女を表彰するほか、男尊女卑となる男女の役割分担も強調した。

⑤18 世紀に入ると実際的な学問研究と言うべき社会改革の学問として実学が生まれた。田制改革や社会制度・教育改革、生産技術の改良、産業振興策、中国と西洋の学問の研究や自国の実態調査（朝鮮歴史、地理、言語研究）など、広範囲な研究が行われた。[7] 社会における学問的実践を試みた実学には、洪大容《ホンデヨン》、朴斉家《バクジェガ》、丁若鏞《チョンヤギョン》、金正喜《キムジョンヒ》などの当代を代表する実学者が活躍した。

朝鮮と日本：理と道義に厳しい朝鮮儒教は、19世紀以降の列強の侵略に対して衛正斥邪《ウィジョンチョクサ》（朱子学を守りカソリック教を排除しようとする動き）思想として機能し、特に朝鮮の「自主独立」を掲げながら実際は侵略してくる日本の背信を厳しく糾弾し、義兵闘争の先頭に立つ、道義と抵抗の儒教となった。[8)]

これらの朝鮮儒教は為政者の政治的観念として普及したが、祖先崇拝、法事、様々な通過儀礼・儀式など、一般社会にも深く浸透し、既存の伝統社会と相容れながら人間の融和・仁義・信頼関係・家族の和合を重んじる社会的規律として広まった。しかし、朝鮮時代の後半になると家父長制の確立によって女性の自律性が厳しく制限されるようになり、それに伴う多くの弊害を生み出すようになる。

5．朝鮮儒教の問題

高麗時代に仏教の隆盛によって政治的動きにも影響がおよぶと、朝鮮王朝時代からは仏教勢力を弱め、社会秩序を保たせる道徳策として儒教が国策として取り入れられた。それから600年が過ぎている今日まで社会に影響を与え続けている儒教は、「三綱五倫」思想を基本理念とし、両班、中人、常民、賤民の厳しい身分制度を設け、学問を重んじ、血縁・知縁・学縁による社会的関係を絶対化してきた。農耕社会における父系・家父長制（男性の社会的役割と女性の家庭的役割の強調）に加えて、年寄りや目上に対する礼節を保ち、誠意を尽すのが人としての道理だという封建的社会概念が生まれた。

父親を中心とする大家族社会が形成され、支配側に忠誠を尽くし、自分よりも他者を気遣う配慮の精神が美徳化されるようになった。為政者は民衆の国家への従順を導くことで政治的安定を図ろうとした。しかし、結果的に朝鮮儒教は支配層と被支配層との格差社会を明確にし、一部官僚階級の学問重視傾向は強まったものの、大衆の教育や社会活動の機会を阻むことに繋がった。さらに、特権階級と地主の結託が容易となり、腐敗官僚による悪政や階級差別による社会問題のほか、父系社会の基盤が強まることで派生する女性への劣悪な社会環境が生み出された。儒教の基本理念や代表的社会概念を簡単に述べると次の通りである。

①三綱五倫《サンガンオリュン》

三綱とは儒教の基本理念となる三つの綱領を称し、臣下の君（王）に対する忠をいう「君為臣綱《クンウィシンガン》」、子の親に対する孝をいう「父為子綱《ブウィザガン》」、妻の夫に対する烈（助力・支え）をいう「夫為婦綱《ブウィブガン》」である。

五倫とは五つの倫理を称し、忠義を意味する「君臣有義《クンシンユイ》」、親孝行を意味する「父子有親《ブザユチン》」、夫婦・男女の役割を意味する「夫婦有別《ブブユビョル》」、上下関係の秩序を意味する「長幼有序《ザンユユソ》」、信頼ある友情を意味する「朋友有信《ブンウユシン》」がある。

また、人としての道理を語った五常には相手を思う「仁」、利害よりも義理を重んじる「義」、相手を敬う「礼」、条理に見合った思考の「智」、信頼で人間関係を行う「信」があり、これらの理念が人間として守るべき道理として儒教の教えとなった。

②三従之道《サムジョンジド》

朝鮮中期までは比較的自由な結婚観を持つことが可能だった。しかし、両班を中心とした朱子家禮が行われ、女系家族の排除、女性の財産相続の制限が厳しくなり、女性に対する差別行為が著しくなった。この三従之道とは一人の女性が生涯を通して３人の男性に従順すべきであり、結婚前までは父、結婚中は夫、夫の死後は長男に従うことが女性の道理であるという観念である。そのため、女性は貞節を貫き、一人の異性のために操を守る一夫従事が強要され、社会活動は厳しく制限された。また、婦人の外出の際、他の男性に顔を見せたり直接話をかけることがタブー視され、女性の対人範囲は極めて限られたのである。今でも儒教の伝統を守っている家の女性は他人に酒を注ぐことをとまどうか、父・夫などの身近な人だけに酒を注ぐのである。また、長男優先、息子中心の考えを持つ母親も多く、核家族化の社会とはいえ、息子の結婚に対する母親の干渉が多々ある。また、女性・娘・嫁・母親としての在り方については主に母親が教育する場合が多く、女性による性差別も際立つ。

③夫唱婦随《ブチャンブスゥ》

夫が唱えることに妻が従うという意味で、夫婦の和合を道理とする観念。そのため、妻は常に夫の言葉に従い、夫はその家庭を担う責任があった。しかし、一方では夫の意見に黙って耐える淑やかな女性こそ妻の在り方だと認識されるようになり、女性無視ないし蔑視・家庭内DVなどに耐え凌ぐ女性の悲しい歴史が生まれた。その反面では、強くて逞しい男性像が強いられ、繊細で軟弱な男性の存在を認めない社会の雰囲気をも醸し出した。

④男女七歳不同席《ナムニョチルセブドンソク》

男女は7歳になったら同じ席に座ってはならないという教えで、男と女の区別と礼節を幼くしてから厳しく教えようとする観念。そのため、男の子は早くから家父長になることの大切さや五倫の行いを身につけ、女の子は操や従順、家庭の和合への教え、生涯女性であることの在り方を教わるのである。因みに昔は様々な階級、性別の他、経済的、伝染病などの理由から早婚が多く、特に早くから家系を担い、子孫を残すことを考えなければならなかった男の子は10代前半で結婚する場合が多く、女性の場合は幼い夫を補弼することに徹するとともに、嫁いだ家のしきたりや家系の伝統を伝授するため、家事を行える年上（姉さん女房）の妻を迎える傾向があった。

⑤七去之悪《チルゴジアク》

既婚女性でも離縁される原因になる七つの条目で、七出之悪《チルチュルジアク》とも称する。婦人がやってはいけない内容としては、夫の両親への親不孝（舅姑に従わない）、子どもを産めない（無子）、姦通などの行為（淫行）、夫の行為に対する嫉妬、悪い病気（悪疾）、多言（口舌）、ものを盗むこと（窃盗）の七項目である。中でも、子孫を残すことが重要な役割であった女性にとって息子を産むことが極めて大事とされ、家系を継ぐ息子がいない場合、現在の代理出産に類似したシバジ（種受け）を呼ぶ場合もあった。そのシバジは経済的支援によって夫の子を産む制度の中で生まれたが、その内実は必ずしも人道的対応ではなかった。

なお、七去之悪に触れたとしても、戻る実家がなく、夫婦揃って夫の親の喪に服した場合、そして、嫁いできた頃には貧乏だったが七去之悪に触れた時に裕福になった場合は「三不去」として妻を追い出すことはできなかった。理不尽な離縁に対する処罰制度もあったが、七去之悪は女性との結婚を単純に種族を維持し、家系の繁盛に意義をおいていた封建的家族制度であったのは否めない。

⑥烈女門《ヨルニョムン》の根底にある村の名誉と陰の村八分

統一新羅時代には法的に男女平等に等しかったが、高麗末期から儒教の影響が強くなり、朝鮮王朝時代には支配層の政治的理念として性理学が定着されるようになる。政治的統治をより円滑に行うための儒教理念が社会的規範として普及するとともに、家父長主義に基づく男系社会の強化、両班社会の秩序を保つために女性の社会的・家庭的役割の分別が強要され、女性の地位は極めて低くなった。一方、男性の地位は親の教育により強められ、子孫、特に長男による家系維持を理由にする妾や種受け（シバジ）などが認められ、反対に女性は生涯一人の男性のみの操が強いられた（再婚禁止）。そして、一度嫁いだ女性は一夫に誠意を尽くして婦人としての道理をまっとうするとともに、貞操を守り、夫の如何なる行為にも耐える淑やかさが女性の美徳とされた。そのような生涯夫や夫の家族の為に尽くした女性を烈女と呼び、村にその行いを表彰する門を立てた。それは村中の自慢にも繋がり、女性への貞操観念の周知はもちろん、女性の私生活を村単位でコントロールする制度にも繋がった。今でも韓国には至るところに鳥居のような門や伝統的な文様の烈女門が存在し、その地方の誇りとして受け継がれている。なお、長男の嫁という言葉に象徴されるように、儒教では祖先崇拝の儀式が強調され、葬儀や法事などの場合、長男の嫁が多くの仕事をこなさなければならなかった。働く女性が増えている近年、女性の家事の負担が重くなったり、家族関係の親密さが求められる正月や秋夕などの名節《ミョンジョル》が過ぎると一段と離婚率が増える傾向にある。そのため、簡素な儀式への風潮が広がりつつある。なお、祖先崇拝の儒教の影響が根強く残っているため、韓国や北朝鮮ではいまなお祖先に対する意識が格別だと言える。

6．現代文化からみる韓国の儒教

儒教は長い歴史を通して韓国社会の至る所に影響を与え、現在でも社会はもちろん、生活の中でも儒式慣習に触れることができる。例えば韓国人の留学生らと食事をしたり、酒を飲む時、会話をする時など、出逢いの場ではしばしば年齢による上下関係を明確にしたがる。日本でも先輩・後輩の概念は一般的だが、年齢の違いがあるからといって簡単にオンニ（女性が年上の女性を呼ぶ場合、姉と同意）・ヌナ（男性が年上の女性を呼ぶ場合、姉と同意）・オパ（女性が年上の男性を呼ぶ場合、兄と同意）・ヒョン（男性が年上の男性を呼ぶ場合、兄と同意）といった呼称を呼び合う関係には至らない。しかし、韓国の場合は実の兄弟や親戚でもないのにこういった呼称で呼び合うことで親密感を表す場合が多い。また、家庭内でも家族間の絆が強く、子どもの恋愛についても家族や周辺の人たちが心配をしたり、干渉することが少なくない。そのような人間関係がほのぼのとしたドラマとして紹介され、いわゆる韓流ブームを巻き起こしたのは記憶に新しい。核家族・少子化・高齢化・高度な情報・通信技術の発達などを伴う索漠とした忙しい現代社会が失いつつある人間模様に暖かさを感じたと言えるが、その恋愛ドラマの中でも儒教的家族観や恋愛観など、儒教による影響が各自の生き様に深く関わっていることが人気を集めたのである。

ここではそのような儒教的特徴として現代社会に残っているいくつかの儒教の影響について取り上げてみることにする。

①教育

学問を重んじる儒教の影響は、日本の植民地時代と朝鮮戦争を経て、戦後の混迷から立ち直る1960年代から教育の方に著しく表れた。1960年代の高度経済成長の時期に行われた近代化政策の中で夫や子どもの出世のために母親・妻の役割が際立った。中でも子どもの一流大学への進学は広い人脈作りと繋がり、一家安泰への神話さえ生み出した。大学試験の際に受験生の便利を図るために警察が遅れた学生を運ぶこと、学校の後輩たちが先輩の試験成功を祈って受験場の前で独自の儀式や熱いお茶のサービスを行うこと、母親が子どもの合格のために寺や教会で必死で祈っている光景などは、既に日本でも広く知られている。また、受験に失敗しないために受験日の前はわかめなどの滑りやすい食べ物は取らなかったり、合格のために受験する学校の校門に飴や餅などをくっつけるなどの心理戦が強まる中で、受験に便乗したグッズ商品の販売も盛況である。また、子どもが大学を出るまでは大体親が学費や生活の面倒を見る。換言すると、学校教育を終了するまでは勉学に専念できるように親が世話をし、就職後は子どもが親の恩を孝行として返すことが道理とされている。教育熱心な親は鑑とされ、子どもの出世は一家の将来とも関わる構図が社会にある。

教育は主に母親の務めとされ、経済的な余裕とともに、母親たちによる熾烈な子育て環境を見出すようになる。即ち、広がる教育ママ層の台頭によって過熱する教育環境は放課後教育という巨大産業[9]を生み出すようになった。因みに、OECD 国家の中で韓国は放課後の私教育費が世界 1 位となっているくらいである。それら教育への集中が社会的に美化される中で、夫や子どもの出世のために尽力する女性を称するチマパラム[10]現象が韓国社会の象徴となった。次第に経済的豊かさと少子化・核家族化が進むとともに、一方では、高学歴志向・名門大学への進学を目論んだ激しい受験戦争と塾産業による学校教育への不信・エリート養成化による学校現場の荒廃化や学級崩壊状態を招いた。時代の変化とともに家庭事情も複雑になり、不登校・引き籠もりも増えた。そして、教員の資質や学校教育の刷新などが求められ、不登校対策としてオルタナティブ・スクール（代替学校）も設けられるようになった。

近年では、国際化社会に対応できる人材育成が叫ばれる中、英語教育の必須とともに海外留学が一般化されつつある。そのため、幼い子どもとその世話役の母親が英語圏に留学し、父親は韓国に残って仕送りを続ける構図の中で家庭崩壊や孤独死することが社会問題として浮上し、早期英語留学の傾向を減らす対策として韓国内に英語村を作りつつある。また、学校教育以外は塾や複数の稽古などで時間を取られる子どもに代わって宿題まで担ってくれるインターネットサイトも登場し、適時に使われる社会になりつつある。これらの教育問題について様々な教育改革案[11]が試みられて来たが、1997年の経済破綻からIT先進国への発展の中で生じつつある青少年（Net Generation）のネット中毒問題や、受験を懸念した移民も増えており、より魅力的な教育環境の提示が課題となっている。しかし、社会全体で学生を手厚く保護する傾向は今なお根強く、さらに教育に対する国民全体の関心が高いため、学生への要求や在り方について社会全体が厳しく見守っているといえる。なお、長幼・上下関係の礼節を保った秩序が道理とされ、学校や軍隊などで関連教育を受けてきた若者は電車内で老弱者に対する座席譲りを当然のように行うことが多く、親子・家族関係は親密に保たされている傾向にある。

②「姓」

韓国は古くから自分の出自を表す「姓」＝「家系」を重んじてきた。そのため、各家庭には始祖から伝わる族譜《ゾクポ》に全家族が記録され、一族の一員であることに誇りを持つ場合が多い。今でも相手に最も信頼を得るためには「姓を変えても良い」といった誓い方をするが、これは約束の絶対実行をあらわす表現である。

結婚しても夫婦別姓制であり、男女ともに姓を変えることはない。家父長制が根強く残っており、子どもは父親の姓を名乗るのが一般的である。しかし、最近は離婚率が増加し再婚家庭も増えたために、2008 年 1 月から戸主制が廃止され、母子家庭では母親の姓を子どもが名乗ることや再婚家庭の夫の名字にすることが可能となった。因みに、韓国には「金《キム》」「李《イ》」「朴《パク》」をはじめ、約300種類の姓がある。2万種類を超える日本に比較すると極めて少ない方である。名字の中でも最も多数を占めるのは「金」「李」「朴」であり、「ソウルの真ん中にある南山の頂上から石ころを投げると、三つのどれかに当たる」という言葉があるほどである。なお、卑賤な職業を称することから身分階級の底辺の庶民の名字を「天邦支竺馬骨皮《チョンバンジチュッマゴルピ》」とし、差別的に扱ったが、現代社会ではそれほど拘ることはなく、むしろ、実力主義を優先にする傾向が強くなっている。

③「ウリ」文化

仁義と礼節を重んじる韓国人は、「ウリ」（我々、私達、我らなどの意）という言葉を用いて、親しみを表す場合が多い。馴染めない人が聞いたらその強い結束や所有意識に違和感を覚えて戸惑うこともあるかもしれないが、家庭や組織、地域コミュニティーの連帯性を表現することで仲間意識を分かち合おうとする慣習だと理解すればわかりやすい。韓国人が「ウリ」という言葉を持ち出したら、それほど親密な間柄になってきたのだと考えればよい。また、少し面識を持つようになると、相手のために積極的に何かをしてあげようとするため、韓国社会は「情《チョン》」文化ともいえる。面倒見が良いとも言えるが、慣れると人間とは心暖かく、血の通う情深い生き物だと感じざるを得なくなる。この「情文化」による社会的弊害、例えば、知縁、学縁、血縁などによる特別処遇などによって生じる問題も少なくないが、「情」によって社会が維持されている部分も無視できない。機械文明によって失いつつある人間特有の情文化は人々が生きる上で重要な潤滑油だと言えよう。

④食文化

「飲酒歌舞」を好む韓国人の飲食文化は豪快かつ食道楽的といっても過言ではない。

朝鮮戦争後、廃墟から立ち直るために実施された近代化経済計画によって‘漢江の奇跡’と呼ばれるほど経済発展を遂げた韓国はその後、かつてない飽食時代となった。最近は西洋式大型デパートやスーパーが進出し、世界各地から大量の物が運ばれてくるようになり、今では量よりも品質を楽しむ余裕も持つようになった。韓国人は客を持てなす時だけではなく、常にご飯、汁のほかに、おかずを沢山取る方である。韓定食専門食堂では、10 種から 40 種前後の皿が食卓を埋め尽くすので、お膳を前にした時は豊かな気持ちになる。接待では、相手が食べきれないほど溢れる料理でお持てなしをするのが誠意を尽くす接待だという意識も強い。食事の際、お椀や皿は食卓においたまま、汁気のものはスプーンで、他のおかずは箸で取るのが一般的である。食事は目上の人が先に匙を取ってからするのが一般的であり、目上が来るまで食事を待つのが古い慣習であったが、最近は家族の生活パターンも多様化し、食文化も変化している。なお、祖先崇拝を極めて大切にしてきた韓国での法事やお正月のような名節の場合、女性が料理や掃除全般を担い、男性は主に儀式進行役を担う。そのため、女性の社会進出・経済活動が増えている現在、職場から帰宅した女性の台所での仕事の負担が多く、加重される家事労働の分担問題に起因する離婚も少なくない。女性＝奥方＝家事担当の図式に対し、「社会的労働力の損失＝国家発展に伴う人材の損失」の側面から男女が共に参画し、協力・分担できるように国家レベルから促している現状である。

⑤韓国社会と酒文化

2000年度の韓国人の飲酒統計によれば、一人当たり焼酎58.9瓶(360ml)、ビールは61.4瓶（500ml基準）を消費し、一人当たりの消費酒量は世界2位（スロベニアが第1位）で、全国民の36%が酒を飲むことになる（ちなみに、タバコの消費量は世界7位)。酒は焼酎やビールの他、濁り酒（マッコリ）や民族酒（地酒)、ウィスキーなどがあるが、最近はポリフェノール成分で健康に良いとの理由から、ワインの人気も高まっている。多種多様な酒類を楽しむだけではなく、仕事後の酒席での人間関係も無視できないため、酒の席で歴史が動く場合も多々ある。

韓国の酒も日本同様、各地の銘柄があって、各地方や味を好んで銘柄を楽しむ人も増えている。また、健康を意識した漢方薬剤を取り入れた薬酒（百歳酒など）も流行っているが、これらの酒文化には様々な儒教的影響が内在している。例えば、一般の女性が他の男性に酒を注ぐことは好ましくないとされてきた。女性が注いでも良い相手は、両親や兄弟、夫、恩師などの場合である。また、同じ男性でも目上の人が酒を注いでくれれば、両手で酒杯をとって、右斜めに少し体を後ろ向きにして相手に飲む顔を見せないのが習慣である。タバコも目上の人が同席の場合、断って吸うか、見えないところで吸うのが礼節とされている。このような伝統的な習慣は今でもよく目にすることができる。

7．おわりに

以上、韓国社会から見る儒教を掻い摘んで考察してみた。上記以外に、兵役や就職、結婚の儀式などにも儒教が多分に影響しており、映画や音楽、ドラマ、スポーツや芸能、芸術、メディア世界（放送局の倫理委員会の活動）などにも儒教の礼節や道徳的動きが色濃く表れている。

通信・交通・産業技術の高度発展に伴う物質万能主義、少子化、教育・家庭・青少年問題、溢れる情報、高学歴、高齢化社会、人々の越境・移動などによって共通の社会問題を抱えている北東アジア。そこには、弱者を擁護し、社会的問題について責任を担うべき大人の姿は稀薄化しつつあり、西洋型の実力主義意識が資本主義的仕事・物質優先主義意識と接合され、礼節や道徳、人間の情が無視される余裕のない社会が広まりつつある。ネット情報・通信やレジャー産業の発達によってニートや引きこもりが増え、サイバー・モニタ文化によって育てられた彼等の現実逃避、自己中心・物質万能主義が蔓延している。このような現代社会の中で、家族や組織、地域コミュニティーの新たな在り方が求められている。儒教には様々な問題点があるものの、現代のように人間の温もりが喪失されかけている状況を踏まえた上、歩み寄り、相手への配慮意識を社会的規範として再考するとともに、祖先から受け継いだ歴史を正しく認識し、現状に見合った儒教の在り方を模索することが必要である。問題点は捉え直し、長所を社会的機能としてより活用しようと努めると、青少年問題や索漠とした社会や家庭問題、高齢化問題などの社会問題の解決の糸口が発見できるのではなかろうか。

民主・平等主義が唱えられて久しい今日の視点からすると問題点は多いものの、儒教とともに東アジアでは控えめの遠慮や配慮（気遣い）によって礼儀正しい秩序が守られてきたのは事実である。そして、国益や政治家の野望から起因した侵略戦争はあったものの、北東アジアにおける宗教戦争や文化の衝突は起きていない。その理由を考える際、社会における調和を重視した儒教の共通認識を無視することはできない。礼節をもって上下関係を保つこと、仁義をもって組織や人間関係を深めることを通して、大きな社会の秩序が保持されてきたのは否定できない。誰もが社会秩序を遵守して、社会や家庭の穏やかな流れを乱さないために用いられた道徳律として、儒教はアジアの多くの地域に影響を与えた。実力主義で平等や自立意識を強調する欧米社会とは違って、配慮して譲歩する精神や家父長制によって家族愛を深めることが美徳とされてきたアジア文化、その長所や短所を改めて認識しつつ、我々は相手に敬愛と理解をもって接し、社会という大きな枠の中で生きるための基本的常識を大切にし、人との仁義や信頼を重視することの意味合いを再考すべき時期に来ているのではなかろうか。時代は､経済的グローバリズムによってますます人間愛を失いかけている。この乾いた社会の現状を受け止めつつ、よりゆとりある人間修復の為に儒教の長所を活用し、共有する文化交流を積極的に考えてみよう。それは、北東アジアの文化共同体を平和的に構築して行くこととも繋がり、不幸な歴史を背負って未来と向き合っている我々の使命にも繋がる。戦争がない未来作りに叡智と協力案を出し合って、世界の秩序と調和に努めるために儒教を再考することは有意義な試みでもあろう。

【注】

1）65 年の文芸作品（「新編歴史劇　海瑞罷官」という演劇と「燕山夜話」「三家村札記」という新聞のコラム）に関する思想的論争を発端に、大権力闘争に発展した文化大革命の時、毛沢東と文革派として権力を握っていた林彪（リンヒョウ、毛沢東暗殺失敗でソ連に逃亡中、飛行機墜落で死亡。撃墜説あり）が起こしたクーデター（71 年）の失敗で失脚し、林彪グループが壊滅した後、文化大革命の失敗を意識し始めた毛沢東は軌道修正を試みるが、張春橋、姚文元、王洪文、江青（俳優から毛沢東の第 3 夫人へ、毛沢東の死後に逮捕され、服役中の 91 年に自殺）の四人組が権力を掌握し、儒教的色彩が強く残っていたとして林彪と周恩来を孔子や孟子に例えて批判した。この「批林批孔」運動による江青らの執拗な攻撃は、76 年の周恩来の死後、民衆の恨みとともに歴史の審判を受ける一因となった。

2）小葉田淳ほか『日本史辞典』(数研出版、1963)、124 頁参照。

3）朱子学や陽明学の解釈よりも、論語などの経典を実証的に研究する古学が展

開された。参考 http://ja.wikipedia.org/wiki/

4）古朝鮮→　百済（ベクジェ、B.C.18〜660、温祚王）→高麗（コリョ、918〜1392）→新羅（シルラ、B.C.57〜935、統一後も含む、朴赫居世）→朝鮮王朝（1392〜1897）→大韓帝国（1897〜1910）→植民地朝鮮（1910〜1945）→朝鮮戦争（1950〜1953）→大韓民国/北朝鮮（朝鮮民主主義人民共和国）韓国（ハングッ）の総人口は 48,497,166 人（2006 年度統計庁資料）、北朝鮮の 22,082,000 人（2000 年度統計）の 2 倍以上で、首都は人口 10,004,164（04 年度統計）人のソウル。現政府は李明博氏が第 17 代目大統領として 2008 年 2 月から引き継いでいる。行政区域は、特別市が一つ、広域市が六つ（釜山、大邱、仁川、光州、大田、蔚山）、道が九つで構成されており、その下に市、郡、邑、面、区がある。国旗は太極文様を基にした太極旗、国鳥はカササギ、国花は木槿（ムクゲ）、国歌は安益泰作曲の愛国歌となっている。韓国は 1910 年から 1945 年までの 35 年間の長い日本の植民地時代により、当時の日本が唱えた同化政策や一視同仁策によって民族文化が否定されて来たため、今日における民族固有の文化や伝統意識に対する愛着が格別である。

5）小川晴久「儒教」『朝鮮を知る事典』（平凡社、1986）、191 頁。

6）経世済民的側面（治人）と精神陶冶的側面（修己）の二面を持つ。同上。

7）同上、192 頁参照。

8）同上。

9）韓国の 2000 年度の教育部調査統計によると、予備校や学習塾にあたる‘学院’は 57,935 校であり、受講者数は 3,412,000 人である。80 年代以降の経済成長とともに学院数が急増している。李修京「現代韓国における青少年事情」『山口県立大学国際文化学部紀要』第 9 号、2003 年、14 頁。

10）スカートを振り回し、風を起こすほど行動的な女性を指す意味。主に、夫の出世や子どもの教育や学校活動、学問的成功を目的に過度な行動を行う教育ママらを称す。同上、18 頁。

11）金大中政権の時は日本の文部科学省にあたる教育人的資源部の長官（大臣）が 7 人も交替させられるなど、真剣な教育改革への模索が行われた。

【参考文献】

李修京「韓国文化事情」『地域から世界へ』（2001、山口新聞社）

李修京『この一冊でわかる韓国語と韓国文化』（2005、明石書店）

コラム

韓国の学校教育制度

李　修京

韓国の学校教育については憲法31条に次のように明記されている。①全ての国民は能力により均等に教育を受ける権利を持つ、②全ての国民はその保護する子どもに少なくとも初等教育と法律が定める教育を受けさせるべき義務を負う、③義務教育は無償にする、④教育の自主性、専門性、政治的中立性及び大学の自律性は法律の定めるところによって保障される、⑤国家は生涯教育を振興させるべきである、⑥学校教育及び生涯教育を含む教育制度とその運営、教育財政及び教員の地位に関する基本的事項は法律に定める。

韓国は古くから日本でいう寺子屋のような「書堂」が各地に存在し、主に男子を中心に漢文などの教育を行ってきた。その後、植民地時代に近代教育制度が入りはじめたが、本格的な教育制度整備がなされたのは解放後である。1949年に教育法が公布され、1952年に教育法の施行細則が制定され、1953年には初等教育の6年間が義務教育化されるに至った。

現在の学校制度は1～3年の保育園と幼稚園を経て、初等（小）学校6年、中学校3年、高校の3年、短大や専門学校の2～3年制、大学（単科大学と総合大学）の4年で構成されている。両親の社会進出が著しく、核家族が進む中での子どもの社会性や早期教育のサポートの役割を担うことから、幼稚園は1980年の901園から大幅に増加して2005年現在、8,275園になっている。また、3～4歳や二人目の子どもを持つ低所得の家庭には子育て補助金を支給するなど、子どもの教育に対する支援を重視しつつある。

なお、教育基本法には初等教育期間の6年間と中等教育期間の3年間の計9年間が義務教育期間として記され、初等教育の義務教育はほぼ100%の就学率を示しており、中等教育も 2002 年より全国的に行われている。因みに 1999 年の統計によれば、義務教育の初等学校は 5,544 校で入学者数は 71 万 7,766 名になっている。

高校には二つの種類があり、人文系と実業系に分かれる。人文系は主に大学入試を目標とした教科を勉強するところで、外国語、科学、芸術、体育分野の特別高校を含む進学優先校である。一方、実業系は工業・農業・商業・海洋技術などを身につけ、関連分野に就職するために実業科目を勉強する。2004 年の統計を見ると、人文系と実業系の高校を合わせての進学率が 99.7%という高い数字になっている。また、2005 年の統計によれば、419 の高等教育機関に 355 万人の学生が在籍し、人文系からの大学進学率は 88.3%で、実業系からの進学率は 67.6%となっている。その点、国際化社会における大学教育の必要性や少子化に伴う子どもへの教育熱も伴い、大学の進学率が人文・実業問わず高くなっているのがわかる。日本のセンター試験のように韓国でも秋頃に全国一斉に行われる‘修学能力試験’の成績と高校での成績をもって各大学が新入生を選抜するが、特技などが認められる特別採用などや自己推薦など、多様な入試形態が展開されている。2008 年度 2 月に就任した李明博政権では、教育改革による新たな進学制度を試みており、過熱する韓国の進学問題に多様な変化が現れそうだ。

なお、心身障害児は普通学校における特殊クラスや普通クラス、養護学校などで教育を受けることができる。2006 年現在、心身障害児のための特殊学校は 143 校がある。また、社会人や自宅で教育を受けようとする人のために放送通信大学が設けられ、インターネットやケーブルテレビなどのメディアを利用し、多種多様な内容が提供されている。

しかし、教育への機会が増えたのは良いものの、1997 年から強まるエリート教育策によって放課後教育（通称・私教育、学習塾と稽古学びを含む）産業が巨大化する一方、英語教育やインターネット教育が拡大し、それに伴う諸問題が深刻になっている。英語熱の結果、母親の付き添いによる子どもの早期留学が増加し、それを支える単身の父（通称：キロギパパ・ペンギンパパ）が増えるとともに、夏冬の長期休みなどを利用して小学生一人を海外に語学研修へ行かせる高額プログラムが人気を集め、ネット中毒や加熱する教育問題など、学歴社会における弊害も少なくない。近年は教師の資質問題や子どもの教師不信による事件も続いて起こり、複雑で多様に変化する現代社会に見合った教育内容が求められており、社会の高齢化に対処する今後の教育プログラムや教員養成が必要となってくる。

ちなみに、韓国では師範学校で実施してきた初等学校の教員養成を 1962 年から教育大学が担うようになった。1981 年からは 2 年制の教育大学が 4 年制に改編され、教師になるには 4 年制の教育大学などを卒業し、教育実習を経て教師資格を取り、教員採用試験に合格すれば教師として働くことができる。因みに、2005 年現在の高等教育機関に従事する教職員は 6 万 6862 人である。

他者は存在するか
——インド仏教後期唯識思想における他心問題*

稲見　正浩

他者は存在するのか。他者の心は存在するのか。他者を知ることができるのか。他者の心を知ることができるのか。自他の区別はあるのか。私は存在するのか。ものを認識する心の外部にそれに対応する物体は存在しないが、自分の心以外にも別の心があるとするダルマキールティ。別の心もないとするラトナキールティ。彼らの違いは何なのか。

1．序

我々の日常生活は自他の区別を前提としている。自分とは別に他者が存在し、我々はその他者との関係のなかに生きている。しかし、この他者の存在を我々は本当に知ることはできるのであろうか。

この問いは特に仏教の唯識《ゆいしき》思想にとっては重要な問題となる。認識以外に外界対象の存在を認めないからである。唯識思想においては、我々がコップを認識する場合、その認識対象であるコップは認識内部に現れている姿に他ならず、それに対応するコップという物体が外界に存在するわけではない。したがって、この理論ではまずコップ同様、見えている他人の身体は認識の外側には存在せず、それは我々の認識以外の何物でもないことになる。では他人の心（他心）はどうなのであろうか。認識主体である自分の認識と同様、他人の精神活動＝心も存在するのか。それとも外界物同様、他人の心も存在しないのか。

もし他心の存在を認めれば、彼らの外界否定説は一貫性を欠くことになる。他心が存在するなら、他心同様、外界に対象物が存在すると説いても問題ない。一方、他心の存在を認めないなら、日常のコミュニケーションが成り立たないことになる。特に、仏教の場合は他者に対する教示（説法）が無意味となるという問題が生じる。また、「他心が存在しない」と他者に説くこと自体、自己矛盾に陥る。さらに、他者の存在を否定することはソリプシズム、さらにはエゴイズムに発展する危険性を孕んでいる。

インド仏教認識論・論理学の大成者ダルマキールティ（Dharmakīrti, ca 600-660）は、この他心問題に関する最初の独立した作品である『他相続《たそうぞく》論証』（Santānāntarasiddhi）を著したが、彼はこの作品で、唯識の立場においてさえも他心存在は推理しうるものであることを説いている。彼によれば、他心の存在は他者の言語活動や動作の顕現から推理されるものである。しかしながら、彼の思想の流れを汲む後期仏教論理学派のラトナキールティ（Ratnakīrti, ca 990-1050）は、同じくこの問題に関する独立作品『他相続批判』（Santānāntaradūṣaṇa）で、唯識の立場においては他心の存在は全く推理できず、それは否定されるものであると詳細に論じている。このダルマキールティ説とラトナキールティ説は矛盾しているように見える。本論では彼ら二人の見解を順に検討し、インド仏教後期唯識思想において他心の存在がどのようなものとして扱われているかを考察する。[1]

2. ダルマキールティの『他相続論証』

2.1. 他心推理

ダルマキールティは作品中、一般に経量部《きょうりょうぶ》的認識論の立場をとり、究極的真実の議論では唯識の立場をとるとされる。ここで経量部的認識論の立場というのは、「認識対象であるコップは認識内部に現れている姿に他ならないが、その姿の根拠としてそれに対応するコップという物体が外界に存在することが推理される」というものである。この経量部的認識論の立場をとるとき、コップの存在同様、他心の存在は認められることになる。実際、ダルマキールティは『プラマーナ・ヴァールティカ』（Pramāṇavārttika）において、知覚のみが唯一の妥当な認識手段（プラマーナ）であると説くチャールヴァーカ（唯物論者の総称）に対して推理が妥当な認識手段であることを説く際に、その根拠として、我々は推理をとおしてのみ他心を知ることができると指摘している。（PV III 68.）

一方、『他相続論証』においては、ダルマキールティは一貫して唯識派の立場をとっている。彼自身は唯識論者として、対論者である経量部と他心の問題について議論する。

まず、ダルマキールティは経量部の見解を次のように紹介する。

> 自分自身の身体において、［自分の身体的・言語的］行為が［自分自身の］心［的行為］を前提としていることを観察して、他［人の身体］にもそれ（他人の身体的・言語的行為）を把握するから、［人はその原因である他人の］心（他心）を推理する。（SS 1,5-7.）

これによれば、まず、自分自身において自分の行為と自分の心を観察することによって、「行為は心（意志・意欲）の結果である」と両者の間の因果関係が確立される。そして、他人の行為に基づいて、その原因である他心（他者の意志・意欲）の存在が推理されるのである。我々にとっては、他人の行為は見えても他人の心はどうやっても見ることはできないが、自分のケースに照らして、他人の行為からその原因である他人の心が推理できる。この経量部の理解は我々の常識から見てもさほど違和感を感じないものといえる。ダルマキールティ自身もこれと同様の理解を『プラマーナ・ヴァールティカ』で提示している。（PV III 475cd-476c.）

このような経量部の他心推理を提示した後、ダルマキールティは、唯識派の立場においてもこの経量部と同様な仕方で他心の存在は推理できることを説いている。ただし、唯識派の立場においては、認識対象である身体的・言語的行為が外界に存在することは認められないので、他人の行為に基づいてではなく、自分の認識における他人の行為の現れ（顕現・見え）に基づいて、他心が推理される。唯識の立場における他心推理は以下のようになる。

> 自分の［身体的・言語的］行為の現れは自分の心を原因とすることを観察したうえで、他人の［身体的・言語的］行為の現れから、［人はその原因である］他人の心（他心）を推理する。（SS 5,2-6,5; 29,17-32,17.）

これはダルマキールティの論理学においては〈結果という証因〉（kāryahetu）[2)]の一種とみなしうるものである。まず、自分の心と自分の行為の顕現を観察することによって、「行為の顕現は心（意志・意欲）の結果である」と両者の間の因果関係を確立する。そして、自分の認識における他人の行為の顕現という結果から、その原因である他心（他者の意志・意欲）の存在を推理するのである。経量部の他心推理が〈他心〉と〈他人の行為〉の間の因果関係に基づいているのに対し、この唯識派の他心推理は〈他心〉と〈自分に見える他人の行為〉との間の因果関係に基づいていることに特徴がある。そもそも経量部にとっても直接知覚されるのものは自分の認識内に現れている他人の行為の映像にすぎないが、彼らはその映像の根拠として外界の他人の行為を想定し、それと他心との因果関係を設定している。唯識派の推理はその因果関係をより単純化して考えたものである。

ダルマキールティは夢に現れる他者の行為の顕現も他心の結果であることを指摘している。覚醒時における他者の行為の顕現は他心の直接的影響下にあるが、夢の場合は、その覚醒時の知が残す潜在印象（vāsanā習気《じゅっけ》）からその夢の中の他者の行為の顕現が生じる。[3] それは間接的にせよ他心の影響下にある。彼によれば、いかなる状態であれ、他人の行為が顕現した知は直接的・間接的に他心を原因としており、それから他心の存在を推理できる。(SS 35,10-37,13.)

また、厳密に言うなら、他者（A）の心はA自身に見えるAの行為の直接的原因であって、そのAとは別の観察者（B）に見えるAの行為の直接的原因ではない。直接的因果関係は同一相続内にのみあるからである。しかし異相続間にも間接的な因果関係があり、間接的であるにせよ、Bに見えるAの行為もその結果であることには変わりがない。本来、「Aに見えるAの行為」と「Bに見えるAの行為」とは同一のものとして扱えない。AとBはお互いに他人の認識を直接経験することはできず、自分自身の認識しか理解できないからである。しかし、我々は無始爾来蓄積されてきた習気（vāsanā）により「同一のものを見ている」と誤って判断し、コミュニケーションを行う。このコミュニケーションが成り立つのはお互いに誤った判断をしているからである。ダルマキールティはこれを〈二人の眼病者の二つの月の知〉の例で説明している。一つしかない月が二つに見える眼病者どうしで共通理解が得られるのはお互いに誤った判断をしているからである。この例は後代、外界否定論の際にも言及されるものである。他心推理は自他の共通性が前提となっているが、ここでダルマキールティが、人は自分に見えるものしか直接経験できないが、無始爾来習慣づけられた我々の思考システムによって、他者も同じものを見ていると誤って判断する、と述べていることは注意してよい。（SS 42,16-48,12.）

さて、ここで疑問が起こる。他心は決して知覚することのできないものである。我々は他者の意欲・感情・感覚等を一度もダイレクトに経験したことはない。なのにどうして、それを推理できるのであろうか。自分の行為が自分の心を前提としていることだけは観察から確立することができる。しかし、他心は知覚不可能のもの（adṛśya）であるので、その自分の行為と自分の心の間の必然関係を同じように他心に適用できるのであろうか。

この問題に対し経量部は、自分の心は他者の行為の原因としてはふさわしくないので、他者の行為によっては他者の心の存在が推理される、と説明している。経量部によれば、自分の心が他者の行為の原因としてふさわしくないことは以下の三つの理由による。（SS 8,3-10,6.）

1）他人の行為は自分の心を原因とするとは経験されない。

2）自分の心を原因とする行為は自分の身体に見られ、他人の身体には見られない。

3）他人の行為が自分の心を原因とするなら、自分の行為と全く同様に経験されることになる。

唯識論者としてのダルマキールティは原則的にこの経量部説にしたがっている。自分の行為が顕現した知は自分の心によって生じるが、その場合、その行為は内的なものとして現れる。それゆえ、外的なものとして顕現している他人の行為は自分の心以外の別の原因（つまり他心）によって生じているはずである。

ここでは自分自身の行為の顕現と他人の行為の顕現との区別が考慮されている。ダルマキールティによれば、他人の行為は自分の身体とは分離して現れるが、一方、自分の行為は自分の身体とは分離せずに現れる。（SS 10,12-11,5;

13,9-10.)

しかしながら、この区別は決定なものではないこともダルマキールティは指摘している。例えば、自分が投げた石の動きや自分がゆらした他人の身体の動きは、自分の身体とは分離して現れるが、それらは自分の心によってもたらされたものである。したがって、ダルマキールティは、自分の身体と分離して現れるか、分離せずに現れるかという問題は、他心推理における決定的なファクターではないと結論づけている。（SS 15,1-17,15; 34, 5-6.）

経量部と唯識派の他心推理は一種のアナロジーと理解できるが、そのアナロジーを補足するものとしてここで、「自分自身の行為の顕現と他人の行為の顕現との区別」という補助的論拠、「他人の行為の顕現が自分の心を原因と仮定すると問題が生じる」という帰謬法《きびゅうほう》的論理、「自分の心は原因ではないので他人の心が原因である」という残余法的論理、が考慮されていることは注意すべきである。

２．２．他心推理によって知られるもの

次に、他心推理によって知られるものは何か、という問題について検討する。上述の推理によっては他心そのものが知られるのであろうか。もし他心そのものが知られるのであれば、自分の心以外の外界対象が存在することが認められることになり、唯識の理論と矛盾することになる。また、他心そのものが知られないのであれば、他心はその推理によっては知られないことになる。（SS 51,2-8.）

この問題に対してダルマキールティは、他心の推理によっては個別的な他心（すなわち、他心そのもの）ではなく、他心一般が知られる、と主張している。もし個別的な他心が理解されるなら、知覚によって自分自身の心の特定のあり方がありありと知られるのと同様に、その推理によって他心の特定のあり方もありありと知られることになってしまう。（SS 52,10-55,8.）

ダルマキールティの認識論の体系においては、推理（anumāna）は知覚（pratyakṣa）と違って、対象の個別的なあり方（svalakṣaṇa 自相《じそう》）をあらわにするものではない。それはあくまでも対象の共通のあり方（sāmānyalakṣaṇa 共相《ぐうそう》）をあらわにするものである。例えば、知覚によって見られる火は他の

あらゆるものとは異なった唯一無二の個別的な火であるが、煙に基づいて推理される遠方の山の火は火一般である。このことが目下の『他相続論証』においても再確認されているのである。もし推理が対象の個別的なあり方をあらわにするとすると、以下の三つの困った帰結が導き出される、とダルマキールティは指摘している。（SS 55,12-15; 57,14-58,2.）

1）知覚と推理の区別がなくなる。

2）未来や過去のものや非実在のものに関しては推理はおこらないことになる。

3）推理の対象が効果的作用をなす能力（arthakriyāśakti）[4]をもつことになる。

さらにダルマキールティは、推理が正しい認識手段（プラマーナ）であるのは、対象そのものを明示するからではなく、それに基づいて行動したときに欺かれないからである、と説明している。つまり、行動を発動させる知と行動後の知との斉合性がその認識の妥当性（正しさ）の根拠とみなされている。他心の推理によっては普遍としての他心、つまり、他心一般が知られる。それによっては他心そのものは明示されないが、それに基づいて行動しても不斉合がおこらないので、正しい認識とされるのである。[5]（SS 56,10-18; 58,15-59,5.）

2．3．ヨーギンや仏陀の他心知

仏教の伝統においては、ヨーギン（修行者）や仏陀は他心を直接知ることができる、と認められている。[6]ダルマキールティは『他相続論証』の最終部において、この他心通の問題を取り上げる。

まず、ヨーギンの他心知は他心そのものを知るものではないことをダルマキールティは指摘する。

> まださとりに至っていないので、ヨーギン達は所取《しょしゅ》（grāhya把握されるもの）と能取《のうしゅ》（grāhaka把握するもの）の分別を捨て去っていない。［したがって、］彼らの他心知も[錯誤知に他ならないが、]行為に関して欺かないという点で、色等の知と同様、正しい認識なのである。ヨーガの力によって彼らに、他心の個別的な姿と酷似したものが明瞭に現れた知が生じるが、それは業《ごう》や神等の神

> 通力によって正夢を見るのと同様である。…（中略）…それが知覚であるのは、その姿に酷似したものが明瞭に現れるからであり、正しい認識と認められるのは欺かないからである。（SS 68,9-71,7.）

これによれば、ヨーギンは、他心そのものを知るから他心を知る者とみなされるのではなく、彼らの知に他心と酷似したものが明瞭に顕現するから他心を知る者とみなされる。したがって、厳密には、ヨーギンは他心を知るわけではない。ヨーギンはまださとりに至っていないので、彼らの知は所取と能取、つまり主客の分岐を離れていない。その意味ではその知は一般人の知と同様、錯誤知である。[7] ヨーギンの他心知も、それに基づいて行動する際に欺かれないということに基づいて、正しい認識とされるのである。[8]

では、さとりに至った仏陀は他心そのものを知ることができるのであろうか。ダルマキールティはこの問題に関しては、仏陀の知は我々の知や言語を超越しているので彼が全知者であることは我々の理解を超えている、とのみ述べている。

> 世尊（仏陀）があらゆるものをご存知であることは［我々の］理解を超えている。あらゆる点で［我々の］知や言語の領域を超えているからである。（SS 71,18-72,3.）

既にダルマキールティ以前にヴァスバンドゥ（Vasubandhu 世親《せしん》 ca400-480）が『唯識二十論』の末尾で修行者と仏陀の他心知の問題を取り上げ、論じている。そこで彼はまず、修行者の他心知は所取と能取の分岐を離れていない点で真実のものではないと述べ、さらに仏陀の知については我々の思惟を超越したものであるので推し量ることさえもできないと述べている。ダルマキールティが『他相続論証』でとる立場はこのヴァスバンドゥの立場と本質的に同じである。[9]

以上見てくると、唯識派にとって究極的に他心が存在するかどうかは微妙になってくる。ダルマキールティの他心推理は外界存在を前提としなくても、他心は推理できるというものである。その推理は外界存在は否定されているものの、因果性・斉合性・主客分岐が容認された上でなされている。また、その推理の対象も他心そのものではない。主客の分岐のない仏知レヴェル（究極的真実のレヴェル）での他心知が論じられているわけではない。

３．ラトナキールティの『他相続批判』

３．１．他心推理批判

ラトナキールティは『他相続批判』において、他心の存在は絶対に推理できないことを詳細に説明し、その存在を否定する。最初に彼は批判対象となる対論者の説を以下のように紹介している。

> 或る人々は次のように述べている。「他相続（他心）は必ず存在する。そして、それは推理から理解される。すなわち、意欲の直後に話したり動作したりすることの顕現が知られ、それ（意欲）がなければ［話したり動作したりすることの顕現は］知られないことに基づいて、［そのような］知覚と非知覚とによって確立され、肯定的随伴関係と否定的随伴関係を本体とするような、〈意欲〉と〈話したりすること等の顕現〉との間の因果関係を、自分自身の相続において確定する。そのうえで、［自分自身の］意欲が直接経験されないときでも、［自分自身から］切り離された（つまり、外的な）話したりすること等の顕現が知られることに基づいて、それの原因である意欲が推理されるとき、［それが］他相続であると確立される」と。（SD 145, 6-11.）

一見して、この対論者の説は既に見たダルマキールティ説と極めて類似したものであることが理解できる。『他相続批判』において、ラトナキールティは、ダルマキールティが『他相続論証』で述べたような唯識派の他心存在論証を批判しているのである。

では、ラトナキールティの批判を見てみることにする。まず、彼は、身体的・言語的行為の顕現の原因とみなされている意欲（心）について吟味する。この意欲は推理者にとって知覚可能なものなのか、それとも、知覚可能・知覚不可能に限定されない〈意欲一般〉なのか。（SD 145, 12-13.）

まず、その意欲が知覚可能なものであるなら、逆にそれの非存在が論証されることになる。推理時には、その意欲は知覚されないので、〈知覚可能なものの非知覚〉（dṛśyānupalabdhi）[10] によって、その非存在が確立されるからである。また、仮に知覚されるなら、それを推理する必要はないことになる。

（SD 145, 13-16.）

次に、意欲一般が行為の顕現の原因とみなされるなら、その因果関係はいかなる方法によって確立されるのか。知覚可能な自分自身の意欲が自分自身の行為の顕現の原因であるとは決定できるかもしれないが、意欲一般が行為の顕現の原因であるとは決して決定できない。

また、火は時間的・空間的に隔絶したもの（deśakālavyavahita）であっても、それはもしここにあれば知覚されるべきものであると我々は推測でき、したがって、我々は火一般と煙一般との間の因果関係を確立することができる。しかし、煙の原因である火とは本質的に隔絶したもの（svabhāvaviprakṛṣṭa）である〈消化火〉（jaṭharāgni 腹中にあるとされる火）は決して知覚されないので、〈消化火〉さえも含んだ火一般が煙の原因であるとは決定できない。意欲の場合も、他人のものまでも含んだ意欲すべてが、もしここにそれがあれば知覚できるとみなすことはできない。他人の意欲は行為の顕現の原因としてみなされる意欲とは本質的に隔絶したものである。したがって、他人のものまでも含む意欲一般が行為の顕現の原因であるとは決定できない。（SD 145,23-146,6.）

ここで、次のような反論が提示されるかもしれない。つまり、「意欲一般は自己認識（svasaṃvedana）という点では知覚可能なものである。なぜなら、他人の意欲も他人自身にとっては自己認識によって知覚されるからである」と。（SD 146,12-15.）ラトナキールティはこれに対して以下のことを指摘して答えている。つまり、もし、他者自身の経験に基づいて、あるものが知覚可能なものとされるなら、ピシャーチャ（piśāca 鬼霊）も知覚できるものとなってしまう。なぜなら、ピシャーチャはヨーギンや別のピシャーチャによって知覚されるからである。他人の意欲（他心）は決して知覚されないので、他人のものまでを含んだ意欲一般は知覚可能なものとみなすべきではない。ここでラトナキールティは、自分自身の心と行為の顕現とを観察することによっては、その両者間の因果関係を確立することはできるかもしれないが、それを他者の心に適用することはできない、と指摘しているように思われる。（SD 146,16-25.）

既に見たように、ダルマキールティは、自分の心と自分の行為の顕現を観察した結果、心と行為の顕現との間の因果関係が確立され、次に、それが他心と他人の行為の顕現に適用され、他人の行為の顕現から他心一般が推理される、と述べていた。また、他心存在論証によって推理されるのは他心そのものではなく、他心一般であると説いていた。ラトナキールティはここで、このような自分のケースを他人のケースに適用させることの問題を指摘し、また同時に、ダルマキールティの一般説を批判しているように見える。我々が日常用いる帰納法的推理では、有限の過去の経験から普遍的な法則を導きだし、それを別のものに適用する。しかしその普遍的法則の適用範囲がどこまで拡大できるか、それがここでの問題である。

なお、興味深いことに、ラトナキールティ自身も彼の別の作品『主宰神《しゅさいしん》論証批判』（Īśvarasādhanadūṣaṇa）では、他心は他者の自己認識によっては知覚されるので知覚可能なものである、と説いていることに注意したい。そこでは彼は、他心を含めた、心一般と行為一般との不可離の関係は確立でき、それによって他心の存在は推理できる、と主張している。（ĪSD 45,16ff.）これは後代のモークシャーカラグプタ（Mokṣākaragupta 11- 12 世紀頃）の『論理のことば』（Tarkabhāṣā）における記述も同様である。（TBh 44,13-14.）しかし、このような立場も、目下のラトナキールティの議論によって否定されることになる。ラトナキールティはこの『他相続批判』ではそれらとは別の立場に立って他心存在を否定しているものと思われる。

3．2． 自他の差異の非顕現

ラトナキールティは以上のように他心存在論証の過失を指摘した後に、次に、同論証に対する反証（bādhaka）を提示している。彼は自分の心と他人の心との差異が知られないことを指摘する。もし、他心が存在するなら、自分の心はそれとは別のものであるべきである。しかし、その様な区別は決して顕現しない。ラトナキールティは彼の師ジュニャーナシュリーミトラ（Jñānaśrīmitra ca 980-1040）の『有相唯識論《うそうゆいしきろん》』（Sākārasiddhiśāstra）の言葉を引用する。

> これ（他心）とは別のものであるという本性が自分自身の心にあるなら、これ（自分の心）は境界物（avadhi, 境界をつくる向こう側のもの、すな

> わち他心）をともなって顕現することになる。また、［自分の心は］それ（他心）と同一のものとして把握されることもない。（SD 147,17-18 = SSŚ 458,21-22. Cf. SSS 570,15-16.）
>
> ［自分の心に何か他のものとの］区別があっても、［その］他のものは［顕現し］ないのだから、何から区別されるのか。（SD 147,19 = SSŚ 456,24. Cf. SSS 573,19.）

我々の差異の観念は少なくとも二つのものの知に基づいている。二つのもののうちの一方だけしか知られないときには、一方を他方から区別することはできない。自分の心と他心との間の差異も、それら両者が知られてはじめて理解される。しかし、我々は自分自身の心だけしか知ることはできないので、両者の差異を知ることはできない。例えば、自分自身の心を知る際には、ウサギの角（存在しないものの代表例）は知覚されてはいないので、自分の心とウサギの角とを区別することはできない。それと同様に、他心も知覚されていないので、自分の心と他心とを区別することはできない。（SD 147, 6-26.）

ラトナキールティは自分の心と他者の心の差異を認めると以下の三つの問題が起こることを指摘している。

1）自分の心と他心の差異が認められるなら、自分の心と外界対象との差異も同様に認められねばならないことになる。したがって、外界対象の存在を否定する唯識派にとっては他心の存在も否定されねばならない。ラトナキールティはここで、他心の存在を認めることは唯識派の外界否定の理論と矛盾することを指摘していると理解できる。（SD 148,7-10.）

2）自分の心と他心の差異が認められるとすると、因果関係も認められねばならないことになる。因果関係の知は差異の知を前提としている。しかしながら、時間的に前後する二つのものは一緒に認識されることはないので、 その両者の差異は知られることはない。したがって、真実には因果関係は知られることは決してない。ラトナキールティはダルマキールティの『プラマーナ・ヴァールティカ』の「［因果能力＝因果関係は］世俗によってあるが今はそのままにしておこう」（PV III 4d）という言葉を引用している。ダルマキールティはそこで因果関係は世俗によってあり、真実には否定されるべきものであることを説いている。自他の差異の承認はこの因果関係の否定の立場と衝突するとラトナキールティはここで指摘しているのである。（SD 148,10-17.）

3）差異を容認すると、唯識派のいわゆる〈多様不二《ふに》〉の理論が非難を免れないことになる。唯識派は、真実にはいかなる差異も知られないので我々に生じている知は一でも多でもなく、すなわち不二であると説くが、自分の心と他心の差異の知の存在を認めれば、その不二説は一貫性を欠くことになる。（SD 148,17-20.）

３．３．他心非存在論証

他心が存在するという説に対しては以上のように非難や反証があるかもしれないが、しかし、他心が存在しないということを何かの方法によって確立することはできるのであろうか。知覚は肯定的判断をもたらすものであるので、それによっては他心の非存在という否定的判断は直接導かれない。また、推理は知覚できないものの非存在を確立できないので、推理によっても他心の非存在を確立することはできない。したがって、知覚不可能なものである他心は、存在するとも存在しないとも確立できないことになる。（SD 148,21-23.）

この問題に答えて、ラトナキールティは他心非存在論証を以下のように提示する。

> 【遍充】あるもの（X）が知覚される際に、あるあり方（Y）で顕現しないなら、それ（X）はそのあり方（Y）で存在するものとして取り扱うことはできない。例えば、青いものは黄色いものとしては顕現しないから黄色いものとしては取り扱えないように。【主題所属性】自分の心も、他心とは別のものとしては顕現しない。【証因分類】これは、［他心が］自分の心と同一であることが否定される場合の、知覚可能という限定を必要としない、差異に関する〈否定対象自体の非認識〉（svabhāvānupalabdhi）である。（SD 148,23-28.）[11]

ここでラトナキールティは、直接、他心の非存在を論証してはいない。他心は知覚不可能なものであるので、推理によってその非存在は導き出せないからである。したがって、自分の心と他心の差異を取り上げ、それを否定するという方法をとっている。この差異の否定が他心の非存在の論証を意味するとみなされていることになる。

ラトナキールティはこの論証の証因は〈不成立因〉（asiddha）[12] ではないと説明する。もし差異が顕現するなら、境界物（avadhi）である他心が顕現することになる。他心が知覚されない以上、自分の心と他心との差異は決して知られることはない。（SD 148,29-30.）

このように、自分の心と他心との差異を否定することによって、ラトナキールティは他心の非存在を論証している。彼によれば、ウサギの角や普遍（sāmānya）等と同様に他心は実在しないものである。

これまで他心存在の否定は一種のソリプシズムであると理解されてきた。[13] しかしながら、ラトナキールティによれば、他心の否定は自分の心だけが存在することの肯定を意味するものではない。ラトナキールティは、自分の心と他心との差異を否定することにより、他心の存在だけでなく、自分の心の存在も否定するとみなすべきである。自分の心という概念も自・他の差異があってはじめて成立するからである。したがって、その差異が消滅するとき、自分自身の心だけが残ることはない。「自分」「自分の」という観念が認められるなら、仏陀以来拒絶されてきた自我説（ātmavāda）が受けいられることになってしまう。[14]

また注意しなければならないのは、自心と他心の差異が否定されるからといって、それらが同一であるとここで述べられているわけではない。ここでの差異の否定は同一性の肯定を意味するものではなく、あくまでも差異の絶対否定である。同一性というものもある種の差異を前提とするからである。実際我々には自他の心が同一であるということは直接経験されない。「同じ」ということも「異なる」ということと同様、概念的構想の産物に他ならない。

３．４．仏陀は他心を知るか

最後に、ラトナキールティは仏陀の他心知について論じている。

もし他心が存在するなら、仏陀はどのようにしてそれを知るのであろうか。一般人の場合は、他心があるはずであると憶測することはあるかもしれないが、仏陀は全知者であるので彼には憶測というものはない。もし他心が存在するなら、彼は明白にそれを知るはずである。しかし、いかなる認識手段によって彼はそれを知るのであろうか。まず、推理によってではない。既に見たように、他心存在の推理は妥当なものではないからである。また、仮に推理によって知られるとすると、仏陀は推理という間接的な認識方法によってそれを知ることになり、彼の全知者性にそぐわないことになる。次に、知覚によってでもない。もし、知覚によって仏陀が他心を知るのであれば、仏陀の心と他心との間に所取・能取の関係があることになり、したがって、同様に、外界対象が認識対象であるという説も受入れなければならないことになる。（SD 149,3-8.）

この最後の点は注意すべきである。ラトナキールティはここで、他心存在を容認することは唯識派の外界対象否定論と矛盾することを指摘している。また、唯識派においては、さとりをえた仏陀の知には所取と能取の区分はないとされるが、他心を仏陀が知るとするとこの理論とも矛盾することになると述べているようである。主客の分岐のない認識がただ次々とたちあらわれているにすぎないという唯識（vijñaptimātratā）の理論を説く以上、他心が知覚によって捉えられるという説は受入れがたいものである。[15]

したがって、ラトナキールティは他心は存在しないと結論づける。彼によれば、他心が存在しない以上、それを仏陀が知らなくても彼が全知者でないことにはならない。他心は存在しないので、仏陀は決してそれを知ることはないのである。このラトナキールティの立場は、仏陀は他心を知ることができるという〈他心通《たしんづう》〉説と矛盾するものであるが、この問題に関しては彼は何も言及していない。また、さとりを得た仏陀の説法に関しても説明していない。[16]

3．5．二諦説

さらに、ラトナキールティは、他心は勝義《しょうぎ》において否定されるのであって、世俗においてではない、と述べている。彼の他心否定は、他心は存在するはずだという我々の憶測の全面的な否定を意図しているわけではない。世俗、つまり我々の日常世界においては、そのような憶測は妥当なものとされる。そうでないなら、他者の存在を前提とした我々の行動はすべて崩壊することになる。

また、他心を否定する人が、他者に対して「他心は存在しない」と述べたとしても、自己矛盾の過失にはならない。他心は究極的には存在しないが、日常世界においては、それに気づかせるためにそれを他者に語ることは可能とされる。（SD 149,10-11.）

このように、ラトナキールティは、勝義諦《しょうぎたい》（究極的な真理）と世俗諦《せぞくたい》（日常的な真理）という二諦《にたい》説（二真理説）をこの他心否定に導入している。勝義においては、所取と能取の間にも、自分の心と他心との間にも差異は存在しない。不二こそが究極の真実である。（SD 149,11-13.）しかし、世俗的な真実は、究極的真実の観点からは否定されるものの、世俗における真実性は確保され、全面的に否定されるわけではない。

プラジュニャーカラグプタ（Prajñākaragupta ca 750-810）と彼の思想の流れを汲むジュニャーナシュリーミトラは、不二こそが勝義であるので〈因果関係〉や〈認識の妥当性〉は世俗においてのみ認められる、と説いている。因果関係の知は原因と結果という時間的に前後する二つのものの知を前提とするが、異時に属する二つのものは同時には認識されないので、因果関係は真実には知られないとされる。同様に、認識の妥当性の根拠とされる斉合性も前後二つの知を前提としているが、知は自分自身だけをあらわにするものであり、同時に二つの知は直接経験されることはないので、斉合性は決して知られず、したがって、認識の妥当性も真実には知られないとされる。差異の認識を前提とするような〈因果関係〉も〈認識の妥当性〉も、吟味されないかぎりでは好ましい日常的な知であり、それは誤った思い込みでしかない。したがって、それらは世俗においてのみ認められるものである。[17] 他心に関するラトナキールティの見解もこれらと同様である。勝義においては、自分の心と他心との差異は全く知られることはないので、他心は否定されるが、しかし、世俗においては、それは否定されない。

ダルマキールティは『他相続論証』において、他心の推理よって知られるものは他心そのものではなく、他心一般であるが、斉合性に基づいてそれは妥当なものとされると論じていた。また、ヨーギンの他心知についても、ヨーギンの他心知は他心そのものを知るものではないが、その妥当性は欺かないこと（斉合性）によって保証される、と説明していた。一般人の他心推理もヨーギンの他心知もあくまでもその妥当性は斉合性によってのみ保証されるものである。このような認識は世俗であって、勝義には否定されるべきものである。この点では、ダルマキールティは『他相続論証』においては、外界は否定するものの、世俗の観点から他心存在を論じていたとみなすことができる。

また、ダルマキールティは、ヨーギンは所取と能取の分岐をまだ離れていない、とも説いていた。彼は、ラトナキールティと同様に、他心が知覚されれば、自分の心と他心との間に所取と能取の関係があることになる、ということを意識していたのかもしれない。他心存在を容認することは、外界対象の存在と同様に、主客分岐があることになり、真実にはただ主客未分の認識がたちあらわれているに過ぎないという唯識の理論と矛盾をきたすことになる。

ではダルマキールティは、ラトナキールティ同様、他心存在は勝義において否定されるとみなしていたのであろうか。既に見たように、これについて彼は『他相続論証』においては明瞭な言及をしていない。彼はただ、仏の知は我々の知・言語を超越している、とのみ述べるにすぎない。

ジュニャーナシュリーミトラは『刹那滅論《せつなめつろん》』（Kṣaṇabhaṅgādhyāya）において、因果関係は世俗においてのみ認められるが、それは勝義の立場からは真実には非難することはできないとも述べている。勝義においてはあらゆる差異が消滅する。認識手段（pramāṇa）と認識対象（prameya）の差異も、論証手段（sādhana）と論証対象（sādhya）の差異も存在しない。我々の論理的な議論は、それが論証であれ非難であれ、そのような差異の存在の上に成り立っているが、それも世俗的なものでしかない。この点からすれば、因果関係は勝義においては批判もまたできない。（KA 10,19-21.）また、彼は『有相唯識論』で、否定するものと否定されるものという関係も世俗的なものにすぎないとも述べている。差異を前提とした肯定・否定の行為は世俗においてのみ成立するものである。（SSŚ 437,4-5; SSŚ 443,7-14.）[18]

これらと同じことが目下の他心存在の場合にも当てはまる。他心は世俗においてのみ認められるが、それは勝義においては論証も批判もできない。他心が世俗においてのみ認められ、勝義には認められないということさえも、勝義においては、問題にはならない。差異と無差異の差異や勝義と世俗の差異さえもないからである。この意味では、勝義は我々の議論・思考を超越したものである。ラトナキールティは、彼の批判は絶対的なものではないと主張している。日常を超越したレヴェルでは、我々は他心の存在の容認にも、またその否定にも、固執すべきではない。（SD 149,13-14.）

我々は差異を直接経験していると理解している。そして、我々の日常生活はこの差異の認識の上に成り立っている。しかし、彼らによれば、真実には我々は差異を直接経験してはおらず、差異を直接経験していると思い込んでいるにすぎない。差異と無差異の差異さえも超越した世界では肯定・否定を含むすべての日常活動が消滅する。このような勝義の世界は我々の常識的議論では取り扱うことができないものである。

4．結語

ダルマキールティは『他相続論証』において、唯識派の立場から、他心の存在を論証している。一方、ラトナキールティは『他相続批判』において、同じく唯識派の立場から、他心存在を否定している。両者の説は一見矛盾しているようにみえる。しかし、ラトナキールティは勝義の立場からそれを否定しているのであって、世俗の立場ではそれを否定してはいない。彼によれば、勝義においては、他心存在は因果関係等と同様に否定されるべきものである。不二こそが究極的に認められるものである。しかし、勝義においては、あらゆる差異が消滅する。この点からすると、勝義においては、他心の論証もその非難もありえない。勝義は我々の議論を超越したものである。ダルマキールティの他心存在論証も、外界存在を想定しなくても他心存在は推理できる、というもので、因果関係、斉合性などを認める以上、世俗の域を出るものではない。彼は勝義の立場からその存在を否定してはいないが、勝義は我々の議論を超越したものであると説いている。これはヴァスバンドゥの『唯識二十論』から一貫した立場である。

我々には次々と知覚・感覚情報が生じてくるが、我々はその情報を処理する思考システムを遥かなる過去からある種先天的に、またある種後天的にもっている。常識となっている自他の差異、因果関係などはそのような我々の思考システムの産物である。それらは我々の日常活動に少なからず有益なものであるが、実はその妥当性は確固たる基盤をもたない。一見すると論理的なものも多くの論理的矛盾を孕んでいる。論理的思考自体、絶対なものではなく、我々にとって都合のよいひとつの解釈でしかない。また本来我々にとって有益なはずの思考システムも、時に我々に切実な困難を引き起こす。仏教の唯識思想はこのような我々の思考システムの虚構性を指摘するとともに、それを超えた真実の世界の存在を意識させるものである。人間の思考システムで対応できないものについて考えることは意味がないようにも思えるが、しかしそのような傾向もまた人間の思考システムの一部とも理解できる。

【注】

＊本稿は先に英文で発表した論文（Inami 2001）の内容を本書のために大幅に加筆訂正し日本語化したものである。論の根拠となるサンスクリット語、チベット語等の原文テキスト等については本書の性格上省略した。

1）ダルマキールティの『他相続論証』（『サンターナーンタラ・シッディ』Santānāntarasiddhi）はサンスクリット原典が散逸し、現在では完全な形ではチベット語訳のみが伝えられている。（北京版 No. 5716、デルゲ版 No. 4219、Th. Stcherbatsky による校訂本 SS.）これはこれまで何度か現代語に翻訳されている。（Stcherbatsky 1922; Kitagawa 1955; 桂 1983.）一方、ラトナキールティの『他相続批判』（『サンターナーンタラ・ドゥーシャナ』Santānāntaradūṣaṇa）はサンスクリット語テクストのみが現存する（校訂本 SD）。これは梶山雄一氏によって翻訳が二度発表されている。（Kajiyama 1965; 梶山 2000.）また、仏教論理学派の他心問題については、Sharma 1985, Negi 1997 等の研究がある。

　なお、作品名についている「他相続」（サンターナーンタラ santānāntara）とは他者、他人といった意味である。仏教では永続的な個人の本体（自我）の存在を認めず、人間存在を瞬間的な物質と精神が因果的に連鎖した連続体（サンターナ、相続 santāna）と理解している。しかも、その中心を精神の連続体（チッタサンターナ、心相続 cittasantāna）であると見なす。他相続とは私とは別の心の連続体、つまり、他者（他心）ということになる。

2）ダルマキールティの論理学においては、証因（論証根拠 hetu）が所証（論証対象 sādhya）を立証できるのは、両者の間に因果関係（tadutpatti）か本質的同一関係（tādātmya）がある時のみに限られる。彼はそれに基づき、正しい証因を 1）結果（kārya）、2）本性（svabhāva）、3）非知覚（anupalabdhi）の三種に限定した。

3）ダルマキールティは、夢の中での他者の行為の顕現が時に直接他心の影響下にあることもある、ということも指摘している。その例としては、神等の神通による正夢があげられている。(SS 28,9-10.)

4) ダルマキールティによれば、効果的作用(因果効力 arthakriyāśakti)は個別のあり方をもった「実在」(vastu)のみにあり、概念構想の産物である「普遍」にはない。

5) ダルマキールティの正しい認識手段(プラマーナ)の定義の一つは「欺かない知」である。(PV II 1a-b.)推理はそれ自体〈もの〉そのもの(実在=個別相)を 対象とはしないが、その知に基づいて行動する際に欺かれないことからプラマーナとされる。(PV III 56.)

6) 修行者や仏陀には、神足通(じんそくづう)、天眼(てんげん)通、天耳(てんに)通、他心通、宿命(しゅくみょう)通、漏盡(ろじん)通という六神通があるとされる。『倶舎論』によればこのうち最後の漏盡通のみは仏陀にしかないが、他の五つは四禅を修した者にも備わるとされる。(『倶舎論』巻 28。)

7) 唯識においては究極的真実は、所取(認識対象)と能取(認識主体)ともに空であるという「二取空(にしゅくう)」である。これはまた「不二(ふに)」とも言われる。不二は差異の絶対否定であって、決して同一性・単一性の肯定ではない。これは修行の完成者である仏陀のみが体得できる悟りの境地である。

8) ダルマキールティの知覚(pratyakṣa)の定義は 1) 概念的構想がない、2) 錯誤していない、というものである。このヨーギンの他心知に関して言及される、a) 明瞭さ、b) 欺かない、の二つが順にこれらに対応するものと思われる。

9) 『唯識二十論』第 22 詩頌と自注。『大乗仏典 15 世親論集』(中公文庫) pp. 32-33 参照。

10) ものの非存在は単なる非知覚(adarśanamātra)によってではなく、知覚されるべきものの非知覚(dṛśyānupalabdhi)によって知られる。つまり、机の上にコップがないことはただコップが見えないことによってではなく、存在すれば見えるはずのコップが見えないことによって確立する。本来知覚不可能なものや、何らかの別の要因(闇の中や壁の向こうにあることなど)があって知覚できないものはたとえ知覚されなくても存在しないとはいえない。

11) ダルマキールティ以降の仏教論理学においては、論証式は「遍充(へんじゅう)」「主題所属性」「証因分類」を順に述べるという形式をとる。このうち、「遍充」は正しい証因が備える第2、3条件を、「主題所属性」は第1条件を述べたものである。「証因分類」は当該証因が三種の正しい証因のうちのどれに当たるか(非知覚の場合はその下位分類も)を明示するものである。(三種の正しい証因については注 2)を、正しい証因が備える三条件については次注を参照。)

12) 仏教の論理学では証因=論証根拠(例えば、煙に基づいて山にある火を推理する場合の煙)は、1) 論証主題(山)に必ず存在すること(主題所属性)、2) 論証対象(火)をもつものにのみ存在すること(肯定的随伴関係)、3) 論証対象(火)をもたないものには絶対に存在しないこと(否定的随伴関係)、という三条件を備えたものが正しい証因とされる。このうちの第 1 条件を満足しないものは〈不成立因〉という誤った証因とされる。

13) 例えば、 Kajiyama 1965 はタイトルからもわかるように他心存在を否定するラトナキールティの立場をソリプシズムと理解している。外界否定論の立場で他心存在を論証しようとするダルマキールティにはソリプシズムへの傾向を回避しようとする意図があったかもしれないが、他心存在の否定は必ずしもソリプシズムを意味するものではない。

14) 自他の区別は相対的なもので、どちらか一方が単独で存在することはない。ダルマキールティは次のように述べている。「自己があるとき、「他者」という観念がおこる。自・他の区別から、[自己に対する]愛着と[他者に対する]嫌悪がおこる。この[自己に対する愛着と他者に対する嫌悪という]二つから、あらゆる過ちが生じる。」(PV II 219.)

15) 同様のことはカマラシーラ(Kamalaśīla ca 740-795)も説いている。「尊い仏陀の心によって他相続にある諸の刹那の心が知られることはない。尊い彼のお方には煩悩は全くないので、所取と能取［の分岐という］欠陥がないからである。こう云われている。『所取はない。それの能取もない。それゆえ、別の知によって把握されることもない』と。」(TSP 693,6-10.)

16)『他相続論証』の末尾に対する注釈（SSṬ 72,16-73,20.）において、ヴィニータデーヴァ（Vinītadeva 8 世紀頃）は四種の仏知、すなわち、1) 大円鏡知（ādarśajñāna)、2) 妙観察智（pratyavekṣaṇajñāna)、3) 平等性智（samatājñāna)、4) 成所作智（kṛtyānuṣṭhānajñāna）について言及している。彼によれば、このうち、最初のものだけが出世間知であり、真の意味での全知である。一方、残りの三つはさとりの後に獲得されるもの（後得）で、世間知である。ヴィニータデーヴァは、このような仏知の種類を指摘することで、仏陀はさとりの際の究極的な認識によって他心を知るのではなく、さとりの後に得られる世間的な知によって他心を知り、説法を行う、と示唆しているようである。後得の世間知によって仏陀が他者に説法を行うという理解は仏教の伝統内でも支持されるものであるが、後期仏教徒達がさとりの知と説法というこの問題をどのように処理していたかについては今後のさらなる研究が待たれる。

17) この議論の詳細については稲見 1998, 2000 を参照されたい。

18) ダルマキールティは『プラマーナ・ヴァールティカ』等における認識論・論理学の議論において、勝義の立場について積極的に言及することは少ない。しかし、属性と基体の区別や論証根拠と論証対象の区別等を前提とする彼らの論理的考究は世俗的なものにすぎないということ、さらに、世俗的なものにすぎないがそれは勝義の悟入に資するものであること、が明らかに意識されている。(PV I 85-86.)

【参考文献および略号】

一次資料

ĪSD: Īśvarasādhanadūṣaṇa of Ratnakīrti: RNA 32-57.

JNA: *Jñānaśrīmitranibandhāvaliḥ*. Ed. A. Thakur. Second ed. Patna 1987.

KA: Kṣaṇabhaṅgādhyāya of Jñānaśrīmitra: JNA 1-159.

PV: Pramāṇavārttika of Dharmakīrti. In: Pramāṇavārttikakārikā (Sanskrit and Tibetan). *Acta Indologica* 2 (1971/72). Ed. Yūsho Miyasaka. [Chapters I (svārthānumāna), II (pramāṇasiddhi), and III (pratyakṣa) correspond to III, I, and II in Miyasaka's edition respectively.]

PVA: Pramāṇavārttikālaṅkāra of Prajñākaragupta. Pramāṇavārtikabhāshyam or Vārtikālaṅkāraḥ of Prajñākaragupta. (Being a commentary on Dharmakīrti's Pramāṇavārtikam). Ed. Rāhula Sāṅkṛtyāyana. Patna 1953.

RNA: *Ratnakīrtinibandhāvaliḥ*. Ed. A. Thakur. Second ed. Patna 1975.

SD: Santānāntaradūṣaṇa of Ratnakīrti: RNA 145-149.

SS: Santānāntarasiddhi of Dharmakīrti. In: *Tibetskij perevod sochinenij Santānāntarasiddhi Dharmakīrti i Santānāntarasiddhiṭīkā Vinītadeva*. Ed. F. I. Shcherbatskoj. Bibliotheca Buddhica XIX. Petrograd 1916.

SSŚ: Sākārasiddhiśāstra of Jñānaśrīmitra: JNA 367-513.

SSṬ: Santānāntarasiddhiṭīkā of Vinītadeva. See SS.

TBh: Tarkabhāṣā of Mokṣākaragupta. In: *Tarkabhāṣā and Vādasthāna of Mokṣākaragupta and Jitāripāda*. Ed. H. R. R. Iyengar. Mysore 1952.

TSP: Tattvasaṃgrahapañjikā of Kamalaśīla. In: *Tattvasaṅgraha of ārya Shāntarakṣita with the Commentary "Pañjikā" of Shri Kamalashīla*. Ed. Dvarikadas Shastri. 2 vols. Varanasi 1981, 1982.

Viṃś: Viṃśatikā Vijñaptimātratāsiddhi of Vasubandhu. In: Vijñaptimātratāsiddhi, Deux Traités de Vasubandhu, Viṃśatikā (la Vingtaine) accompagnée d'une Explication en Prose et Triṃśikā (la Trentaine) avec la commentaire de Sthiramati I. Ed. Sylvain Lévi. Paris 1925.

ViṃśV: Viṃśatikāvṛtti of Vasubandhu. See Viṃś.

二次資料

稲見正浩（Inami Masahiro）

1998 「仏教論理学派の因果関係の決定方法について—本当に因果関係は決定できるのか？—」『印度学仏教学研究』第 47 巻第 1 号。

2000 「astu yathā tathā」『インドの文化と論理　戸崎宏正博士古稀記念論集』九州大学出版会、福岡。

2001 "The Problem of Other Minds in the Buddhist Epistemological Tradition." *Journal of Indian Philosophy* 29: 465-483.

梶山雄一（Kajiyama Yuichi）

1965 "Buddhist Solipsism –A free transllation of Ratnakīrti's Santānāntaradūṣaṇa–." *Journal of Indian and Buddhist Studies* XIII-1: (9)-(24). Reprinted in: Y. Kajiyama. *Studies in Buddhist Philosophy, Selected papers*. Kyoto 1989.

2000 「他人は存在するか　付：ラトナキールティ『他人の心流の論破』試訳」『創価大学国際仏教学研究所年報』第 3 号。

桂　紹隆

1983 「ダルマキールティ『他相続の存在論証-和訳とシノプシス-』」『広島大学文学部紀要』第 43 巻。

北川秀則（Kitagawa Hidenori）

1955 "A Refutation of Solipsism. " *Journal of the Greater India Society* XIV-1, 2. Reprented in: 北川秀則『インド古典論理学の研究』 東京 1965.

Negi, J. S.

1997 Santānāntarasiddhiḥ of ārya Dharmakīrti and Santānāntarasiddhiḥ Ṭīkā of ārya Vinītadeva. Bibliotheca Indo Tibetica Series 37. Sarnath 1997.

Sharma, Ramesh Kumar

1985 "Dharmakīrti on the Existence of Other Minds." *Journal of Indian Philosophy* 13: 55-71.

Stcherbatsky, Th.

1922 "Establishment of the existence of other mind. " Translated into English from Russian by Harish C. Gupta. In: *Papers of Stcherbatsky*. Soviet Indology Series No. 2, Calcutta 1969.

日本人のフランス観

石木　隆治

日本人のフランス観は一時期の芸術、思想を中心としたものから、贅沢品、グルメ関係に重点が移っている。フランスはもともと宮廷文化の国であり、この現象もそれなりの歴史的な理由があってのことであるが、現在はさらなる国際交流の進展を受けて、フランス人はロマンティックな交際相手として求められる。いずれにせよ、フランスへの幻想は相変わらず再生産されているという点では、あまり変わっていないように思われる。

1．はじめに

わが国は戦後の高度成長期を経由して、経済的には欧米の大半の「先進国」を抜き、一人あたりの国民所得を見てみても、ほとんどの先進国以上の収入を得ている。また、国内の安全性、治安の良さ、生活の便利さなども、海外在住の経験さえあれば実感できることである。たしかに、こうしたわが国の勢いはその後の「失われた十年」で勢いをそがれたところもあり、また過労死に至るような長時間労働、格差の拡大、少子化、さまざまな産業分野にいまだに残る非効率等、大きな問題を抱えている。

しかしながら、欧米諸国は諸国でどこの国でもさまざまな問題を抱えこんでいることもまた事実である。たとえば、アングロサクソン系の国々はわが国と同じような効率一辺倒、長時間労働等に走り、格差の拡大を将来している。またヨーロッパ大陸系の社会民主主義国ではこれとは異なったモデルを採用し、比較的長い休暇、ゆったりとした成長を実現しており、それ自体は結構なことであるが、もともと存在していた階級差に対して社会民主主義の政権は手をつけていないために、大きな失業率、賃金格差、また労働者階級の能力・意欲の低さ等に苦しめられている。また、移民問題の深刻さは言うまでもない。

このように客観的に見た場合、わが国は西欧諸国と比べて総合的に判断して優れているとは言わないが、必ずしも劣った位置にはもうないものと思われる。しかしながら、わが国には広範に西欧諸国に対する抜きがたいコンプレックスが依然として存在し、ちょうどそれと反比例するかのように、中国、朝鮮に対する侮蔑の念が存在している。ここ数年続いた「韓流」に対しても「嫌韓流」による揺り戻しがあり、はやくも新聞の記事によると韓国に対する好感度は低下を始めているという。

こうしたわが国の基本的なスタンスは、その源流をたどればもちろん明治以降の脱亜入欧路線に源を発するものであることは言うまでもない。また、そうした意識は、欧米諸国が依然として世界の支配権を握っているという現実の反映として存在するというのも事実である。結論だけ言ってしまうと、「率直に言えば、近代日本人は白人になりたがっている」[1]という命題は依然として有効性を失っていないように思われる。

ところで、80年代から始まった大衆的な国際化現象が本格的に進行して、日本人が外国へ直接足を伸ばし、現地の人々と接することは、まったくふつうのこととなった。それは観光旅行のようなごく表面的な接触から始まって、国際結婚の増加のような本格的な国際接触にまで至っている。こうした国際化の進行の中で、これまでの欧米に対する憧れのようなイメージは消失していき、もっと地に足のついた外国観、ガイジン観が形成されつつあるのだろうか？本論では、筆者がある程度の知識をもつフランスを特に取り上げ、その中から上記の問題を検討してみたい。

現在、わが国の総婚姻数のうち国際結婚が5パーセントと言われる。大半は中国人、韓国人との結婚であり、欧米系との結婚は少なく、2割ほどである。したがって、欧米人との結婚は1パーセント程度ということになる。また、欧米人の到来が多くなったとはいえ、日本の国内で訪問・居住する地域は偏っており、地域によってはおそらく欧米系外国人と具体的に接触する経験のまったくない人たちも多いのではないだろうか。統計によれば、日本で暮らしている欧米系外国人は総人口の0.1パーセントを超えないそうで、日本人の方から見た場合、東京の外資系企業で働く、とか、語学学校に行く、あるいは欧米諸国に留学するということがないかぎり、実際に欧米人に接するということは平均的な日本人にとってはあまり多くない経験なのかも知れない。したがって、大多数の日本人にとっては欧米人とは依然として路上で見かける人、テレビ等のメディアを介して接する人たちなのであろう。それのために国民の美意識さえもそうした媒体にあり方によって整序されているということもできるだろう。いうまでもなく現在の社会ではマスメディアの影響力は非常に大きく、具体的には人間の美男美女の基準さえハリウッド映画や、テレビ・コマーシャル、新聞広告等によって規定されていることが予想される。欧米人モデルが頻繁に使用されるなど、西欧人を基準として美意識がひろく行われており、それに沿った美意識が日本人の意識のなかに沈殿していることはいうまでもない。[2)]

こうした「ガイジン」の特殊なありかたを踏まえた上で考えると、ではフランス人はそのなかでもなにか特別な位置と意味を持っているのだろうか?

2. 文化の国フランス

もともとフランスは「文化」の国である。この国は周知の通り他のヨーロッパ諸国に先駆けて国家としての統一をなしとげ、17世紀のルイ14世の時代にはすでに官僚制を完備させた絶対主義体制を誇っていた。当時のヨーロッパにはスペイン、ついでオランダが強国として影響力を保持しており、また植民地をめぐっては絶えず英国と衝突せざるをえず、政治的・軍事的にフランスがヨーロッパを牛耳ることができたのはナポレオン時代のみであろう。これに対して、フランスの文化的な優越は長期間にわたって圧倒的なものであった。古代ローマからルネサンスに至るイタリア文化をいち早く西ヨーロッパに導入することに成功したし(英国などは18世紀にまで遅れる)、またヴェルサイユ以来の宮廷文化、サロン文化を中心として趣味の洗練をはかり、古典主義の文化的達成を17世紀に確立して全ヨーロッパにその精華を鳴り響かせたのである。たとえば18世紀のロシア・ドイツの宮廷ではフランス語を話したのである。[3)]

ノルベルト・エリアスはその『文明化の過程』のなかで 18 世紀のドイツの宮廷貴族のあいだでは、フランス風が圧倒的であったと述べている。この場合のフランス風というのは主として宮廷でフランス語を話し、宮廷独自のマナーが重視されたことである。またフランスでは優れた知識人が宮廷、サロンなど貴族の領域に簡単に導き入れられたとしているのに対して、ドイツの中間層は宮廷貴族の世界からは排除され、ドイツ語をもちいた独自の世界をもち、独自の文化、世界観をつくったとしている。しかしこのためにドイツは世界に冠たる哲学・思想の国となったわけであって、結果的にはフランスの猿まねをした宮廷人たちよりも、こうした知識人たちの知的営為の方が優れた業績を残したことをエリアスは指摘している。ここでエリアスが想定している中間層とは、学者と牧師である。

しかしながらこの現象には負の側面もあって、ドイツでは本来の中間層の主流をなすべきブルジョワジーが未発達であって、むしろ絶対主義王制下で、中間層が発達しようとしてしかも、牧師・学者の道を選ばないとなると、残りは登用試験をうけて官僚になるしか道はなかった。官僚試験もまたギリシャ・ローマの古典を課したから、必然的に実学よりも古典の研究・注釈が発達したのである。そこからドイツ哲学を支えた教養層が出てきたのであろう。

これに対して、英国・フランスでは比較的健全なブルジョワジーの発達があったから、国家、社会の経営をめぐる実際的な議論の発達があったわけである。フランスだけを取り上げてみてもルソーが社会と政治の全体を射程に入れる仮説を打ち立てたし、またモンテスキューの『法の精神』があり、またヴォルテールによる英国の紹介、寛容論などがあった。フランスではつまり大革命を経験したにもかかわらず、貴族とブルジョワジーのあいだでの相互浸透があり、したがって一方では宮廷風な「行為の文化」（上品なマナーなど）とブルジョワの知的生産物のような「結果の文化」（たとえば書物）も共存したのである。

翻ってわが国のフランス観を見てみると、もちろんわが国ではフランスとナマな形で接触できることはきわめて稀であったから、「フランス風」を宮廷マナーのようなものとして考えることはもとより無理なことであった。そういう意味での「フランス風」は辛うじて皇室での外国人接待のマナーなどにのこされているようであるが。

わが国におけるフランス文化の受容の歴史を一瞥してみると、明治期に一時期フランスの軍事、教育制度等に興味を持ったものの、それ以降は文化大国としてのフランスに対する興味・関心が持続したということができるだろう。朔太郎の「フランスに行きたしと思えど、フランスはあまりに遠し」はあまりにも有名だし、また荷風の『ふらんす物語』が書かれるなど、フランスは日本人にとってまず第一義的には、文化的にあこがれる国であった。第二次大戦前の旧制高校は語学教育に力を入れたエリート高として有名だが、ここでフランス語をやる「丙類」に所属するということは、すでに実業家や官僚の道という正当な出世コースを目指さないことを意味したようである。

つまりわが国の欧米文化の受容は当然にも後進国型であった。しかし同じ後進国型のロシアが改革派と守旧派に分裂したようなことはあまり起こらず、むしろ猫も杓子も近代化派であったが、その中でフランス派という少数の層がいた、ということであろう。けれども、フランスに隣接した諸国のフランス派がフランスの宮廷文化をそのまま輸入した、というようなことがわが国では不可能であったから、実際に洋行することができたごく少数の例外を除いて、フランス文化の輸入とは基本的には書物によった。したがって、フランスの文化、というか欧米の文化はすべてそうだが、文化の輸入とは基本的には書物に書かれたことの輸入、主として文学と思想の輸入に他ならなかった。19 世紀末から 20 世紀の最初の 3 分の 2 におけるフランス文化とは、まず何よりもルソーであり、ジッド、サルトルであり、F・サガンだったのである。都会地に住む日本人であれば、映画によって視覚的に欧米の現実をみることもできたという若干の修正がこれに付け加わるのみである。

3．フランス文化受容の激変

現在におけるフランス文化の受容ぶりをみてみると、その容態の激変ぶりに驚かされる。現在ではフランスの小説は、細々と翻訳はされているものの、本国でそれほどすぐれた作品が作られないこともあり、以前のような圧倒的な影響力を欠いている。そうして、雑誌（とくに女性雑誌）で紹介されるフランス文化はグルメ、モード、贅沢品と並んで旅行情報であり、それのみである。

それ以外のものについてはほとんど関心が払われないというのは、いったいどういうことであろうか？　筆者の若い友人であるフランス青年たちが揃って嘆くのが、日本に来て日本人（とくに若い女性）のフランスへの関心が『フィガロ・ジャポン』にすべて収まり、この雑誌が提供する情報の域を少しも出ないことである。彼女たちは決して移民問題や多文化主義の現在には興味を持たないし、フランスには最低賃金法（smic）で働く人たちがかなり存在すること、フランスの若者の失業率が 23 パーセントであることを理解しようとはしない。ある国の文化を理解すると言うことは、おそらくその国の宗教、思想、哲学、政治、社会、その他をトータルで理解することであるはずである。そういう意味では、戦前のフランス文化受容が書物のみに頼った偏ったものであったのと同じように反対方向への偏りがあると言うことができるのではないか。

しかしながら、もともとフランスの文化的優越は貴族文化によるのであって、贅沢品、レストラン文化などはもともと貴族たちが享受していたものがブルジョワ層にまで広がり、現代にはそれが大衆消費社会の享受物になったわけである。そういう意味ではこれもフランス文化の「正当な」受容であるかもしれない。

『フィガロ・ジャポン』に紹介されるような文化を贅沢文化というとすると、それはすでにみたように貴族の担った文化にその淵源をもつことは確かであるが、またそれが現代にも維持されるためには、現代の人々にもアッピールする性格を持つ必要があるばかりでなく、現代社会のなかにその担い手が存在する必要がある。そうした文化を再生産して送り出す側の担い手と、それを受容する側の担い手である。受容する側と言えば、それはもちろん現代の大衆的な消費社会の主役に躍り出た一般大衆である。ある程度の金銭を使うことができるようになった人々が、昔なら王侯貴族が享受していたような文化をある程度楽しんでいるのである。また、そうした文化を送り出す側を一言で言えば、企業であろう。

こうした現象を以前のような文物のみに頼ってフランス文化を受容していた時代と対比させるならば、いわば「企業」対「思想」という争いがあって、思想しかなかった時代から企業優位への急速な変化が起きたと言うこともできる。ただ、実際に進行している事態はもう少し複雑である。

4．思想・文学からグルメ・モードへ

筆者は長年、古くからある都内のある語学学校でフランス語を教えているが、ここで定点観測してみた結果は非常に興味深い。

フランス語履修者の大学での減少はすでに一段落しており（といっても漸減が続いているが）、一般のフランス語の語学学校でもかなり劇的な登録数の低下を記録している。これはフランスへの関心の低下もあるかもしれないが、第一義的にはおそらくグローバリゼーションの進展にともなって中国語をはじめとして様々な外国語への関心が高まっていることがあり、これ自体はむしろ慶賀すべきことには違いない。また、英語万能主義が広がり、外国語は英語だけで十分とする風潮が強まったせいもあるだろう。

ただこれはフランスへの関心の全般的な低下という風にかたづけられないところがあって、他方ではフランス大使館に対するビザ（90 日以上のフランス滞在に必要）の申請件数はむしろ増加しているのである。また、語学学校でも一般の受講生は減っているが、たとえば企業の要請による個人レッスンなどは増加している。つまり、企業の業務として語学の必要は増えているのである。そこからどういう結論を引き出すかは難しいが、言えることはおそらく漠然とした教養としてフランス語を学ぼうとする層は減少しているのに対して、実利的な必要（それは企業の業務から、パティシエになるための留学まで含む）による語学の習得は増えているのであろう。

また、語学学校での学生気質の変化はきわめてはっきりした特徴があり、興味深い。

「映画、デザイン、芸術、モード、グルメにかんする関心が強い、あるいはそれらと関係のある仕事、あるいはそれら関係のジャーナリズムの仕事をしていて、ある程度仕事に必要なのでフランス語を勉強したい」というケースが現在は目立つ。つまり仕事とフランス語がある程度結びついているのである。ただ、仕事の分野がやや特別な領域に限られていることが目立つ。従来のようなさしたる具体的な目的もなく、単なる教養としてフランス語を勉強するという、ある意味では伝統的なタイプはいないことはないが、やはり減少傾向である。しかも筆者がフランス語を勉強していた時期のようにフランスの文学者、哲学者に憧れて、というタイプはほぼ絶滅した。

また、あまり多くはないが一定数必ずいるのは「フランス旅行をして英語では通じないことがわかったので」。さらには、ここ10年来よくあるのは「フランス人が会社の同僚として入ってきた」から、というのがある。彼ら、彼女らの言葉をそのまま信ずるならば、その動機はやや受け身的であるが、やはり時代の流れ（職場にガイジンが入ってくる）に影響されているということは言えるであろう。また、最近目立つのは「ワーキング・ホリデーに受かったから」というのがある。このケースには若干の注意を要する。よく聞いてみると、特にフランスに興味があるからワーホリに応募する（そういう人ももちろんいないことはない。ただ、そういう人たちは概してワーホリに受かる前から、フランス語の勉強を始めていると思われる）のではなく、ニュージーランドとフランスと両方に申請して、受かった方に行く、というような傾向も見受けられる。そのためにフランスに合格してからあわてて語学を始めるという現象がおこるのである。

フランス留学には以前は日本で何年かの準備をして、というのが一つの「標準コース」として存在していたが（大学を卒業した後、日本の会社と男性に絶望して、数年間語学学校で語学を学んだ後に出国する）、現在はこれはほとんど崩れており、十分な準備もなしに飛び出ていくようになっている。

それからここ5年ほど急激に増えてきたのは「フランス人の恋人ができたから」というのである。つまりフランス・フランス人に関心があって、留学したりして恋人を見つけるということもあろうが、たまたまどこかで知り合ってつきあったのがフランス人、という傾向もある。ただ、その場合、やや知り合いかた等で危なっかしいケースも見受けられる。「アメリカ系外資企業でフランス人と知り合った」のはよいとしても、「パリのクリニュンクールののみの市で店員にナンパされて、年に3回会いに行く」「一緒に暮らしているフランス系アルジェリア人は無職で、自分が食べさせている」というような危なっかしいケースも見られる。

5. ブログにみるフランス意識

すでに見たように、わが国で欧米人と婚姻に至る者は全婚姻数の1パーセントほどである。この数が多いか少ないかは議論の余地があるだろうが、とりあえず言えることは、このパーセンテージでは、日本の一部の地域では国際カップルをあまり見ないだろうし、まだ特別な存在であって、パリのように異文化カップルの存在がまったく日常的であるような場所とはやはり位相を異にしていることになる。そう言う点では、六本木のクラブや語学学校や米軍基地の近くのディスコや外資系企業というのはガイジンさんと知り合うにあたってかなり特権的な場所であることになるだろう。ところで、こうした状況を見るにあたって、現場に出かけていくことなしに情報を得られる場所がある。SNSとして急速に力をつけているミクシである。

これは現在加盟数が公称1600万であり、この人数から言って当然にも非常に多くの国際系のコミュニティが存在している。また、そのなかには国際カップル系のコミュもかなりの数存在し、その中には発言者がほとんど国際カップルの当事者であるところもある。

いうまでもなくミクシは「匿名」である、という特性があり、発言の信憑性については問題なしとしない。社会学的な統計調査の厳密性を求めることはもちろんできない。しかしながら事実関係やデータについてミクシに頼るのではなく、人々の感想、意見等を聞くという意味では、あまり匿名ということは問題とならないケースも多々ある。逆に匿名であるが故に普通は発言しにくい内容も平気で書き込める、という点もある。調査者が相手にマイクを突きつけて質問しても決して答えはしないようなテーマでも、ここでは楽々と語っている、というようにかえって価値のある見解を得ることもできる。そういう意味では、全体的な発言の傾向を追うようにすること、特定の発言者の発言内容を採用する場合は発言者の存在の信憑性等をチェックする等の措置をはかれば、ある程度利用できる資料体となり得る、と考える。ミクシを学問的なコーパスとして利用することは始まっていないし、方法論的な吟味も十分行われていないので、拙論でもごく「試行」をしてみる、というスタンスである。一言で言えば、ひとびとの「事実」でなく「意識」を探る、という意味では使用する価値があるのではないだろうか。

入門的なコミュニティから始めると、「和製フランス人」（679 名）[4] というコミュがある。これは表題の通り、フランスへの憧れ、夢を切々と表明し、自己の生活、趣味を完全にフランス化したい、可能ならばフランス人になってしまいたいという、考えようによってはかなり強烈なコミュニティである。強烈な分、そうした願望にかなり本気らしいヒトもいれば、冗談が入っている投稿者もいよう。本気かどうかは問わないにしても、相変わらずの熱烈なフランス賛美が一部では存在していることは言えるように思われる。

じつはこのトピでは管理人がこのトピの基本的な性格をまとめるようにして書いているが、そこでは、

> 「集まっていただいた方々の登録コミュをざっと拝見すると……皆様美しいものが好きで、スノッブで、ちょっとひねくれていて、文化系で……」

という風に要約されている。

すでに見たように、戦前の旧制高校で丙類（フランス語）を選択することは、ある程度出世階段から降りることを意味していたようで、そういう意味ではこのようにやや世をすねた存在、権力とは一線を画するあり方は今でもあまり変わっていない、つまり伝統的なフランスかぶれのイメージ

を確認していることになる。

ただこういう「おフランス」の手放しの賛辞に対しては批判ももちろん存在するのであって、ミクシの中には「おフランス信奉会」(144名)というコミュニティがある。このコミュは表題の絵に赤塚不二雄のイヤミ氏を出しているように、おフランス好きを揶揄することを目的としている。そのなかのあるトピでは「フランス好きが集まるときは」という仮定の下で、いろいろな想像を投稿し合っているが、その中には「日傘必須」「洋風扇子を口にあてておほほほと笑う」「飲み物は全てワイン」「チーズ売り場の前を通るときは敬礼」といった、ごく常識的な「おフランス」批判もあるが、「一週間顔も髪も体も洗わず集合」「女子の化粧はアイラインのみ」「アメリカをこき下ろす話題を展開」といったものも見られる。

アメリカ人の対日観を分析した村上由見子『イエロー・フェイス』によると、米国人はマスコミその他の影響によって、日本人の芸者イメージを抜きがたく持っていて、またマスコミもそうしたイメージの再生産に寄与しているという。たしかにごく最近になっても、依然として『サオリ』という芸者を主人公とする作品が作られている。彼らのゲイシャ・イメージは端的に言えば、膝枕をして、耳掃除をしてくれる女性のイメージであって、欧米人女性は決してしないこのイメージが新鮮であるらしい。[5)]

こうした路線の延長線上に(これはミクシとは関係ないが)、パリに在住する一部の日本人の有名人を非常に持ち上げる、という現象が見て取れる。たとえば、07年の2月—5月に新国立美術館のこけら落としに「異邦人たちのパリ」と銘打った「ポンピドー・センター所蔵作品展」が開かれたが、これの宣伝用パンフに推薦人として名を連ねる人たちのめぼしいものを拾ってみると美術評論家はひとりもおらず、雨宮塔子、森英恵、辻仁成、平松弘之(レストラン・ひらまつ)、田崎真也といったひとばかりである。こうした推薦人を集めた編集者の狙いは明らかであろう。フランスの現実というよりは、日本人が投影しているフランスのイメージを(たとえばおしゃれな生活)を担ってくれる人材をもっぱら集めているのである。[6)] パリで成功した日本人が理想化されているのである。

6．日仏カップル

ついで、国際カップル系のコミュニティでは、どういうことが見て取れるだろうか。

国際カップルに関しては、日仏カップルにだけ限定して有意的な指標をえることができなかったので、ここでは日本人と主として欧米人との[7)]カップルについてまとめて触れることとしたい。

筆者は、ミクシに参加して、また関連のブログを読んでいくつかの新しい日本語を知った。それは「ジャパ専」（フランス語圏では「ジャポ専」、日本人女性をもっぱら狙う外国人）、「外専」（外国人をもっぱら狙う日本人女性）であり、また「日本デビュ」（欧米系男性が来日して、あまりにももてるので当初平常心に狂いが生じること）である。家田荘子の『イエロー・キャブ』以来、こうした現象は繰り返し触れられているので、本稿ではこれ以上論じない。

国際カップル系のコミュニティはひとつだけ、大きな共通点がある。それはほぼ例外なく投稿者が女性であることだ。もともと日本人と欧米人のカップルは、日女＝欧米男という組み合わせが圧倒的に多いことが主たる理由だが、またミクシの国際カップル系コミュのかなりを占める人生相談型のスタイルは男性にはあまり向かないためと思われる。また、こうしたコミュに投稿している女性たちをみると大半は欧米系の恋人を持っているか、持っていた人たちで、その投稿ぶり、そのエネルギーをみるとわが国の将来の国際化に対する希望が湧いてくる（笑）。

その点を除くと、各コミュはそれぞれがかなり性格を異にしており、あるコミュニティは国際カップルの成立に伴う法律問題、また諸手続に特化したものもあるし、またあるものは、さまざまなカップルを巡る人生相談を専門にするものもある。ただいくつかのかなり活発なコミュニティを見てみると、性的な問題にかんする関心が非常に高いことが見て取れる。それは具体的には性器の大きさ、性毛の手入れ等、性交回数などかなり具体的な論議を行っている。筆者は当初、これは管理人の好みによってこういうテーマを論じているのかと考えたが（まったく触れていないコミュニティもあるので）、あるところで管理人自身が述べていることによれば、こういうテーマを選ぶと投稿が活発化するのでそうしたテーマを載せるのだという。匿名であるだけに、こうしたテーマに投稿しやすいのであろう。

言うまでもないことだが、外国人対する性的な関心とはエキゾチシズムとない交ぜになっていることが多い。それは、すでに映画『M・バタフライ』を巡る論考でさまざまに論じられてきた。また、フランスが 18 世紀から 19 世紀にかけてオリエント世界に進出したときに探検隊、調査隊、軍隊に同行した画家たちがハーレムやトルコ風呂を好んで題材に取り上げたことはよく知られている。また、わが国の浮世絵が欧米世界に輸出されて彼の地で成功を博したときに、同時に持ち込まれた「枕絵」が大変なセンセーションを巻き起こしたことは周知の通りである。

また、他民族に対する恐れ、警戒心が他民族の人間の性的な能力に対する畏怖として現象することもよく知られている。アメリカでは開拓当時、白人女性と寝た黒人をリンチし、殺した。端的な言い方をすれば、白人と黒人との摩擦は黒人のペニスに対する恐れとして現象するのである。[8] またリンチが不可能な時勢になると、法的な訴追下で、判事が黒人の白人女性強姦犯に対して簡単に死刑判決を下したと言われている。

このような性的な関心はわずか 15 年か 20 年ほど前から急速に始まったわが国での国際交流時代の歴史の浅さを見れば、ある意味では当然のことと言えるだろう。

こういう女性たちは性的な関心もあるとしても実際にさまざまな体験をしたり相手の故国で暮らしたりすることによって、日本で持っていた幻想が当然にもはがれ落ちていくはずだが、その時にはどういう風に考え方が変わっていくのだろうか？　『フィガロ・ジャポン』が紹介するような生活はフランス人は誰も送っていないこと、この雑誌の紹介するモノはことごとく輸出商品に過ぎないことは、ちょっとフランスで生活してみれば、誰にでもわかるはずである。図式的に言って歯の浮くようなフランス賛美を表白する人たちを初級とし、このような性的関心を示す人たちを中級とするならば、そうした経験をすませた人たち、言ってみれば上級者はどうなのであろうか？

ミクシのコミュニティではある人がトピを立てると、やはりどちらかというとそれに賛成する人たちが投稿することが多く、賛成論のオンパレードになることが多い。しかし、時として例外もある。あるトピで、ある投稿者が「ガイジンさんと付き合いたいが、病気が怖い」旨のトピを立てたが、これはたちまちのうちに袋だたき状態、ほとんど炎上に近い状態になった。その論拠は「ガイジン」を特別扱いするのは何事であるか（何国人であろうとも良い人も、良くない人もいる）、またガイジンだから病気をもっているというのは偏見である、ということである。ここでは、何国人と言うことが問題ではなく、大事なのは個人なのであるという至極まっとうなタテマエが貫かれている。国際カップルをつくる女性たちの中でもそう考える人は少なくないのである。

しかしその一方、別のコミュではこの「ガイジン好き」な自分を自己定義しようという試みも見られる。[9] やはり「ガイジン好き」な女性がいるのである。そのトピである人が発言しているのは、自分たちは「頑固なワガママ」「隠れたロマンチスト」「つるむのニガテ」 という定義であり、そうした定義に非常の多くの女性たちが賛同している。彼女たちはさまざまな人生経験を積んで、そうした結論に至ったかのようである。そうだとすると一言で言えば、彼女たちは自分の強い個性が日本社会とは相容れないものをもっている、ということに自覚的であり、またそうした自己のあり方にたいして肯定的であるように思われる。やはり日本社会の集団主義的なあり方に息苦しさを感じていて、その不満をもっと「ロマンティック」に思える西欧世界に投影しているということなのだろう。また別の投稿では（これは賛成者も反対者もいなかったが）これを受け手「個人主義で、OLができない、でも、自立心旺盛」「向こう見ずな勇気（じゃなかったら国際結婚できないっていうの）」「合わせるのが苦手」「女性をやめたくない」という説明を追加していた。

「OLができない」というのはやや極端だが（欧米では、ほとんどの成人女性は OL である）、しかしこの「女性をやめたくない」という定義は興味深い。周知の通り、日本では結婚後、第一子が生まれる頃に、夫婦は「パパママ」になり、その頃からベッドを別々にしたりして、夫婦の生々しさを消していくことが普通である。これに対して、いつまでも恋人のような夫婦でありたいというのが現在の日本女性の大きな夢であり、西欧、特にフランス社会がそのような夢を実現しているかに見えることは納得できる。

これがさまざまな経験を経つつこうした女性たちが到達した結論のように思われる。さまざまな幻滅を味わいながらも、やはり「恋愛」はあくまでも、欧米社会に潤沢に蓄積されている、ということが上級者たちの感慨なのだろうか。[10)]

ある日本女性はパリに留学して、フランスでは出産を経験した女性の骨盤底の不具合に対するリハビリによるケアが保険で行われていることをある種の強い感慨をもって自著のなかで報告している。[11)] 著者は雑誌『アエラ』の元女性記者で、この『アエラ』の一連の西欧、特にフランス紹介の記事の執筆者であると思われ、こういう形をとって現在ではフランスへの肯定的な評価が一般に広がっていくものと思われる。[12)]

そういう結論に関して筆者としての意見は差し控えるが、ただあえて老婆心的な注釈を付け加えることを許されるならば、恋愛感情はあまり長持ちしないものなので、恋愛感情重視は必然的に、離婚の多い社会になるということは踏まえておく必要があるだろう。実際、たとえばフランスでは結婚しないで仮の同棲生活をする人たちが増えたために、パックス法が制定されたことはよく知られている。また、そういう恋愛を重視する社会は当然にも女性の経済的な自立を前提条件とする社会であり、女性が労働をする社会（つまり「OLをする社会」）である。また、そういう社会は福祉制度がある程度整って、たとえば母子家庭になっても生き延びていけるような社会でなければならないだろう。そういう意味ではたしかに日本社会は、豊かになりつつもいまだ貧しく、道半ばの社会なのかも知れない。

【注】

1）岸田秀『幻想の未来』（講談社学術文庫）、264頁。
2）我妻、米山『偏見の構造』また小坂井敏晶はテレビ・コマーシャルに表れるガイジンのイメージが日本人の考えるガイジンのイメージに追随していることを指摘している。『異文化受容のパラドックス』参照。
3）エリアス『文明化の過程』上巻。

4) 加盟人数は2007年3月の時点の数字である。

5) 村上由見子『イエロー・フェイス』朝日選書。

6) こうしたフランス・イメージにのって仕事をしているひとに元テレビ・アナウンサーの中村江里子がいるが、彼女は公開日記ブログのなかで、フランス人の夫との生活は日本人が普通想像するような華やかなものでないと述べ、帰宅すると毎日南仏の母親に一時間電話する夫のフランソワ・バルト氏に対する不満を述べている。

7) いくつかの離婚にまつわる相談型のコミュニティは、筆者が参加を申し込んだが拒否されたことを付け加えておきたい。表紙の案内文から想像するに中では当事者、もと当事者のひとたちがかなりどろどろの人生相談を展開しているものと思われる。

8) フランスでも黒人の性器に対する恐怖心は非常に一般的なものであるらしい。しかしながら、フランツ・ファノンによれば大きさの差は実はないという。「パレス博士によれば、アフリカ黒人のペニスの平均的長さは12センチメートルを超えることは稀である。テステュは『解剖学概論』でヨーロッパ人についても同じ数字を与えている。しかしながら、それらは誰ひとり納得させることのできない事実である」『フランツ・ファノン全集』第1巻、109頁。Cf. エリック・ゼムール（夏目幸子訳）『女になりたがる男たち』新潮社新書、175頁。

9)「ダーリンは欧州人」コミュニティ、「ワレワレを考える会」トピ no.19 et 20。

10) しかしながら、ブログ等で「フランス人男性は優しい」という観念を批判しているものも見られる（筆者はフランス人の恋人を持つ）。http://abcnt.jugem.jp/　また、ミクシ上でも「もうフランスはいやなのじゃよ」というコミュが誕生した。このコミュニティのメンバは大半が日仏カップルの女性であり、実際にフランス人と生活を共有した上での違和感をかなり強烈にはき出している。

11) 玄田有史、斉藤珠里『仕事とセックスの間』（朝日新書）とくに第二章を参照。カップルの年間セックス回数が日仏では圧倒的に差があることが述べられている。ただ筆者にはこの保険適用は少子化対策のように思えるが。

12) 著書『国際離婚』で国際カップルの幻想なき実像を示した松尾寿子はこの『アエラ』もまた欧米幻想をふりまく主要なマスコミの一つとして名指しで批判しているが。

【引用参考文献】

我妻洋、米山俊直『偏見の構造　日本人の人種観』ＮＨＫブックス55，1967

Elias, Norbert : *Über den prozess der zivilisation*, Francke Verlag, 1969 ［ノルベルト・エリアス（赤井他訳）『文明化の過程』上・下（法政大学出版局、1977）］

Fanon, Frantz : *Peau noir, masques blancs*, Seuil, Paris, 1952 ［フランツ・ファノン、（海老坂武、加藤晴久訳）『黒い皮膚・白い仮面』フランツ・ファノン著作集1，（みすず書房）］

小坂井敏晶『異文化受容のパラドックス』（朝日選書564，1996）

松尾寿子『国際離婚』（集英社新書、2005）

村上由見子『イエロー・フェイス』（朝日選書、1993）

第二部

多言語・多文化社会の歴史と現在

中世スペインの聖職者のイスラーム観
――コルドバのエウロギウスの場合

林　邦夫

中世のスペインに存在したイスラーム国、後ウマイヤ朝の都のコルドバで、9 世紀の中頃に数十人のキリスト教徒が殉教した。かれらを擁護し、かれらの記録を残し、みずからも殉教した聖職者エウロギウスが他者であるムスリム、イスラーム教、ムハンマドをどのように理解していたのかを、かれが残した著作の分析を通して明らかにする。

1．はじめに

711 年にムスリムがイベリア半島を征服したとき、イスラームの誕生からさほど時がたっておらず、キリスト教徒はイスラーム勢力の軍事的政治的影響は感知できたにせよ、宗教的影響までは意識できなかったが、9 世紀になるまでには状況は変化した。征服者は移民によって増加し、その支配を確立した。モサラベ（ムスリム支配下のキリスト教徒）はその信仰を許されてはいたが、アンダルス（イベリア半島においてムスリムが支配している領域）においてはムスリムより劣位に置かれていたため、イスラーム教に改宗して社会における十分な権利を確保しようとする人々が、とくに都市において多かった。また、ムスリムになればズィンミーとして負担させられていた特別な税も免れるために、これも改宗のおおきな動機になった。

こうした動向はイスラームに対抗してキリスト教信仰を固守しようとする人々に危機感・絶望感をいだかせた。後ウマイヤ朝の都コルドバにおいて 850 年代に 48 人のキリスト教徒が次々にムハンマドやイスラーム教を公然と批判し、冒涜や背教（キリスト教に改宗した元ムスリムの場合）の罪により処刑されるといういわゆる「コルドバの殉教運動（事件）」[1]がおこった。イスラーム社会の中で穏便に生きていこうとしていたキリスト教徒たちは、こうした人々を狂信者として非難したが、みずからも殉教者となった司祭のエウロギウスは殉教者たちを擁護し、それを著作に残した。本稿ではエウロギウスのイスラーム観をかれの著作を資料として明らかにしたい。それは、9 世紀のイスラーム世界に生きたひとりのキリスト教聖職者の他者認識を検討することでもある。

2．エウロギウスの生涯

コルドバの高貴な家系に生まれたエウロギウスは、両親によって教会に預けられ、聖職者への道を歩むことになった。[2] 修道院長スペラインデオの薫陶を受け修行をつみ、助祭、司祭、教師（マギステル）と聖職の階梯を登っていた。スペラインデオは、820 年代に処刑された 2 人のキリスト教徒の生涯について記録しており、師のこのような行為が後のエウロギウスの実践に影響をあたえたことが考えられる。サン・ソイロ教会の司祭時代にはコルドバの山間部の修道院を訪問し、指導をおこなっている。848—49 年には、北部のキリスト教スペイン（イベリア半島においてキリスト教徒が支配していた領域）に旅行している。[3] 目的はバイエルンにいる 2 人の兄弟の消息をたずねることだったというが、戦乱のためにピレネーを越えられず所期の目的を達せられなかった。しかし、この旅でパンプローナ司教ウィリエシンドゥスの知己を得て、ついでレイレのサン・サルバドール修道院を訪れ、コルドバにはないアウグスティヌスの『神の国』やヴェルギリウス、ユヴェナリウス、ホラティウスといったローマの作家の作品を入手してもちかえった。イスラーム世界に生まれそこで育ったエウロギウスは、キリスト教徒が恵まれた施設をもち自由に信仰を実践しているキリスト教世界を直接知ったことで、モサラベがいかに不自由な信仰生活を送っているのかを痛感したのではなかろうか。

エウロギウスがコルドバにもどった前後から殉教運動がおこり、それを聖職者の扇動によると考えたイスラーム当局によって 851 年、かれは他の聖職者たちとともに投獄された。獄中で2人の女性殉教志願者と出会って激励のために『殉教の書』を書き、またそのほかの投獄されていた殉教志願者とも接触してかれらの行為を記録した『聖人列伝』の第1部・第2部を執筆した。釈放後は、後ウマイヤ朝君主に対し妥協的協力的な態度をとるセビーリャ大司教レカフレドゥスを非難し、ミサの執行を拒否するなどの抵抗をおこない、殉教者たちを公然と支援する立場をとった。852年の教会会議で殉教者たちは非難され、殉教運動も一時的に沈静化したが、まもなく再発し、エウロギウスは一旦書き上げた『聖人列伝』の改訂や追補をおこない、また『殉教者擁護の書』を書いたりして殉教運動の支援や記録活動をおこなっていたが、殉教者となるレオクリティアをかくまった廉で逮捕された。かれに同情的なムスリムの廷臣が助命しようとしたが、エウロギウスをこれを拒み、859年3月11日に斬首された。

3．エウロギウスのイスラーム観

司祭として殉教者擁護の立場に立つことを選んだエウロギウスはいかなるイスラーム観を抱いていたのだろうか。[4] エウロギウスは著作を残しており、これがかれの考えをさぐるうえで最も重要な資料となる。現存するエウロギウスの著作は、4点ある。[5]まず、『聖人列伝』(*Memoriae Sanctorum*、以下、Mem.と略記）であるが、これは殉教者たちを聖人として位置づけ、その殉教にいたる経緯を記録したものである。3部から成り、第1部と第2部の1−6章は851年末に完成したが、その後の殉教者を記録するために第2部の続編を執筆・増補し、アブド・アッラフマーン2世（在位822−52）の死亡した852年までの殉教者を加えた。第3部はムハンマド1世（在位852−86)時代初頭の殉教者を対象にしており、856年に完成した。第2・3部は殉教者の列伝であるが、第1部は殉教者擁護のための論争書・護教書の性格を帯びている。

『殉教の書』（*Documentum martyriale*）は獄中で出会ったフローラとマリアという2人の女性殉教志願者のために851年に執筆された。2人は殉教すべきかどうか獄中で思い悩んでいたが、エウロギウスは彼女たちを激励して殉教を成就させた。このときに書かれたのが本書であり、内容は殉教志願者への助言と激励が大半を占めている。

『殉教者擁護の書』（*Liber apologeticus martyrum*、以下、Apol.と略記）は857年の2人の殉教者の記録で『聖人列伝』の追補として同年に書かれたが、殉教者を批判する人々に対する駁論を含んでおり、こちらがむしろ主眼であるといってよい。以上のほかに、851年の3通の『書簡』(*Epistulae*)がある。学友で俗人ながら殉教者擁護の立場の論陣を張った盟友のアルヴァルス宛、殉教者の兄弟のバルデゴトン宛、パンプローナ司教ウィリエシンドゥス宛のものである。

以上の著作のうち、エウロギウスのイスラーム観を知るうえでもっとも重要なのは、『殉教者擁護の書』であり、ついで『聖人列伝』の第1部である。これらを素材にして、エウロギウスのイスラーム観をさぐっていくが、それはムハンマド論、イスラーム教の教義、キリスト教徒への迫害という3つの論点に整理できると思われる。

(1) ムハンマド論

エウロギウスのイスラーム観をさぐる上で、かれがイスラーム教の開祖である預言者ムハンマドをどう捉えていたかを知ることが重要である。その立場上、かれがムハンマドに批判的なのは当然であるが、具体的にムハンマドの人物像をどのように描いているのかを見ていこう。

エウロギウスがムハンマドの人物像を描くのに利用したのは、スペイン北部を旅したときにレイレの修道院で見出した作者不明の『ムハンマド伝』[6]であった。それによれば、「忌まわしい預言者」ムハンマドはある寡婦の後見のもとにおかれた孤児であったが、「貪欲な高利貸し」となって各地を駆け巡っていたときに、あちこちでキリスト教徒の集会に出席し、無知な連中のなかでは利発なほうだったので、キリスト教徒たちの会話を記憶し、愚かなアラブ人の中でもっとも賢い人物になった。好色の炎にたきつけられて、野蛮人の慣習によって女主人と情を通じた。その後、ハゲタカがあらわれ、黄金の口をしめし、自分は天使ガブリエルであると告げ、ムハンマドに預言者として人々の前に現れるように命じた。高慢なムハンマドは、無知な者たちに前代未聞の教義を説きはじめ、偶像崇拝から遠ざかり、天上の神を崇めるように勧めた。かれを信じる者たちに武器をとって敵を虐殺するよう命じ、かれらはビザンツ皇帝の弟を破って王国を築き、ダマスクスを都とした。

「偽預言者」ムハンマドは、隣人ザイドの妻を欲し、彼女をおのれの欲望に従わせた。夫は無念に思ったものの、おじけづき逆らうことができなかったので、妻を手ばなした。さらにムハンマドは、「これが信者の子孫にとっての先例として役立つように、同じことをしたいと望む者があったとき、それが罪にならないように、ザイドはあの女が気にくわなくなり離縁したので、預言者はその女と結婚した」と法に明記するよう命じた。死が近づいたとき、ムハンマドは死後 3 日目に天使ガブリエルによって蘇ると預言した。信者たちは遺骸を見張っていたが、3 日たっても蘇らないので、見張りにおびえて天使が近づかないのだと考え、遺骸から離れた。天使の代わりに腐臭にひかれて犬どもがやってきて、遺骸のわき腹を貪り食った。信者たちは遺骸の残った部分を埋葬した。ムハンマドは自分の魂だけでなく、多くの人々の魂をも地獄に送ったのだから、その遺骸が犬の腹をみたしたのは当然だった。

以上のような内容の『ムハンマド伝』は、一読して明らかなようにムハンマドを批判し非難する立場から書かれたものであるが、北部スペインのキリスト世界では良く知られた文献であった。またこのような反ムハンマド文献は当時のスペインにおいて数点知られていたようであり、『ムハンマド伝』がとくに珍しい類の文献ではなかったが、アンダルスではおそらく当局の監視の目もあっただろうし、さほどおおっぴらには流布してはいなかったものと考えられ、エウロギウスの目には触れていなかったであろう。

この文献におけるムハンマドに対する批判を 4 点にまとめて見てみよう。まず第一にムハンマドの性格に関するものがある。「貪欲」「高慢」「好色」といった形容詞が使われていて、その性悪な性格が指摘されている。第二に預言者としてのムハンマドへの批判がある。これは「忌まわしい預言者」「偽預言者」という表現から明らかだが、ムハンマドがキリスト教の教義を聞きかじり、あらたな教義をこねあげ、無知なアラブ人にそれを説いて広め、かれらを誤らせて地獄におちさせたとされている。第三に人倫にもとる背徳行為が取り上げられている。預言者の地位を利用して信者である隣人の妻を奪い、それを糊塗するために偽りの事実を記載させたというものである。これはよく問題にされる事柄であり、コーランではザイドはムハンマドの解放奴隷でその養子となった人物で、その妻ザイナブをムハンマドが見初め、ザイドがムハンマドの意をくみ離婚して譲ったとされる（33章37節）。『ムハンマド伝』ではザイドはムハンマドに妻をうばわれたが、かれをおそれて、やむなく離婚したとされていて、ムハンマドの背徳性が強調され、さらに非難をさけるために自分の行為を同様な立場におかれた信者のためであるなどという見え透いた弁明をしているムハンマドの欺瞞性も指摘されている。第四に死後の蘇りに関する偽りの預言がある。これは明らかにイエスの復活を念頭においてそれとの対比で書かれており、預言が実現しなかったムハンマドの「偽預言者」としての性質を際立たせようという意図が読み取れる。遺骸が腐敗し犬に喰われたというどぎつい描写も、ムハンマドをことさらに貶めようとしたものだと考えられる。

『ムハンマド伝』に書かれた事柄は、すべてがまったくの捏造というものではない。ムハンマドが孤児であったことはコーラン93章6節、天使ガブリエルの幻視は2章97－98節、偶像崇拝の廃止は2章165節、敵の殺戮（聖戦＝ジハード）は2章190節、ザイナブとの結婚は33章37節というように、その多くはコーランの記述を踏まえていることは明らかである。しかし、コーランを忠実になぞったものではなく、それを歪曲し誇張していることがおおきな特徴である。この文献がイスラームを攻撃しようとする立場に立ったエウロギウスにとって格好の武器となったことはいうまでもない。作者のムハンマド観はそのままエウロギウス自身のムハンマド観となったのである。

エウロギウスがムハンマドの人物像をことさら問題にしたのは、イスラーム教の開祖であるムハンマドが非難さるべき悪人であれば、かれが創始した信仰そのものが正しいはずがないという論理が前提になっている。

つまり、ムハンマド批判はイスラーム教批判に直結しているのである。しかし、エウロギウスにはムハンマドの人間性と直接には関係ないイスラーム教の教義そのものに対する批判も見られる。つぎに、これを見ていこう。

(2) イスラーム教の教義

(a) キリスト論

イスラーム教の教義ではキリストはどのように位置づけられているのであろうか。

「イエスの昇天以来あらわれた異端の開祖のうちムハンマドのみが悪魔の教唆によってあらたな虚偽の信仰の宗派をつくった。古くに啓示された信仰を中傷し、預言者たちの預言を拒否し、聖なる福音の真実を踏みにじり、使徒たちの教義を拒んだ。キリストは神の言葉であり、神の霊であり、偉大な預言者であるが、神の権能をそなえてはいないと説いた。キリストは聖霊にみたされ、その聖性のおかげで神の権能により、奇蹟としるしと驚異によって輝いているが、それは自身の偉大さや神性によるものではなく、義なる人、敬虔なる奉仕において神と結びついた人として、懇願の祈りによって全能の神からおおくの恩寵を手に入れることができたからである。」(Apol. 19, なお Mem. I, 7 にほぼ同じ表現がある)

ここでエウロギウスは、イスラーム教はキリストを神の言葉とみなしているが、神の権能を有していないとしている、つまり、キリストはあくまで人であり、神ではないと考えている、と述べている。コーランでもキリストは神の言葉であるとされているが(3 章 39 節、45 節)、三位一体の教義は否定され、キリストは神の使徒にすぎず、神の子ではないとされる(4 章 171 節)。したがって、エウロギウスはイスラーム教のキリストに関する教義を正確に説明しているといってよい。ここにはムハンマドの人物像の場合のようなコーランの歪曲は見られないが、それは歪曲の必要がなかったからである。なぜなら、キリストの神性を否定するイスラーム教はそのままで批判と否定の対象となりえたからである。

(b) 天国

イスラーム教では来世における天国はいかなるものとされているのであろ

うか。エウロギウスはムハンマドが「天国における放蕩と肉体の快楽を示した」とのべたあと、師のスペラインデオの著述を引用する（Mem.I,7）。それによれば、「われわれすべてが勝利者として天国に連れて行かれ、そこで神はわれらの快楽に応じる、人間を超えた極上の美女をわれらにあてがうのだ」とムハンマドの信者たちは言っているのに対して、スペラインデオは「もし両性が淫乱にふけって無為にすごすならば、決して天国に場所を占めることはない。そこは天国ではなく、売春宿であり卑猥な場所である」と答えているが、かかるスペラインデオの考えは、そのままエウロギウスの考えであるといってよい。コーランでは楽園とよばれる天国では美女たちが妻として与えられるという記述があるが（44 章 54 節）、これは楽園のひとつの特徴に過ぎず、またエウロギウスの表現にも誇張が見られる。人妻を奪ったムハンマドの好色が非難されるように、官能性の非難はキリスト教によるイスラーム批判の常套であるが、エウロギウスの議論は一面的であり、不公正であるといえる。ともかくもエウロギウスからみれば、肉欲を充たすいかがわしい天国はけがらわしい売春宿と選ぶところがなく、かかる天国のイメージをもつイスラーム教は唾棄さるべき邪教にほかならないのである。

(c) 預言者としてのムハンマド

エウロギウスが『ムハンマド伝』を引用してムハンマドの悪しき性格をあげることで、かれを人格的に非難さるべき人物として提示したことは既述のとおりだが、ムハンマドはまた宗教者としても非難に値した。エウロギウスはムハンマドをまず預言者としては、「忌まわしい預言者」「偽預言者」（Apol.16）「堕落したこの上なく邪悪な預言者」(Mem.I,20)と規定し、開祖としては「邪悪なる教義の創始者」（Mem.I,7）と呼んでいる。そして、ムハンマドを悪魔にそそのかされた人物と見ている。ムハンマドは、「悪魔の霊に力を与えられて、預言者たちの場所に臆面もなく入り、神の福音の聖なる説教者に臆面もなく加わった、不誠実な堕落した小男」(Mem.I,20)、であり、「穢れた霊に取りつかれて、反キリストの先駆けそのものとして、不義の惑わしをおこなった。気まぐれにまた悪魔にそそのかされて、堕落した人々ために得体の知れない異端的信仰を作り上げた」

人物なのである(Apol.12)。エウロギウスはまたムハンマドを比喩的に、「おお脳髄のない頭よ、サタンの力によって占領された腸《はらわた》よ。……おお悪魔の楽器よ、悪魔の曲よ。」（Mem.I,7）と表現し、悪魔との密接な関係を強調している。

以上を要するに、エウロギウスによれば、悪魔と結託し悪魔の手先となった偽預言者のムハンマドが開祖となって作り上げた異端的教義こそはイスラーム教なのであり、これが邪教であることは明白なのである。

(3) キリスト教徒迫害

エウロギウスのイスラーム批判は、後ウマイヤ朝政府がキリスト教徒を虐待している点にもむけられる。

殉教者たちを非難するキリスト教徒たちは、「教会の破壊、司祭に対する侮辱、毎月の租税を虐待とは考えない。……［ムスリムは］われわれ［司祭］が人中を歩いたり、広場に出たりすると、すぐに聖職者のしるしに気づいて、嘲笑の叫び声をあげて攻撃する。子どもたちは毎日のようにわれわれをからかい、言葉で侮辱したり恥ずべき悪態をつくだけでは飽き足らず、背後から石を投げるのだ。……かれらはたびたびわれわれを罵り、信仰のせいでいたるところでわれわれはかれらの残酷な行為に苦しんでいる。かれらの多くは、われわれが彼らの衣服に触れるのをよからぬことと考え、われわれが近づくと罵る。かれらはわれわれがかれらに関わることを重大な穢れと見なしているのである。」（Mem.I,21）

ここで虐待とされているのは、教会堂の破壊、重税、司祭への迫害、賤視といったところであろうが、詳述されているのは司祭への迫害である。これはおそらく司祭であるエウロギウスの体験にもとづいているものだろう。衣服の件りでも、忌避されているのは聖職者であろう。一般のキリスト教徒は言語を含めて信仰以外ではアラブ化しており（アンダルスのキリスト教徒をあらわすモサラベという言葉は「アラブ人した人々」の意味）、服装もムスリムと類似していて、外見からはキリスト教徒と判定しにくいから近づくと罵られるとは考えにくい。聖職者はその僧服という特異な服装によってキリスト教徒であることは一目瞭然であるし、また、ムスリムにとって聖職者はほかのキリスト教徒以上にキリスト教を強く意識させる存在であることは明らかだから、ムスリムが異教徒のキリスト教徒を穢れたものと考え避けるのならば、もっとも忌避されるのは聖職者であろう。したがって、後半の 2 つの項目は、一般のキリスト教徒がこのような目にまったくあっていなかったということではないが、聖職者という一部の特殊な身分のキリスト教徒に関する事柄であるといってよいだろう。その内容も激しい暴力というものではなく、また無思慮な子どもがおこなった場合が多かったようであるから、不正なことではあるが、よくありがちなことで、当時の時代状況では到底耐え難い虐待とまではいえないように思われる。

租税については当時のコルドバの現実がどうであったのか、ここで検討することはできないが、一般的にキリスト教徒はムスリムには課せられない人頭税のジズヤを負担させられていたのだから、こうした税負担の不公平がエウロギウスから見れば虐待ということになるのだろうが、これも異教徒の支配下の従属民であるキリスト教徒であればやむを得ない負担であろう。教会の破壊については別の箇所でやや詳しく述べられている。

「神の羊の群［信者］に対する［イスラームの］君主の残酷な陰謀が深く根を張り、いたるところでキリスト教徒を苦しめ、君主は最近建設された教会堂を破壊し、古いバシリカの内部でアラブ人の時代に付け加えられた部分を破却するよう命じた。またこの機会をとらえて、われわれの父祖が 300 年前に建築した教会堂の屋根を破壊した。」（Mem.III. 3）

以上の記述を具体的に検証することはできないが、後ウマイヤ朝ではキリスト教教会については原則として新築は許されず、従来の教会の増築も認められなかった。したがってすくなくとも上記の前半部分についていえば、政府の措置は形骸化していた、あるいは弾力的に適用されていた原則を厳格に適用したに過ぎず、新規の重大な弾圧的措置とはかならずしもいえない。とくに、イスラームへの批判をともなう殉教が頻発するようになってからの措置は、それを沈静化するための対応措置としてやむなく行われたとも解釈でき、一方的な弾圧といい難い面がある。しかし、これもエウロギウス、特に聖職者としてのエウロギウスから見れば神聖なる教会を異教徒が破壊するのだから、まぎれもない迫害となるのである。

キリスト教徒虐待に関するエウロギウスの記述を全体的に見ると、虐待とされているものはエウロギウスの個人的体験や聖職者としての特殊な体験にすぎないものや、あるいはイスラーム側にもそれなりの合理性があっておこなったことや、異教徒の支配する国家ではやむを得ないことなのである。エウロギウスはそれを誇張し独善的に解釈して断罪している。しかし、これはエウロギウスの本音ではなく、イスラーム教を批判するために事実を意図的に誇張した可能性があろう。殉教者たちを擁護するエウロギウスにしてみれば、かれらが死を賭して戦ったイスラームが悪逆非道な迫害者であればあるほど、かれらの行為は正当化され栄誉あるものとなるからである。

4．殉教者たちの意図

9 世紀のコルドバに出現した殉教者たちの行為はキリスト教徒のコミュニテイにおいてどのように見られていたのだろうか。キリスト教徒の多くとって、信仰が禁じられているわけでもなく、暴力的・強圧的な迫害があるわけでもない状況で、イスラーム当局を挑発し自らの死を意図的に招いた彼らの行為は自死にひとしく、到底容認できないものであった。しかもかれらの行為の影響はかれらにとどまらない。かれらがイスラーム当局をこのように刺激することで、共存状態にひびが入り、キリスト教徒全体に累が及ぶ可能性があった。大半のキリスト教徒は殉教者たちの行動を、独善的で身勝手なものと考えていたのではなかろうか。既述のように教会当局も 852 年の教会会議で明白にかれら行動を非難する決議をおこなっている。

イスラームはキリスト教徒を神によって啓示された聖典つまり啓典をもつ「啓典の民」と位置づけ、庇護民（ズィンミー）として保護をうけることができるとした。イスラームはキリスト教徒を異教徒ではあるが、一神教徒としての共通性を理由に寛容にあつかったのである。それでは逆に、キリスト教の立場からはイスラーム教はどう評価されるのであろうか。コーランは、イエス（マルヤム＝マリアの息子イーサー）をムハンマドに次ぐ重要な預言者であるとし、神ではないが処女から生まれたこと（19 章 16−27 節）、救世主であること（3 章 45 節）、奇蹟をおこなったこと（3 章 49 節）を認めており、イエスは神の言葉であるといっている（19 章 35 節、これは、キリスト教におけるように「ロゴス」という意味ではなく、性交ではなく神の言葉によって胎内に宿ったという意味であり、内実はことなるのだが）。このようにイスラーム教はキリストの神性を否定するなどの重要な違いはあるが、類似点も多々あるのである。聖職者や教会当局はもちろん、その指導をうける一般の信徒の多くもその類似性を重視して、ムスリムの支配下での生活を正当化していたのである。エウロギウス自身の言葉によれば、かれらはムスリムが「神と法を両方とも尊重する人々」（Apol.12）、「神を崇拝し啓示された信仰を有する人々」（Apol.17）と考え、そこに共存の根拠を見出していたのである。

それならば殉教者たちはいかなる意図で多くの同胞から批判されるような行動にでたのであろうか。かれらにはムハンマドやイスラーム教を公然と批判すれば、逮捕され処刑されることは分かっていたはずである。なぜあえて死を招くような振る舞いに及んだのか。かれらが自分たちの行動でキリスト教徒の蜂起を促し、政府の転覆を企てたとか、政府から懐柔策をひきだしてキリスト教徒の地位の改善をはかったというようなことは考えにくい。もしそうならば、その行動はあまりに単純で短絡的で展望をかいたものだと思われるからである。かれらの行動はそのような政治的意図によるものではなく社会的背景をもったものでもない。その動機はきわめて個人的なものであった。イスラーム攻撃はかれらの目的ではなく手段に過ぎなかった。彼らの目的は死ぬことであった。キリスト教では自死は創造主たる神の意思に背く大罪とされる。しかし、これとは対照的に信仰のために命を犠牲にする殉教は賞賛に値するに行為であった。殉教者たちの最大の関心事は来世における救済であった。殉教者たちの多くが修道院に入っていて、禁欲的生活を送っていたのは、それによって来世における救済の妨げとなる罪を犯すことを危惧したからに他ならない。殉教という行為は信仰者による神への最高の奉仕であり、それによって来世における救済は確保される。かれらがイスラーム批判をおこなったのはそれによって殉教を成就し、来世における救済を確実なものとするためだったのである。彼らの行為は個人的な利害にもとづくものであり、それがもたらす政治的・社会的影響などは思案のほかであった。かれらには異教徒の支配する現世の現実を変革したり、あるいはその現実を受け入れてそのなかで自分たちの境遇の改善をはかるというような考えはなかった。かれらはそのような現世の現実を全面的に拒否し、ひたすら来世での救済を希求したのである。

5. おわりに

9 世紀中頃のコルドバにはムスリムの支配に対してきわめて対照的な態度をとる二つの種類のキリスト教徒がいた。多数のキリスト教徒は、キリスト教とイスラーム教の類似性を重視し、差異にはあえて目をつむったり曖昧化したりし、制限はあるものの信仰が許されていることで納得し、多少の不自由や負担はあるがムスリムの支配する現実と折り合いをつけて、現世での生を全うしようとする人々であった。これに対し、ごく一部の例外的ともいえるキリスト教徒は、キリスト教とイスラーム教との差異を決定的なものと考え、ムスリムの支配を耐え難い絶対悪とみなし、そのような支配の下にある現世に見切りをつけ、ひたすら来世における救済を希求して殉教の道を選んだ人々であった。

このような 2 種類のキリスト教徒を前にして、エウロギウスは後者の人々を擁護する立場を選択した。かれらを擁護するためには、かれらが峻拒した現世、ムスリムの支配する現世がいかに耐え難いものであるかを力説せねばならなかった。そのためエウロギウスは、偽預言者ムハンマドの作り上げたイスラーム教はキリスト教徒とは本質的に異なる邪教であり、それとの対話や共存は不可能であることを強調した。そして、ムスリムの支配がいかにキリスト教徒を苦しめ圧迫しているかを説いた。かれはこのことを、あらゆる武器を総動員しておこなった。師のスペラインデオの著書はもちろん、ややいかがわしい反ムハンマド文献さえあえて利用し、キリスト教徒虐待についても事実の誇張や極端な解釈を提示して見せた。したがってそのイスラーム観には誤解や誇張が多分に含まれているが、それはかれ自身も承知のことであった。かれのイスラーム観は、イスラーム世界の外で書斎における冷静で客観的な検討の結果形成されたものではない。ムスリム支配の現実に身をおき、殉教者を擁護するという聖職者としての使命感に燃え、焦眉の課題を果たすために構築されたものである。それは机上の議論ではなく、現実的必要に対応するための実践的議論なのである。したがってそこにみられる誇張や極論は、イスラーム批判＝殉教者擁護という大義を達成するための戦略上の方便なのである。

かれのイスラーム観は単純化して言えば、イスラーム教とキリスト教を峻別し、前者を絶対悪、後者を絶対善と明確に規定するものである。このようなイスラーム観を前提にすれば、ムスリム支配下のキリスト教徒が取るべき道は、何らかの方法でムスリムの支配を打倒するか、イスラーム圏外に移住するか、来世での救済を希求して現世そのものを放棄して死を選ぶか以外にはない。殉教者たちが選んだのは最後の選択肢であった。エウロギウスは、かれらの行動を擁護することを決意したとき、それを正当化するためのイスラーム観を作り上げる課題をにない、それを実践したのだといえる。そして自らもそのイスラーム観にもとづいて殉教にいたる道を歩むことになったのである。

【注】

1) コルドバの殉教運動（事件）全体についての研究文献として、Coope, J. A., The Martyrs of Córdoba. Community and Family Conflict in an Age of Mass Conversion, Lincoln and London, 1995 ; Herrera Roldán, P. P., Cultura y lengua latinas entre los mozárabes cordobeses del siglo IX, Córdoba, 1995 ; Christys, A., Christians in Al-Andalus 711-1100, Richmond, 2002 ; Wolf, K. B., Christian Martyrs in Muslim Spain, Cambridge, 1988. K・B・ウルフ（林邦夫訳）『コルドバの殉教者たち―イスラーム・スペインのキリスト教徒』刀水書房、1998 年。殉教事件がヨーロッパに与えた影響についての研究として、Waltz, J., The Significance of the Voluntary Martyrs of Ninth-Century Córdoba, Muslim World, 60, 1970, pp.143-59, 226-36.

2) エウロギウスの生涯については、差当たりウルフ、前掲書、75－91 頁。

3) この旅については、Lambert, E., Le voyage de saint Euloge dans les Pyrénées en 848, in *Estudios dedicados a Menéndez Pidal*, 4, Madrid, 1953, pp.557-67.

4) エウロギウスのイスラーム観を対象とした研究としては、註(1)に掲げた諸文献のほかに、Millet-Gérard, D., *Chrétiens mozarabes et culture islamique dans l'Espagne des VIIIe-IXe siècles*, Paris, 1984, pp.81-143 ; Aldana García, M. J., La concepción de la

religión y cultura islámica en los relatos de Eulogio, *Glosa*, 2, 1991, pp.479-87 がある。エウロギウス以前のスペインにおける年代記作者や聖職者のイスラーム観については、Wolf, K. B., The Earliest Spanish Christian Views of Islam, *Church History*, 55, 1986, pp.281-93 ; Id., Christian Views of Islam in Early Medieval Spain, in Tolan, J. V. (ed.), *Medieval Christian Perceptions of Islam. A Book of Essays*, Garland, 1996, pp.85-108.

5) エウロギウスの著作は、Gil, J. (ed.), *Corpus scriptorum mozarabicorum*, 2 vols., Madrid, 1973, II, pp.363-503 に収録されている。スペイン語訳は. Aldana García, M. J., *Obras completas de San Eulogio : Introducción, traducción y notas*, Córdoba, 1998 ; Herrera Roldán, P. P. (ed.), *San Eulogio. Obras*, Madrid, 2005.エウロギウスの著作の語彙事典として、Id., *Léxico de la obra de San Eulogio*, Córdoba, 1997.

6) この文献の原文と英訳は、Wolf, K. B., The Earliest Latin Lives of Muhammad, in Gervers, M. / Bikhzi, R. J.. (eds.), *Conversion and Continuity. Indigenous Christian Communities in Islamic Lands, Eighth to Eighteenth Centuries* , 1990, pp.89-102. 文献学的研究とラテン語原文の活字化は、Díaz y Díaz, M. C., Los textos antimahometanos más antiguos en códices españoles, *Archives d'histoire doctorinal et litteraire du Moyen Âge*, 37, 1970, 149-68.これらの反ムハンマド文献がビザンツの伝統の影響を受けている可能性があることについては、García Moreno, L.A., Elementos de tradición bizantina en dos Vidas de Mohoma mozárabes, in Pérez Martín, I. / Bádenas de la Peña, P. (eds.), *Bizantino y la península ibérica. De la antigüedad tardía a la Edad Media*, Madrid, 2004, pp. 247-71.

9世紀中頃のイベリア半島

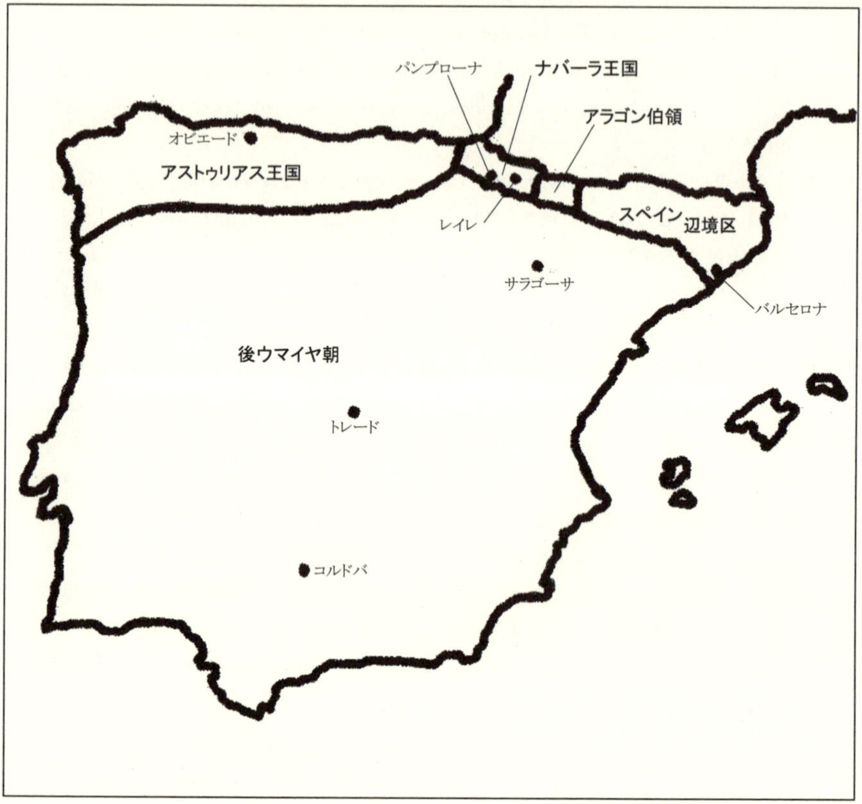

グスタフ・クリムトとエゴン・シーレのあいだ
――ハプスブルク帝国の崩壊期における〈他者〉

赤司英一郎

1918年、中欧の多民族国家であったハプスブルク帝国が崩壊し、ポーランド、チェコスロバキア、ユーゴスラビア、オーストリア、ハンガリーなどの民族国家が生まれた。同年、自画像をほとんど描かなかった55歳のクリムトと、自画像を描き続けた28歳のシーレも相次いで亡くなっている。この2人の絵のなかに、当時の歴史的な社会状況を読みとるとともに、どのように〈他者〉が表されているかについて考える。

1．多言語多文化の国

およそ100年前まで、いまの世界地図に載っていない国があった。5千万人を超える人口を擁し、700年ほどの歴史を持ついわゆる多民族国家であり、スラブ系、ラテン系の諸民族に、ゲルマン、マジャール、ユダヤを加え、10を超える民族がそこに暮らしていた。[1] 北はチェコおよびポーランド南部から、南はアドリア海沿岸およびバルカン半島の半ばまで、西はイタリア北部のチロル地方から、東はルーマニア西部およびウクライナの一部まで、ヨーロッパ大陸の中央部に悠然と広がる、オーストリア・ハンガリー二重君主国、別名、ハプスブルク帝国である。

公用語はドイツ語であったが、さまざまな言語が飛び交っていた。首都ウィーンの屈指のカフェで文学カフェとしても有名なカフェ・ツェントラールには、1913年に、なんと22の言語で印刷された251紙の新聞が置かれていたという。[2] もちろん、多言語国家であるがゆえの悲劇も起きていた。たとえば帝国軍の将校の多くはドイツ系であったが、規定の70のドイツ語を使うことしか許されず、しかも部下であるハンガリーやスラブ系の兵士の言葉をほとんど理解できなかったので、臨機応変の対応なぞ至難の業であった。[3] 軍服の美しさ、それに軍楽隊の演奏のすばらしさでは他国を圧倒したらしいが、これでは戦場での勝利が続かなかったのも仕方がないであろう。

文化面では、19 世紀末から 20 世紀初めにかけて、今日にまで影響を及ぼす優れた人たちの仕事が次つぎと現われた。政治家では、ヒトラーがその演説から多くを学んだという反ユダヤ主義者のカール・ルエーガー、シオニズム運動の中興の祖テオドール・ヘルツル、精神分析学者のフロイト、哲学者のヴィトゲンシュタイン、小説家のムージルやカフカ、音楽家のマーラーやシェーンベルク、建築家のオットー・ヴァーグナーやアドルフ・ロース、物理学者のルードヴィッヒ・ボルツマンやエルンスト・マッハ等である。

画家のグスタフ・クリムトやエゴン・シーレも、この百花繚乱に彩りを添えた。彼らがどのような仕事をしたのかをこれから見てゆくが、とくにクリムトの仕事が政治と交わっていたことは注目に値する。彼が社会的な影響力を発揮したのは、それまでのアカデミズムの絵画に対抗し、1897 年に彼を総裁とするウィーン分離派が創設されたときであった。ヴィトゲンシュタインの父親のようなユダヤの大資本家をはじめ、有力な政治家たちがこの芸術運動を支援した。第一回分離派展のオープニングには皇帝フランツ・ヨーゼフが出席し、分離派メンバーの作品展示ための分離派館が、ウィーン市によって提供された土地に建てられた。

その当時、民族間の緊迫した関係こそハプスブルク帝国の最大の懸案であった。1867 年、軍事・財政・外交以外はハンガリーに独自の政治を認めるオーストリア・ハンガリー二重君主国が成立。するとチェコの民族解放運動が勢いづき、それに対抗するドイツ民族運動も激しさを増した。そして 1897 年、帝国議会はチェコ人とドイツ人による議事妨害のため麻痺するに至った。首都ウィーンには反ユダヤ主義の波が高まっていた。多民族国家はこうした民族問題によって大きく揺さぶられ、その一方で、1889 年オーストリア社会民主党が結成された。このような政治状況下に創設されたウィーン分離派の主張は、新しい時代にふさわしい独自の芸術を創造すること、外国の新しい芸術動向に目を向けること、おもにこの2つであったが、当時の教育文化相ヴィルヘルム・フォン・ハルテルをはじめとする政治家たちの目には、民族や階級の違いを超えたテーマを追求する好ましい芸術家集団と映ったようである。[4]

クリムトは若い頃から新時代にふさわしい絵を模索していたわけではない。工芸学校を卒業後、友人のフランツ・マッチュ、弟のエルンストと3人で〈芸術家協会〉を設立し、フュウメ市立劇場やブカレスト国立劇場などの天井画や装飾画を次々と受注したが、描いていたのは当時流行の歴史主義的写実画であった。その頃の3人の筆遣いに大きな違いはなかったとさえいわれる。[5] ところが分離派創設の頃からクリムトの絵は大きく変わる。

図1

2. 裸の真実

1898年クリムトは、ウィーン分離派の機関紙『聖なる春』創刊号に「ヌーダ・ヴェリタス（裸の真実）」というタイトルの絵を載せた（図1）。「真実」のアレゴリー像である裸の女が、鏡を手にもち、真正面から見る人に向き合っている。絵の上部に「真実は火であり、真実を語るのは輝き燃えることである」と記されている。この女は、このわたしを見ている汝自身を見よ、と見る人に鏡を差し出している。あきらかにクリムトは装飾的な歴史主義的写実画と決別し、「真実」を問いはじめた。しかもその「真実」は、見られる像にというより、むしろそれを見る人の側に、その人の内部にあると考えられていた。

アメリカの文化史家カール・E・ショースキーは、クリムトが同時代人の精神分析学者フロイトと同じように「本能的生の探究」[6] に向かったという。その探究は絵を見る人に「真実」を喚起すべきものであったから、その「真実」に目を向けようとしない人に対して、きわめて挑発的なものとなった。

文化教育省からウィーン大学講堂の天井画を委嘱されたクリムトは、1900年の第7回分離派展において、その天井画のうちの1枚「哲学」を、さらに翌年の第10回分離派展では「医学」を展示した。「哲学」では、うつむいた顔を両手でおおって深い苦悩を表している老人と女、抱きあう男女、うしろ姿の男女、そして子どもが、裸のままに重なり合い、1つの柱となって立ち昇っていくさまが、絵の左側に描かれている。「医学」では、同じように柱となって立ち昇っていく人の数が増え、骸骨、さらには裸の妊婦すらも加わり、この人びとの柱から離れて、下腹部をすっかり曝した女が宙に浮かんでいる。いずれの絵においても裸の人びとはうしろ姿であるか、もしくは目を閉じ、表情の見てとれる女たちは失神しているか、陶然と官能に酔いしれている。

これらの絵は一大スキャンダルとなり、ジャーナリズム上で激しい論争を惹き起こした。ウィーン大学の87人の教授たちは『新自由新聞』に「哲学」への抗議文を載せ、「この絵にふさわしい場所は大学にはない。われわれはヌード芸術に反対するのではなく、自由な芸術に反対するのでもない。そうではなく、醜悪な芸術に対して戦うのである」と、倫理学者ヨードル教授は述べた。[7] それに対して美術史家のフランツ・ヴェックホーフ教授はクリムトを擁護する論陣を張った。だが「医学」が展示されると、この絵を国費で購入するにいたった経緯について帝国議会で文化教育相に質問が出るほど、クリムトへの世間の反感が高まった。「いくらかなりと礼儀作法を心得ている人なら誰しも、燃えあがる憤りを覚えるであろう。ここに描かれたポルノグラフィーに向かって何というべきか、言葉も見つからない。(…) 異教徒らの放埒な酒宴の行なわれている地下酒場にならこんな絵も似つかわしいかもしれない。しかし、良家の婦人や若い娘たちが芸術家に招待される展覧会場には相応しくない。」[8] これは「ベートーヴェンフリーズ」の怪物テュフォンとその3人の娘のゴルゴーンたち、それに好色と淫乱と不摂生のアレゴリー像に向けられた批判であるが、おなじような非難がクリムトの絵にたいし矢継ぎ早に浴びせかけられたのである。

クリムトがそのような絵を描く思想的バックボーンとなったのは『意志と表象の世界』の哲学者であった。リヒャルト・ヴァーグナーは『ベートーヴェン』のなかで、ショーペンハウアーの思想をつぎのように要約しているが、クリムトはこの本を通してショーペンハウアーから影響を受けたらしい。[9)]

> (ショーペンハウアーが言うには、) われらの外部にある事物の内的本質(を理解するには、)われら自身の直接的意識を抜かなければ(ならない)。この直接的意識を通してのみ、われらは、われらの外部にある事物の内的本質を理解することができる。すなわち、われらの意識のなかにわれら自身の根本的本質として現われるのと同じものを、われらは事物のなかに再認識する。このことに係わるあらゆる錯覚は、われらの外部の世界をただ〈見る〉ことに原因している。光の見せかけ (Schein) のなかでは、世界はわれら自身とはまったく異なるものと知覚される。イデーを [精神を通して] 見ることによって、この宏遠な仲介によって——時間と空間によって分離された個々の事物ではなく、事物の性格じたいを認識することによって——われらは錯覚をぬけ出た段階に到達する。事物の性格がもっとも明らかにわれらに語りかけてくるのは、造形芸術作品においてである。光を透してわれらの眼前にくり広げられる世界の、錯覚をさそう見せかけを、それとこのうえなく慎重に戯れることで、その見せかけによって覆い隠されたイデーを知らしめるために用いることこそ、造形芸術作品の本領である。[10)]

わかりづらい文章であるが、わたしたちの目に見える現実の世界は、時間と空間によって区分けされた見せかけの、錯覚の世界にすぎない、と考えられていることをまず確認しよう。そして、本当の世界であるイデーの世界では、わたしたちの外部と内部とはじつは繋がっているのだから、その世界にふれるにはわたしたち自身の「直接的意識」を活発にする必要があるという。「直接的意識」とはいわゆる観照的意識のことである。そして造形芸術作品、すなわち絵画は、現実という見せかけの錯覚の世界をまさに見せかけの世界として遊戯的に提示することによって、その遊戯の背後に隠れているものを見るように促す芸術であると考えられている。これまで日本人になじみのフランスの写実主義や印象派の絵画とはまったく異なる思考のもとに、絵画が捉えられているのである。絵は、わたしたちの目のまえの個々の存在を現実として写し出すものではない。本質的なものは目に見えない。目に見えないその人生のイデーを遊戯的に示すことこそ、絵画の使命というのである。「ヌーダ・ヴェリタス」以来、クリムトはそのような普遍的なイデーを「真実」として表そうと試みたようである。

3．普遍的なもの

クリムトは、自分がイデーの世界に魅せられたしるしを、おそらく意図的に残している。『聖なる春』第3号に載せられた「魚の血」（図2）には、水のなかの女たちと魚とが溶け合うように描かれているが、ここで注目したいのは、女たちのからだの線と髪の流れるような動きを昂じさせている、水の流れのような線である。それらの線によって、裸の女たちと魚の思いがけない出会いの不自然さが弱められ、逆に、女たちと魚と泡のあいだにつながりが生まれている。おそらくそれらの線が「魚の血」を象徴しているのであろうが、そればかりでない。面白いことに、おなじような線が「哲学」にもぼんやりと認められるし、「医学」にも（人びとの裸の柱の中央部と、下腹部を曝して宙にうかぶ女の足もとに）認められる。つまり、それらの線は「見せかけによって覆い隠されたイデーを知らしめる」ための合図のようなも

図2

の、見る人を日常的現実とは異なるイデーの世界へさそう戯れのしるしではないだろうか。

ベートーヴェンフリーズのなかの「この接吻を全世界の人々へ」(図3) は、その構図があの有名な絵「接吻」に先行しているという意味でも興味深いが、そこでも抱き合う男女の足もとに絹糸のような細い線がぐるぐると巻きついている。ショースキーがこの線について注目すべき解釈を施している。

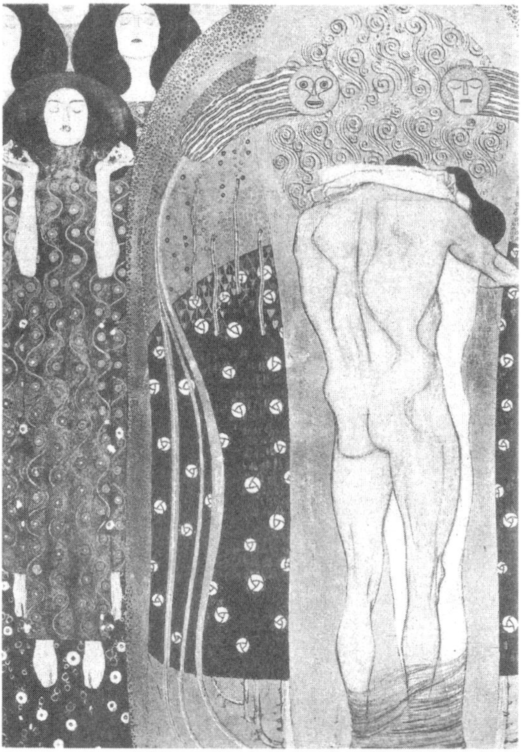

図3

> シラーとベートーヴェンは、この接吻を政治的なもの、人間の友愛の接吻であると思った―〈抱き合うがよい、幾百万の人々よ〉、これはシラーにとって普遍的な要請であった。ベートーヴェンは、これらの詩句を友愛の熱情のあらゆる力と品位をこめ、アンダンテ・マエストーソ (ゆっくりと荘重に) 、ただ男声によって歌わせている。ところが、クリムトにとってそれは英雄的な感情ではなく、ひたすらエロティックな感情であった。しかもさらに注目すべきことには、接吻と抱擁が子宮のなかで行われている。ナルシスト的全能の空想力をはっきりと特徴づける天高き飛翔が、子宮のなかでのエロティックな成就に終わっているのである。そして、この天国においてすら、わたしたちがクリムトにおいてすでに熟知しているあの危ういやり方で、女の髪が恋人のくるぶしに巻きついている。理想郷《アルカディア》に

あっても、性《セックス》が巻き添えを意味しているのである。[11]

クリムトが社会における政治的闘争（ウィーン大学講堂の天井画をめぐる闘いと、造型芸術アカデミーの教授就任の問題）に敗北したため、「子宮の中でのエロティックな成就」という淫靡な世界に閉じこもることになったとショースキーは解釈する。しかしクリムトは、なんといっても筆力をもった画家である。男女の足首にからみついた細い線を「罰であると同時に成就である性的なものの両義性」[12] をあらわす「女の髪」と見るだけでは、彼の筆力を過小評価することになりはしないであろうか。そもそも「ベートーヴェンフリーズ」の他の女たちの髪は異なるふうに描かれているし、たとえこの絹糸のような線が「女の髪」であるとしても、ここに描かれた男女のものではない。その細い線には薄っすらとした夢のような感じすら添えられている。それらは「魚の血」の線と同じように、描かれている画面がそこだけで完結しないで、イデーの世界へ誘う戯れであることを告げるしるしと思われるのである。

とはいえ、この表面の戯れが、啞然とするほど平明なイメージや記号で表されていることは否定できない。男女を包む黄金のカプセルは、ショースキーのいうように子宮とペニスの形であり、性の合一の図案化である。また、性器に似たかたちが装飾模様として多用されている。だがクリムトが、性の合一を単純に賛美していたわけでないのは、たとえば「愛」という題の絵で、愛しあう若い男女のうつくしい姿の上方に、幼年から老年にいたる女の顔が亡霊のように浮かんでいること、あるいは「女の生の三段階」という絵に、幼年、成年、老年を象徴する３人の女が描かれていることからも察せられる。人はいずれ年をとって死にいたる。個体としての生は見せかけにすぎない。生きんとする自然の意志が個体のなかに性欲として現れ、個体の生を超えて生きつづける。[13] そのようなショーペンハウアーの思想をクリムトは絵の表面に遊戯的に描き出したのである。

現在修復をおえて分離派館の地下に展示されているベートーヴェンフリーズに描かれた物語も、おなじく平易である。「苦しむ弱い人間たちが

(…) 共感と功名心のあふれる強者に、幸福への戦いを依頼する。(…) 神々ですらなかなか勝てない怪物テュフォン、その娘である3人のゴルゴーン、病気、狂気、死、そして好色、淫乱、不摂生、さらに身をさいなむ苦悩。人びとのあこがれと願いは、それらを越えて翔んでいく。それにつづく長い壁面の絵は、詩（ポエジー）によって幸福へのあこがれが満たされることを表している。諸芸術こそが、わたしたちを純粋な喜びと純粋な幸福、それに純粋な愛を見つけることのできる理想の国へと導く。楽園の天使たちのコーラス。《喜びよ、美しき神々の火花よ》。《この接吻を、全世界の人々へ》」。[14] この物語をクリムトはアレゴリーとして図案化したのである。彼は幸福をもとめる心とそれに敵対する力との戦いという物語を、ヴァーグナーの著作「ベートーヴェンの第九交響楽」から得た。[15] 人類に普遍的な、幸福を求める物語をとおして、その絵を見る人のなかにベートーヴェンの第九のイデーが立ち現われることが期待されたのであろう。

クリムトはこの絵のために「エジプト、ギリシア、日本、ビザンチン、それに中世の美術から、ビアズリーやムンクといった同時代人にいたる」[16] 絵画の遺産を活用している。たとえば、武装した強者のうしろに立つ女性の衣服の文様には、日本の「三つ鱗の文様」が用いられている。[17] 花々の上に並んでたつ楽園の天使たちの姿は、ラヴェンナのサンタポッリナーレ・ヌオーヴォ聖堂の、22人の行列する聖女たちのモザイク画を、あるいはホードラーの絵の構図をヒントにしたのであろう。普遍的なイデーのための絵であればこそ、世界中のさまざまな時代の文様や構図を引用するのに、躊躇するいわれはなかった。[18]

しかし、そのような絵であるがゆえに、クリムトによって描かれた人間には個性が欠けている。あとでふれる「ユディットI」のような宿命の女の絵についても、ブルジョワ婦人たちの肖像画についても同じことがいえる。絢爛たる「アデーレ・ブロッホ＝バウアーの肖像」を例にとれば、顔や手の表情にいくらか個性じみたものが残っているが、一般的な図案や象徴的な文様によってそれらは囲繞され、彼女の人間的個性はその文様の豊穣さのなかにほとんど消え入っている。

4．関係のディメンション

クリムトより 28 歳若いシーレは、分離派の次の世代に属する。彼はクリムトから多くを学んだが、クリムトとは異なる事がらを敏感に感じとっていた。彼が 20 歳のときに描いた水彩画「立っている裸の少女」（図 4）に、その特徴はすでに現れている。少女のからだは弱々しく揺れ、危うく折れてしまいそうな線によって輪郭づけられているが、それは、少女とそのからだを見るシーレとのあいだで一回的に成立した線である。ふたりの間に一枚の心理のガラス板があると考えればよい。そのガラス板に、向こうに立っている少女と、こちら側のシーレの心が映るため、少女はこんな姿をとるのであろう。こんどは少女の首から上と下とを見比べてみよう。首から上と下とが別人のようにアンバランスで、裸の描かれている布を少女が首の下に垂らしているように見えないだろうか。見ることはけっして客観的に行われたりしないので、見られるものの像にはいつも見る人の心理が映る。そのようなモデルと画家との関係がここに表されている。

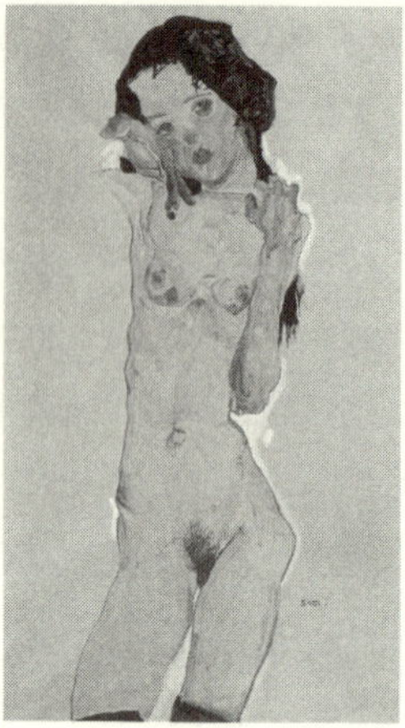

図４

この「立っている裸の少女」の絵と同年の「鏡の前でモデルを描くシーレ」（図 5）では、モデルと画家の関係の内部があらわにされる。そのタイトルからして、モデルとモデルを前にした画家の関係性が表されていることを明示しているが、はじめに、腰に手をあてた女のうしろ姿と、鏡にうつる女の

図５

姿の大きさを比べてみよう。シーレの像を手で隠し、2 つの裸像だけを見つめると、容易に比べられる。明らかなのは、実際の空間にあっては両者がもっと離れて相対しているにちがいないことである。しかも——これこそさらに重要と思われるのであるが——鏡は、この画面と平行ではなく、画面から 30 度ほど右に回転して立っている。ところがここに描かれた画家の姿を見ると、鏡が画面とほぼ平行に立っているかのように見える。つまり、1 枚の絵のなかに、2 つの異なる空間（もしくは鏡面）が圧縮されているのである。

これはキュビズムの試みではない。むしろ一点透視画法の偽装である。というのも、女のうしろ姿の頭部から上膊部へと向かう斜線、鏡に映る女の姿の頭部から上膊部に向かう斜線、それに鏡に映るシーレの頭部から肩に向かう斜線が、微妙にズレながらもリズミカルに後退し、もう 1 つのエロティックな線である、女のうしろ姿の臀部から鏡に映る女の陰部へ、さらにシーレの顎から眼のあたりへと向かう線と交差し、一点透視画法に似た構図をつくり出しているからである。しかし、すでに述べたように、それは 2 つの空間（もしくは鏡面）の技巧的な重ね合わせという虚構によってつくり出された、偽りの遠近法なのである。

この偽りの透視画法の焦点に位置する画家の目も、この画法をあざとく裏切っている。というのも、透視画法において焦点はほんらいその絵を描いている人の目の位置を示すのだから、描かれた画家はこの絵を見ている人のほうへ視線を向けてもよいはずである。ところが、画家は、この絵を見る人から視線を逸らすかのように、隅の方へ視線を向けている。

裸のモデルも自分自身にじっと見惚れているようである。ここには、鏡を前にしたモデルの世界、鏡を前にした画家の世界、それにこの絵を見る人の世界が表され、しかもこの絵を見る人は、じつは欺かれながら、モデルの世界と画家の世界をたんに外側から見ていることになる。すなわち、画家をつつむ空間、モデルをつつむ空間、そしてそれらを見る人の空間、その三つの空間がすっかり孤立しているさまが、ここに表されているのである。

5．宿命の女《ファム・ファタール》から、街のひとりの女へ

シーレが敏感に感じとっていたのは、自分と他者とがいわば別の世界のなかに生きているのではないかという不安であった。その感覚を、写実的な線から離れていく心理的な線によって、シーレは表現した。言い換えれば、まさに〈他者〉との出会いをシーレは描きはじめたのである。

クリムトもまた女という〈他者〉を描いたということができる。とりわけ「ユディットⅠ」や「サロメ」のような絵には、当時の文学や演劇で好んで主題とされた宿命の女（男を惑わし破滅へと導く、男にとっての〈他者〉）が表されていると考えられる。しかし、その宿命の女は、普遍的な女の像であり、ウィーンの街角で日常的に出会う、具体的な一人ひとりの〈他者〉ではない。それゆえクリムトの描いた宿命の女には神話や物語に登場する女の名がふさわしいが、シーレの描いた女には、巷の表札に見られるような固有名詞こそがふさわしいのである。

シーレは「光によって私たちの目の前にくりひろげられる世界」を、ショーペンハウアーやクリムトのように「錯覚をさそう見せかけ」と捉えることはできなかった。見られたものは間違いなく彼を傷つけ、あるいは彼を魅了した。その個別的現実への執着は、彼の自意識の強さと表裏をなしていた。23歳の終わりに、シーレはこんな文章を書いている。

> 《現代の》芸術は存在しない。存在するのは、ただ芸術である。それは持続する。つねに同じものに留まる。すなわち、芸術である。それゆえ《新芸術》は存在しない。しかし、新芸術家は存在する。（…中略…）新芸術家は少ない。ほとんどいない。選ばれた人たちである。新芸術家は、絶対にその人でなければならない。創造者でなければならない。仲介されることなく、過去や伝統を利用することなく、たったひとりで、創る根拠をじぶんのなかに持たなくてはならない。そのときにだけ新芸術家となる。
>
> わたしたちのうちの個々人に、新芸術家であること、自己であることがもとめられている。注視されたいと思う人は、ひとりぼっちで存在できるという意識を持たなくてはならない。そして自分の未来を、少なくとも精神において信じることができなくてはならない。
>
> あらゆる真正な芸術家は、実際、いつもひとりで自分のために創る。

自分が創りたいものを創る。かれらは創り、あらゆるものの肖像《ポートレート》を描く。同時代の人々は、かれらの体験をなぞって感じとる。[19]

彼の自画像とおなじように強烈な自意識をふり撒く文章である。たしかにシーレは、自画像をほとんど描かなかったクリムトとは異なり、「創る根拠をじぶんのなかに持つ」芸術家であることを自分自身にたえず確認しなくてはならないかのように、次々と自画像を描いた。それらの像はたいてい裸で、大きな手をし、陰部をことさらに剥き出しにし、ときに衰弱し、ときにエネルギッシュで、挑発的で、醜い。おなじように芸術家であることを神聖な使命と見なしたアルブレヒト・デューラーの「神にも比すべき創造者である芸術家としての自画像」[20] と比較すると、まさに隔世の感がある。シーレは、驕り、弱さ、悲しみ、強がりといった感情によってゆがむ自己の姿を、おそらくは、ただそこにこそ真実があり、それを自分は見ているという自負心をもって描いたのであろう。「自己観察者」や「二重の自画像」といった、二重写しの自己像すらも描いた。

それは安定した自我の喪失とも関わっていたであろうが、それだけでなく、シーレのまわりの世界が虚飾にみちた世界のように思われたことと表裏をなしていたにちがいない。19 世紀後半の都市大改造によってウィーン中心部をとりかこむ環状道路沿いに、擬古典主義の豪華な建物がたち並ぶさまは、勃興したブルジョワ市民の自由主義の勝利をあらわしていた。しかし炯眼の人たちの目に、その威容は「ポチョムキンの都市」[21] の粉飾であり、「実質の貧しさを外面の豊かさによって隠蔽した、歴史上稀有の時代」[22] のあらわれと映った。シーレの絵の飾りのなさは、建築

図6

家アドルフ・ロースの仕事とおなじく、装飾に淫したバロック的都市に対する嫌悪感の表明であり、反抗に他ならなかった。こちらにこそ本当の姿はある、とシーレは主張していたのであろう。

そのようなシーレの迫真性の高まりを「死と乙女」(図 6) に見ることができる。僧服を着た男（シーレ）が女（ヴァリー）の頭をやさしく抱きかかえようとしている。男の目は大きく見開かれ、うつろで悲しそうである。一方、男にしがみつく女の感情は、男の背中で結び合わせようとする手の指に表れている。男を自分につなぎとめたいが、つなぎとめることができず空をつかむむなしさ。クリムトの「接吻」と比べると、この絵の特徴はさらに明白になる。「接吻」では、抱きあう男女は愛にみたされて美しく恍惚としているのに、シーレの絵では、寄る辺なさ、孤独、生きる悲しみが、シーツの上の男女からあふれ出ている。女の足のかたちを見れば、この絵が「接吻」の構図の変奏であると推察される。しかし、男は、「接吻」の男のように真直ぐに立つことができず、身をくねらせ、その一方で女も「接吻」の女のように官能に沈潜することができず、すがるように手を伸ばし、しかも男をつかまえることができない。「接吻」では、たくさんの花の咲く草原に男女は立っているが、この絵では、少しばかりの草しか生えていない荒野でふたりは抱き合っている。「接吻」で男女をつつむ黄金の蒴が、ここでは、皺くしゃのシーツに変わり、ふたりが何によっても守られていないことがあらわにされる。「接吻」に描かれているのが普遍的な男女の姿であるとすれば、「死と乙女」に描かれているのは、シーレとヴァリーという個別的で具体的な存在である。[23)]

クリムトの「接吻」とシーレの「死と乙女」のあいだの八年間に、ハプスブルク帝国に暮らす人びとはこれほどに孤独になり、自分自身と向き合わざるをえなくなったのであろうか。シーレは、その短い人生において、この孤独をどのように展開できるか、あるいはこの孤独からどのように解放されうるかという課題ととり組んでいた。28 歳のシーレが死の年に描いた「家族」では、裸のシーレがしゃがみこみ、その前に裸の女が、その女の足のあいだに子どもがしゃがんでいる。夫が妻を、妻が子を守っているかにみえる入れ子状のこの構図においても、3 人は別々の方向へまなざしを向けている。

6．関係をもとめて

シーレの「死と乙女」がクリムトの「接吻」の構図のバリエーションであるというのはわたしの見解にすぎないが、「枢機卿と尼僧」が「接吻」の構図を模倣していることは、とうに指摘されている。[24] 絵のモチーフや構図について、シーレは無頓着といえるほど無造作に他の画家に依りかかっている。「水の精Ⅰ」はクリムトの「水蛇」の、「ノイレングバハの自室」はゴッホの「アルルの寝室」の、「うずくまる姿勢の自画像」や「盲目の母」はロダンの「うずくまる女」の変奏といった具合である。

しかし、これは独創性の欠如ではなく、一つの方法なのであろう。このようにモチーフや構図や形をダブらせる方法を、シーレは一枚の絵のなかでもやってのけ、たとえば「隠者たち」では、僧服姿の自分とクリムトとを重ね合わせ、しかも爛々と目を耀かせる自分が目を閉じたクリムトを圧倒するように描く。似たかたちが並んで立つという構図は、「秋の木々」や「四本の樹木」といった風景画にも認められるし、「二重の自画像」や「自己観察者」といった二重写しの自画像も、その傾向の変種と考えられる。

シーレは、恐るべき孤独につつまれ、そこから描きはじめるしかなかったにちがいない。クリムトのように普遍的なイデーの世界を信じ、そのあらわれを予感しつつ遊戯的に絵を描くことはできなかった。しかし、シーレはいつも 1 人ではなく、誰かとの関係のもとにいた。誰もいないときは、自分自身との関係のもとにいた。そしてシーレは、相手であるモデルやオブジェ、さらには自分自身を、描いている自分との関係において捉えた。そのモデルと自分とは「鏡の前でモデルを描くシーレ」の場合のように、たがいに孤立し、決して理解し合うことはないように見えたが、それでもお互いがお互いを必要としていた。そのような関係が、かつて会ったこともない画家の魅力的な絵とのあいだにも当て嵌まった。いかなるイデーも物語も信じられないままに、恐るべき孤独のもとに立つためには、なんらかの関係を必要とする。そのようにつねに関係をもとめていたから、シーレは子どもみたいに相手に依存するようにみえたが、相手と溶け合うことはできず、彼の感覚は相手から逸れた。そのズレていき、偏倚する感覚は「立っている裸の少女」のからだの線に現われているし、「二重の自画像」や「四本の樹木」といった絵には、その偏倚する感覚じたいが造形化されたと考えられる。そのように他者との関係がたえずもとめられ、彼独特のかたちで見出されたのである。

7．クリムトとシーレのあいだ

55 歳のクリムトと 28 歳のシーレが数ヶ月のときを隔ててスペイン風邪で亡くなったのは、奇しくも多民族国家であったハプスブルク帝国の終焉の年であった。この 2 人のあいだにある距たりは、ハプスブルク帝国が解体してポーランド、チェコスロヴァキア、ハンガリー、オーストリアなどの民族国家が生まれることになる時代の変化と無縁ではなかったようにみえる。それはばらばらに分解していく世界を、いまいちど〈ハプスブルク帝国の理念〉のような普遍的なイデーへの信頼によって、あるいは普遍的な思考の形式によって束ねようとする意欲の時代から、それぞれの特徴をもつ個々の存在に立ち戻るほかないという分立の状態にいたる変化であった。クリムトにおける普遍の希求は、外部を内部の物語によって構成し直す試みとなったが、シーレにおける個別的な自己存在への執着には、外部の現実がばらばらに分解していくなかで、その個別的存在相互の関係にさいごの支えを見出そうとする意図が認められる。むろん、その個別的な存在ですらさらに解体されるかもしれないという不安が、人びとの心に忍び寄っていた。ホフマンスタールがこんなふうに語った不安である。「かつて小指の皮膚の一片を拡大鏡でのぞくと、畝間や洞穴のある平原のように見えましたが、いまや人びとや人びとの営みがそのように見えてきたのです。もはやそれらを習慣の単純化するまなざしで捉えることはできませんでした。すべては部分に解体し、その部分もさらに部分へと解体し、ひとつの概念で包みとることのできるものはもはや何ひとつありませんでした。」[25] 物事を単純に判断する「習慣のまなざし」が、社会の大きな変動のなかで無効になりかかっていた。エルンスト・マッハの哲学が自我をも解体してしまったように、合理的な分析的思考は「わたし」という存在を、その「わたし」を構成する要素へ、そしてその要素をさらにその構成要素へと分解していく。しかしそれでも、個別的な存在としての「わたし」と、その「わたし」にとっての〈他者〉との関係は残るであろう。そのような関係、すなわち無数の〈他者〉との関係を土台にして、世界をもう一度そのうえにつくり上げてゆくことはできないであろうか。そのような試みが、多民族国家であったハプスブルク帝国が音をたてて崩壊していく背後で、〈共生〉の夢をはらみつつ、しずかに確実に始まっていた。その胎動をシーレの絵に、痩せ細ったかたちでではあるが、認めることができないであろうか。

【注】

1) 当時の旅行案内書ベーデカーによれば、ドイツ人、マジャール人、ルーマニア人、チェコ人、スロバキア人、ポーランド人、ルテニア人、スロヴェニア人、クロアチア人、セルビア人、ブルガリア人、イタリア人、ラディン人がこの国に定住していた。これにユダヤ人を加えると、少なくとも 14 の民族からなる多民族国家であった。*Österreich-Ungarn nebst Cetinje, Belgrad, Bukarest.* Handbuch für Reisende von Karl Bädeker. Leibzig 1913. S.XXIIIff.

2) 平田達治『ウィーンのカフェ』(大修館書店　1996 年) 63, 245 頁

3) W.M.ジョンストン (井上修一、岩切正介、林部圭一訳)『ウィーン精神 1』(みすず書房 1986 年) 77 頁

4) Vgl.Michel Pollak: *Wien 1900. Eine verletzte Identität.* Universitätsverlag Konstanz GmbH, Konstanz 1997. S.191.

5) C.M.ネーベハイ (野村太郎訳)『クリムト』(美術出版社　1990 年) 48 頁

6) Carl E. Schorske: *Wien Geist und Gesellschaft im Fin de Siècle.* Deutsch von Horst Günther. S. Fischer Verlag, Frankfurt am Main 1982. S.205. カール・E・ショースキー (安井琢磨訳)『世紀末ウィーン』(岩波書店　1983 年) 276 頁

7) C.M.ネーベハイ『クリムト』134-5 頁

8) *Secession Gustav Klimt Beethovenfries.* Herausgeber: Secession. Redaktion: Susanne Koppensteiner. Secession, Wien 2002. S.19.

9) Carl E. Schorske : a.a.O. S.216f. 同訳書 286 頁

10) Richard Wagner: *Beethoven.* In: Richard Wagner Dichtungen und Schriften. Jubiläumsausgabe in zehn Bänden. Herausgegeben von Dieter Borchmeyer, Bd.9. Insel Verlag. Frankfurt a.M. 1983. S.48.

11) Carl E. Schorske: a.a.O. S.248.

12) Ebd. S.250.

13) Arthur Schopenhauer : *Die Welt als Wille und Vorstellung.* In : Arthur Schopenhauer Sämtliche Werke. Textkritisch bearbeitet und herausgegeben von Wolfgang Frhr. von Löhneysen. Bd.1 Cotta-Insel, Stuttgart/Frankfurt a.M. 1976. S.449f. ショーペンハウアー (西尾幹二訳)『意志と表象の世界』(中央公論社 (世界の名著) 1995 年) 585 頁

14) Secession Gustav Klimt Beethovenfries. a.a.O. S.49f.

15) Ebd. S.32f.

16) Ebd. S.33.

17) 馬渕明子『ジャポニスム　幻想の日本』(ブリュッケ　2004 年) 208 頁

18) ベートーヴェンフリーズについてではないが、クリムトは尾形光琳の技法も採り入れていたのではないかと、オーストリアの美術史家が指摘している。ヨハネス・ヴィーニンガー「グスタフ・クリムト及び一九〇〇年前後のウィーンにおける RIMPA-ART の意義」。「琳派 RIMPA 一国際シンポジウム報告書」2006 年　79-94 頁

19) Egon Schiele: *Die Kunst – Der Neukünstler*. In: Die Aktion. Zeitschrift für freiheitliche Politik und Literatur. Am 16. 05.1914.

20) 三浦篤『自画像の美術史』(東京大学出版会　2003 年) 12 頁

21) アドルフ・ロース (伊藤哲夫訳)『装飾と犯罪』(中央公論美術出版 2005 年) 42-48 頁 Adolf Loos: *Die Potemkinsche Stadt*. In: Adolf Loos – Die Schriften 1897-1900 herausgegeben von Adolf Opel. Edition Va Bene, Wien-Klosterneuburg 2004. S.220-223. 「ポチョムキン都市」とは、ロシアのエカテリーナ女帝の寵愛を受けていたポチョムキンが、女帝の行幸に際し、遠くから豊かな農村を見せかけるために巨大な板壁のキャンバスに絵を描かせたという故事にもとづく。

22) H・ブロッホ (菊盛英夫訳)『ホフマンスタールとその時代』(筑摩書房 1971 年) 5 頁 Hermann Broch: *Hofmannsthal und seine Zeit*. In: Hermann Broch Kommentierte Werkausgabe. Herausgegeben von Paul Michael Lützeler, Bd.9/1, Suhrkamp Verlag, Frankfurt am Main 1975.S.111.

23) シーレは 1911 年から 4 年間、彼の絵のモデルを務めたヴァリー・ノイツィルと同棲したが、別の女性と結婚することになった 1915 年、この絵を描いた。その後ヴァリーは赤十字に入り看護士として活躍し、1917 年ダルマチアの陸軍病院で没。

24) フランク・ウィットフォード (八重樫春樹訳)『エゴン・シーレ』(講談社 1990 年) 139-140 頁

25) Hugo von Hofmannsthal: *Ein Brief*. In: Gesammelte Werke in zehn Einzelbänden. Erzählungen Erfundene Gespräche und Briefe Reisen. Fischer Taschenbuch Verlag, Frankfurt am Main 1979. S.466.

※ この研究は、科学研究費基盤研究(C)、平成 18～20 年度、「部屋」のトポス一ローベルト・ムージルと崩壊期のハプスブルク帝国の文化、の助成を受けた研究成果である。

フランスと欧州統合
――「多様化における統一」プロセスの中で

久邇　良子

戦後ヨーロッパを舞台に展開されてきた欧州統合の動きは、過去50年間のうちに、当初の6ヵ国から27ヵ国もの国々にまで広がり、市場統合、通貨統合に代表される経済統合を経て、政治・社会統合へと深化し続けている。この間、加盟国は、主権をＥＵという超国家機関に一部移譲しながら、政治的決定を積み重ねてきた。本稿では、欧州統合の発展・深化において常に主導的役割を担ってきたフランスの対欧州政策を検証し、今後を展望する。

１．はじめに

2007年、欧州統合の歴史は、1957年の欧州石炭鉄鋼共同体（ＥＣＳＣ）発足から数えてちょうど50年となった。同共同体発足当初の加盟国は、フランス、西ドイツ、イタリア、ベネルクス3国の6ヵ国であった。それから半世紀のうちに、欧州の超国家機関は6回にわたって拡大し[1]、現時点での欧州連合（ＥＵ）加盟国数は27となった。この間、国家の枠を超え、核となる国がほかの国を支援する経済協力を基礎に政治協力を深めていくことによって、各国の国益を超越する共通の利益を追求することが可能になっていった。

しかし、欧州統合が進化すればするほど、その一方で加盟各国は、ＥＵ全体の利益のために、ＥＵが決定する政策への適応を迫られ、国内の政策の調整を余儀なくされていった。加盟国数の増加に伴い、ＥＵの意思決定がますます困難になるものの、不可逆的な政治的現実を前に、加盟国は、「多様化における統一」を目標に掲げ、国家主権をＥＵという超国家機関に一部移譲しながら、妥協と調整の結果としての政治的決定を積み重ね、経済統合から社会統合、政治統合へと前進を続けてきた。欧州統合は、共有できる共通の価値観に基づき、ルールや制度を構築することによって、国家間の闘争を平和的共同体へと導くというリベラリズムの世界観を、欧州を舞台に実現する壮大な試みに他ならない。

本稿では、過去50年間にわたる欧州建設において主要な役割を果たしてきたフランスに焦点を当て、その対欧州政策の展開について考察する。フランスは、欧州統合の歩みが自国に与える影響を最小のものにするために、欧州の様々な制度の構築、政策決定の主導権を握ろうと試みてきた。その時々の国内政治、国際政治の状況に合わせ、ＥＵを巧みに利用してきたからこそ、フランスの政治的思惑が、時には欧州統合を推進させ、またある時には統合のスピードを弱める結果を招いた。以下では、まずフランスにとっての欧州統合の意義、欧州統合のあり方についての主要論点を整理した上で、欧州統合プロセスとフランスの関係を検証し、今後を展望する。

２．欧州統合の意義

第二次世界大戦終戦時、ほとんどすべてのフランスの政治家たちが、国家間の相互依存、互恵的協力関係に基づく、平和で自由な、民主主義のヨーロッパを構築することが、欧州統合の理想と考えていた。共通の利害と共有されるアイデンティティを持つことにより、ともすれば競合しあうナショナリズムの破壊力の勃興を防ぐことが可能であると考えられたのである。大戦後の世界秩序を再構築する上で、フランスにとって欧州統合は、何よりも第一にドイツをフランスの統制下に置き、その上で、自国の国際的地位の回復、および大戦後の米ソ２大国に対して影響力を行使するための、必要不可欠の道具として機能することが期待された。

終戦直後は、ドイツの再軍備を回避し、ドイツを封じ込めるために、欧州統合の枠組みは有効であった。後に冷戦下では、フランスの政治家達の目標は、西ドイツを西側の同盟国の統制下に置き、旧ソ連の脅威から西ヨーロッパを防衛することに役立たせることであった。次第にドイツの経済的な成長が顕著になってくると、欧州の機関を通して、西ドイツをフランスにつなぎとめ、フランスがドイツの経済的成功の後塵を浴びることができるようにした。この状況は、「ドイツの機関車に牽引されるフランスの車両」、「ドイツ産業を自国の農業の近代化に使うフランス」[2] のような表現で揶揄されたものの、フランスにとって、欧州統合のプロセスは、ドイツに対するフランスの国益実現のために一貫して利用されてきた。

1959年ドゴールが第五共和制初代大統領に就任してから後、彼の外交政策方針を反映し、フランスにとって欧州統合は、フランスの威信の回復および大戦後台頭したアメリカの経済的・軍事的覇権への対抗手段の意味合いをも帯びることになった。ドゴールは、欧州統合の目的について次のように述べている。「欧州統合により、私たちは、アメリカ人やロシア人の独占を避けることが出来よう。我々6カ国は、超大国のどちらも成し遂げることが出来ないことを達成すべきである。欧州は、ウォータールーの戦いからフランスが失ってきた地位をフランスが取り戻すための手段である。」[3]

過去50年間にわたる欧州統合の歴史において、歴代のフランス政府は、その枠組みや制度の構築、政策決定において、主要な役割を果たしてきた。それは、フランスがそのイニシアティブをとることにより、欧州統合を自国の国益に沿った形で進めるためにほかならなかった。

3. 欧州統合のあり方

フランスの対欧州政策を考える際、フランスには、欧州連邦構築を目指す「欧州連邦主義」と呼ばれる考え方と、国家主権を尊重する「主権主義」と呼ばれる考え方が伝統的に存在することを考慮に入れなければならない。どちらの考え方も、フランスにとっての欧州統合の重要性を認識している点では共通しているが、その具現化の制度的枠組みについては意見を異にしていた。

欧州統合の父とよばれるジャン・モネやキリスト教民主主義者たちの多くは、欧州諸国を連邦国家のように統合し、単一の経済、軍隊、通貨、外交政策を持たせれば、破壊的な民族主義や全体主義の台頭を防ぎ、国家間の戦争や格差・貧困の問題を軽減でき、結果として平和、繁栄、自由を促進できると主張した。多くの欧州連邦主義者達は、連邦的な超国家機関が機能するためには、その機関に加盟する諸国間で、自由な民主主義の慣行、市場主義経済、同じレベルの生活水準が共有されていることを前提とした。

一方、ドゴールや彼の支持者たちは、大戦によって疲弊したヨーロッパの経済を立て直し、安定した平和と繁栄を取り戻すために、主権をもった国民国家間の協力関係の枠組みの構築が必要であると主張した。彼らは、主権国家の連合体から成る欧州建設を目標としており、主権の移譲はフランスの国益の増進に寄与すると判断される分野にとどめ、欧州連合共通の利益は政府間で協議するとした。ドゴールは欧州連邦主義者たちの小さなヨーロッパを否定し、大西洋からウラル山脈までの大陸すべての国家間の協力を想定していた。

フランスの対欧州外交政策は、欧州統合のあり方に関するこれら二つの考え方を軸に展開してきた。以下に、欧州建設へのフランスの関わりについて、第二次世界大戦直後から現在まで、時代を追ってその様相を検証する。

4．欧州建設とフランス

1）第二次世界大戦直後

第二次世界大戦後のフランスにおいて、対欧州政策として、当初次の３つのアプローチが試みられた。

第一のアプローチは、特定の機能的分野において行われた政府間協力である。経済領域においては、ラマディエ政府が欧州復興計画（マーシャルプラン）を受け入れ、緩やかな政府間協力機関である欧州経済協力機構（ＯＥＥＣ）[4)]への加盟を決めた。

防衛分野についても同じアプローチがとられた。フランスは、ドイツの脅威の再興に備える目的で、1947年に、イギリスと相互援助条約（ダンケルク条約）、そして翌1948年には、ダンケルク条約をベネルクス３国にも拡大適用するブリュッセル条約[5)]を結んだ。そして、1949年のワシントン条約により、北大西洋条約機構（ＮＡＴＯ）が設置された。

第二のアプローチが、分野別の統合を超国家機関の下進めていくものである。このアプローチこそ、当時のフランスの外相シューマンの提案により、欧州統合の制度的枠組みの基礎であるＥＣＳＣの創設を規定する 1951 年のパリ条約につながった。ＥＣＳＣは、限定された経済分野を扱うものであった。さらにＥＣＳＣの中枢は、政治家たちではなく、高い専門的知識をもったテクノクラートによって構成されることになった。彼らの任務は、政策を立案し、加盟国にその政策の正当性を認めさせ、その履行を促すことであった。

第三のアプローチは、ヨーロッパ合衆国の建設を目指すものであった。1950年10月に当時の首相であったプレヴァンは、シューマンプランをモデルとして、欧州防衛共同体（ＥＤＣ）を設置し、欧州の軍隊・武器をこの権威の下に置くことを提案した。ＥＤＣ条約は、1952年5月にパリで締結されたものの、1954年8月、フランス下院での採決の結果、ドゴール派と共産主義者および反欧州統合を唱える中道左派の議員たちの反対票により、当のフランスが批准に失敗した。この結果、政治的共同体を欧州の中に作るという勢いは失われた。ＥＤＣ構想が立ち消えになったためにフランスが直面したドイツの再軍備問題は、1954年10月にＥＣＳＣの加盟6ヵ国とイギリスとの間で、西欧同盟（ＷＥＵ）を設置することにより解決されることになった。

ＥＤＣ構想で失態を演じてしまったフランスは、その後ドゴールがフランスの政界に復帰するまでの間は、対欧州政策において受け身の立場を続けることになる。1955年6月に、フランスの代表はベネルクスの国々のイニシアティブで、欧州統合をさらに深める討議に参加した。統合に適した分野が検討され、原子力エネルギーに対するフランスの強い関心から、1956年4月の協議の場では、経済共同体に加えて、原子力共同体の二つの機関を設立することが提案された。この提案が1957年3月のローマ条約となって実を結び、加盟国での批准作業が順調に進んだ結果、1958年1月、欧州経済共同体（ＥＥＣ）、欧州原子力共同体（ＥＵＲＡＴＯＭ）が発足し、ＥＣＳＣを含めたこれら3つの共同体は、1965年4月に欧州共同体（ＥＣ）に統合された。

このように、欧州統合の制度的枠組みの基盤作りにおけるフランスの貢献は大きかった。それは、終戦直後のフランスの対欧州政策の主要目的が、隣国ドイツの再軍備阻止、ドイツ封じ込めであった点が関係しているといえよう。しかし、ローマ条約発効から数ヶ月後に発生したアルジェリア危機によって第四共和制が終焉し、ドゴールが第五共和制初代大統領に就任したことにより、その後の欧州統合の歩みは、ドゴールの対欧州政策によって大きな影響を受けることになった。

2) ドゴール大統領の時代

ドゴールの外交政策の第一義的目的は、凋落したフランスの偉大さの回復であった。そのためには、フランスが国際的な指導力を発揮できる場としての「欧州」、アメリカに対して自律した「欧州」、超国家主義的ではない主権をもった国家から成る「欧州」の建設が必要との意識から、ドゴールの対欧州政策は展開した。

ドゴールが生み出した第五共和制憲法には、国内法に条約が優越することを認めていた（第55条）が、ドゴールはＥＥＣの超国家主義的傾向を弱めようと、1962年に欧州委員会の役割を縮小するかわりに、外交・防衛政策を政策分野に加えるよう、ローマ条約の修正を提案した。これらの提案について検討するため、フーシェが率いる委員会が 6 ヵ国により設立された。この交渉の中で、フランスは他の 5 ヵ国を説得するには至らなかった。ドイツを除く他の加盟国は、ドゴールの考えを反映したフーシェプランが、欧州を米国から遠ざけ、外交・防衛分野におけるフランスの主導的、独占的地位の確立を招くとして、敬遠した。

ＥＥＣの超国家主義に対するドゴールの嫌悪感は、1965年にもＥＥＣの政治過程に危機をもたらす形で露呈した。その当時ＥＥＣ委員会の委員長を務めていたハルシュタインが、共通農業政策実施にあたり、委員会の財政的・行政的権限を高める提案を行ったことに対して、ドゴールはＥＥＣの超国家性を制度化する試みとして反発した。ドゴールは、フランスの国益が関わる争点については、ＥＥＣの政策決定過程において拒否権を行使できることが他の加盟国により公式に認められない限り、欧州裁判所をのぞくすべての共同体の機関からフランス代表を引き上げさせ、共同体組織の運営をボイコットする行動に出た。結果として、ＥＥＣの政策決定はフランスの代表欠席という事態を受けて、半年あまりの間停滞を余儀なくされた。

フランスの招いたこの危機は、1966年1月、他の5ヵ国の政府が、条約に対する正式な修正は一切行わないが、ドゴールの拒否権に関する要求については事実上認めるとした「ルクセンブルグの妥協」によって、一応の解決をみた。この決定はあくまでも非公式のものであったが、結果としてドゴールの思惑通り、ＥＥＣの政策決定において、死活的国益に関する事項には全会一致の原則が適用されることになり、超国家主義に対して政府間主義が優先されることになった。

さらにドゴールは、1962年および1965年の二度にわたって、イギリスのＥＥＣへの加盟申請を却下し、欧州統合の第一次拡大の時期を遅らせた。ドゴールは、イギリスの農業分野が効率性に欠ける一方で、突出した金融システムを持っていることから、既存の加盟国とのバランスがとれず、経済的にＥＥＣの加盟にはそぐわないとした。[6] さらには、保守党、労働党に限らず、欧州よりもアメリカとの関係をより重要とする姿勢を非難し、「アメリカのトロイの馬」を仲間に迎え入れることは出来ないという理由から、イギリスの加盟を認めなかったのである。

このようにフランスのイニシアティブの下発足したＥＣは、ドゴールの時代に他でもないフランスにより、欧州統合の歩みのスピードを大幅に減速させられることになった。しかし、1969年4月に、国民投票の結果を受けてドゴールが辞任してから後のＥＣは、いくつかの局面を経ながらも、2000年代初頭まで、経済通貨統合、政治統合の道を着実に前進していくことになる。

3）欧州連合成立まで

ドゴール辞任後大統領となったポンピドゥは、欧州政策において「継続」と「変化」の双方を約束する[7]が、フランスの対欧州政策は明らかに新大統領の下で変化していくように見えた。ポンピドゥはイギリスの加盟に反対せず、その結果、大統領に就任してから数ヶ月後の1969年の12月のハーグサミットで、早速、イギリス、デンマーク、アイルランドへの第一次拡大が実現した。ポンピドゥは、この3ヵ国のＥＣへの加盟を認める条約を1972年に国民投票にかけることにより、対欧州政策を正当化させた。この結果賛成票が圧倒的であったことにより、ポンピドゥの対欧州政策はドゴール派を黙らせただけではなく、中道派や独立共和主義者たちからの支持を集めることにも成功した。ドゴールは、憲法およびアルジェリアの独立について国民投票を使い、その結果大統領を辞任することになったが、自分の対欧州政策を評価させる機会を有権者に与えることはなかった。

1974年5月に病死したポンピドゥに代わり大統領となったジスカールデスタンは、欧州統合支持を標榜してやまない大統領であった。彼は、1976年にその著書の中で、「フランスにとって大切なのは、経済・通貨同盟を完成させ、欧州の国家連合を機能させることである」と述べている。[8] 大統領としての任期中、ジスカールデスタンは、特に次の４つの分野において、欧州統合の進展のため尽力した。

第一にＥＣのさらなる拡大を実現すること、第二には政府の首脳会議を欧州理事会として制度化することにより、ＥＣと加盟国政府間の意思決定を円滑に行うこと、第三に通貨統合への道筋をつけることであった。1971年の為替相場の危機の後、ジスカールデスタンは、通貨同盟の必要性を謳った1969年のハーグサミットの計画を復活させることを考え、欧州通貨制度（ＥＭＳ）の創設（1979年3月発足）を強く推進した。そして第四に、欧州議会への直接選挙制の導入[9]であった。

ジスカールデスタン大統領の時代、1963年1月の仏独友好・協力条約（エリゼ条約）以降醸成してきたフランスとドイツとの関係が蜜月期に入ったことも、欧州統合の将来を決める上で、大きく影響した。この仏独関係が、欧州統合を牽引する力となり、政治・社会統合、通貨統合への道を切り開くこととなった。ジスカールデスタン大統領とシュミット西ドイツ首相は、週単位で政治的意見を電話で取り交わし、定期的に会談をもった。[10] この仏独関係が、結果的に欧州通貨制度を1979年に成立させ、1990年代始めまで、国際的な為替相場が激動した時代に、欧州の通貨の安定をもたらすことになった。

1981 年にジスカールデスタンに代わって大統領になったミッテランは、1950年代から欧州統合推進派として知られた社会党の政治家であった。ミッテランの欧州統合に対する考え方は、東と西の分断が永久的なものだという仮定に基づき、共同体を連邦的機関へと発展させていくべきだ[11]という、典型的な欧州連邦主義派のそれであった。しかし、ミッテランの政権下において、国際環境は劇的な変化を遂げることになる。冷戦の崩壊、ドイツの再統一に直面し、欧州でのフランスの地位を保つために、新しい欧州の枠組みの中で、新生ドイツを出来るだけ欧州共同体に結びつけようとミッテランは腐心する。その様子は、ドイツ統一を実現させた当時のコール首相の外交関係アドバイザーであったテルチックが、当時「ドイツ政府は、欧州に関するフランスのイニシアティブをすべて承認しなければならない状況に置かれていた」[12] と回想するほどであった。

確かに、ミッテランは、国際環境の変化という要素をのぞいても、欧州建設を積極的に推進出来る環境に恵まれていた。それは、ミッテランが 14 年間という長期にわたって大統領の座にあったこと、保革共存の時期（1986 年から 88 年、1993 年から 95 年）を除いて議会の多数派の支持を得ていたこと、そして統合支持者であるジャック・ドロールが欧州委員会の委員長に就いたこと、さらにはドイツのコール首相との親密な関係を維持していたことと無関係ではないであろう。

ミッテラン大統領の任期中に、ＥＣは 6 ヵ国（ギリシャ、ポルトガル、スペイン、オーストリア、フィンランド、スウェーデン）を新規加盟国として受け入れ 15 ヵ国体制となった。さらには、1986 年に締結された単一欧州議定書が 1987 年に発効したことにより、1993 年 1 月に単一市場が完成した他、1966 年以来凍結されていた特定多数決制が理事会に導入され、同時に、1969 年よりＥＣの枠外で発展してきた加盟国間の政治協力がＥＣの制度内に取り入れられることになった。1993 年 11 月に発効したマーストリヒト条約により、ＥＣはＥＵへと発展し、経済通貨同盟の具体化に向けたプロセスが始動し、1999 年 1 月 1 日の単一通貨ユーロが誕生する。さらにこの条約には、単一欧州議定書以降制度化された欧州政治協力が、共通外交・安全保障政策に改められ、司法・内務分野においても協力体制をとることが規定されていた。

4）1990年代

ソビエトの崩壊、ドイツの再統一を受け、フランスは新生ドイツと共生して欧州統合をさらに進展させることによって、フランスの欧州における地位を維持し、ドイツとの新たな均衡関係を欧州連合の枠組みの中に求めることを選んだ。しかし、15ヵ国と大所帯になった欧州共同体を、フランス政府の思惑通り機能させることはすでに難しくなってきていた。加えて、フランス国内においても、景気の低迷、失業率の増加の問題と相まって、欧州統合の深化に対するフランス国民の疑念がますます大きくなっていった。

フランスの政治エリートたちと国民との間の欧州統合に対する意識の差は、1992年9月に実施されたマーストリヒト条約の是非を問う国民投票の結果となって表れた。この国民投票では、支持が不支持を僅差で上回り、ドゴールの時代に続いて、フランスが再び欧州統合の停滞を招く危機はかろうじて回避されたが、フランスでは、1990年代を通して、国民レベルの欧州統合支持の勢いが弱くなっていった。

1995年の大統領選では欧州統合問題は争点にはならなかった。ミッテランの後継者となったシラクの欧州に対する考え方は前任者たちと変化はなかった。シラク自身、2004年7月14日のテレビ演説の中で、「フランスの歴代大統領は欧州統合を支持しており、今後もフランスがこの欧州に背を向けることは出来ないであろう」[13)]と述べている。シラクは、欧州レベルでの意思決定システムにおける多数決制の拡大を支持し、欧州議会にさらに大きな権限を与え、加盟国それぞれが委員会のメンバーを任命できないようにするなどの委員会の改革を希望していた。[14)]シラクの大統領任期は1995年から2007年までの12年間に及んだが、二期目の後半、欧州統合は再び新たな難局を迎える。その難局を作り出したのも、またフランスであった。

5）2000年代

2002年1月1日にユーロが、イギリス、デンマーク、スウェーデンを除くＥＵ域内で流通を開始し、さらには、2004年5月に中東欧諸国10ヵ国が新たにＥＵ加盟を果たし、同年10月には、欧州憲法制定条約が締結されるに至った。2007年1月には、ブルガリアとルーマニアも新たなメンバーとして加わった結果、ＥＵは総人口4億9285万人、ＧＤＰ10兆9170億ユーロ（1人当たりのＧＤＰは2万3400ユーロ）を有する27ヵ国体制になった。ＥＵは、冷戦による東西分断を最終的に克服し、ソ連が崩壊した国際舞台においてその政治的発言力も強め、名実ともに、米国と肩を並べる国際社会の一つの極となったといえよう。今後も、2005 年 10 月に加盟交渉を開始したクロアチア、トルコ、そして同年12月に加盟候補国に決定したマケドニアが、いずれそのメンバーに加わることが予定されている。ＥＵは、ドゴールが当初想定した「大西洋からウラル山脈までの国々による欧州」を現実のものとするまでにその地理的範囲を拡大し、さらには、制度的にも欧州大統領（ＥＵ常任議長）、共通外相のポスト新設が盛り込まれた条約を調印するところまで発展したのである。しかし、皮肉なことにも、このＥＵの発展そのものが、これまで欧州統合プロセスの中心に位置してきたフランスの影響力を低下させ、欧州統合を再び遅滞させる事態を招くことになった。

旧共産圏に属していた新規加盟国は、安全保障面では米国との関係を、一方経済面ではドイツとの関係を重視する傾向にある。このような状況に、2003 年 3 月のイラク戦争の開戦をめぐるアメリカに対するフランスの対抗的態度や、2005 年 5 月の国民投票による欧州憲法制定条約の批准否決が追い打ちをかけることになった。国連を中心とした多国間外交の継続を訴えたフランスは、ドイツ、イタリアなど欧州の一部の国々からの支持は受けたものの、結果としてアメリカのイラク侵攻を止められることは出来ず、フランスの国際社会における威信が傷つけられただけではなく、ＥＵ内を親米・反米に二分してしまった。さらに、シラク大統領が「欧州統合の盟主の威信」をかけて、国民の審判をあおいだ欧州憲法制定条約は、自由競争経済や移民政策への不安から、賛成 45%、反対 55%の大差で否決され、批准に失敗した。この結果は、ＥＵの拡大および欧州統合の深化が、加盟国内の政治を益々欧州化していく一方で、ＥＵ内の経済不均衡を解消するための旧加盟国の財政負担を増大させ、治安の悪化、失業率の上昇を招くことに対するフランス国民の不満の表れであった。フランスに続き、オランダでも国民投票による批准に失敗した結果、欧州憲法制定条約は死文化し、欧州統合の歩みは再び足踏みを余儀なくされた。

その後同条約は検討の結果、2007 年 12 月 13 日に欧州理事会において調印された「改革条約」、通称「リスボン条約」によって再生がはかられることになった。今後全加盟国による批准作業を経て、その発効は欧州憲法制定条約調印当時予定されていた2007年度中から大幅に遅れ、2009年1月1日になることが予定されている。

5．今後の展望

2007年5月6日、フランスでは大統領選決選投票が行われ、保守党・民衆運動連合（ＵＭＰ）総裁のサルコジが選出された。選挙結果が判明した直後に、サルコジが支持者を前にした演説では、欧州統合、対米関係改善、環境をサルコジ外交の重要課題に据えた。[15] その中でも欧州統合について、サルコジは、欧州統合がグローバリゼーション下の人々を擁護する形で進むべきであり、欧州の製品、企業、市場を守りながら、自律した欧州建設を目指す必要があるとした。具体的には、共通農業政策の重視、トルコの加盟反対、そして現在のＥＵを効率的に機能させていくために必要な機構面での改革の必要性を挙げ、ＥＵ憲法は簡素化し議会で批准の是非を採決するとしている。[16]

サルコジ新大統領の下、フランスの対欧州政策はいかなる展開を遂げるのか。進捗スピードは環境によって変化するものの、欧州建設が今後も続行していくことは紛れもない現実であり、フランスにとって重要なのは、そのプロセスの主導権を再び握ることが出来るか、という点である。ＥＣＳＣが創設されてから50年を経た今も、フランスが、自国の国際的威信を維持し、覇権国アメリカと対等にわたりあっていく外交政策の目標をかなえるためには、欧州の枠組みを利用する以外にその手段はない。

しかし、起死回生をはかるフランスをとりまく環境は厳しい。国内には、欧州統合のさらなる深化に懐疑的な国民を抱えたまま、欧州レベルでは、26ヵ国もの他の加盟国と、政治的妥協・調整を繰り返しながら、政治・社会統合に向けて「多様化における統一」をはかっていかなければならない。欧州統合がフランスの国益にかなうという点を国民に説得しながら、同時に、今後の欧州統合のさらなる深化にフランス自身がいかに主体的に関わっていくのか。今後もフランスの対欧州政策は、フランスの国際政治における立場、さらには欧州統合の歩みにも大きな影響を与えるであろう。第五共和制の歴代大統領の中でも、サルコジに要求される政治的リーダーシップは今までになく大きい。

【注】

1) 第一次拡大（1973 年）：イギリス、デンマーク、アイルランド、第二次拡大（1981年）：ギリシャ、第三次拡大（1986 年）ポーランド、スペイン、第四次拡大（1995 年）：オーストリア、フィンランド、スウェーデン、第五次拡大(2004 年)：チェコ、キプロス、エストニア、ハンガリー、ラトヴィア、リトアニア、マルタ、ポーランド、スロヴァキア、スロヴェニア、第六次拡大（2007 年）：ブルガリア、ルーマニア。
2) John Gillingham, *Coal, Steel and the Rebirth of Europe 1945-1955*, Cambridge University Press, 1991, pp.297-298.
3) Richard Balme and Cornelia Woll, "France:Between Integration and National Sovereignty", Simon Bulmer and Christian Lequesne ed., *The Member States of the European Union*, Oxford University Press, 2005, p.98.
4) 米国のマーシャルプラン受け入れのために、1948 年に西欧の 16 ヵ国により設立され、1961 年、経済開発協力機構（ＯＥＣＤ）に改組される。
5) この条約は、1955 年に修正され、その結果西欧同盟（ＷＥＵ）が発足した。
6) Institut Charles de Gaulle, *De Gaulle en son siècle*, Tome V L' Europe, La Documentation française, 1992, p.197.
7) Odile Rudelle, "La culture politique de Georges Pompidou", sous la direction de Jean-Paul Cointet, Bernard Lachaise, Gilles Le Béguec et Jean-Marie Mayeur, *Un politique:Georges Pompidou*, PUF, 2001, p.155.
8) Valéry Giscard d'Estaing, *Democratie française*, FAYARD, 1976, p.163.
9) 1975 年に欧州議会に直接選挙制度が導入され、1979 年に初の選挙が実施された。
10) Balme and Woll, *op.cit.*, p.101.
11) Élisabeth du Réau, "L'engagement européen", sous la direction de Serge Berstein, Pierre Milza, Jean-Louis Bianco, *François Mitterrand Les années du changement 1981-1984*, Perrin, 2001, p.284.
12) François Mitterrand, *De l'Allemagne, de la France*, Editions Odile Jacob, 1996, p.88.
13) Helen Drake, "Towards a new French strategy for Europe?", Helen Drake ed., *French Relations with the European Union*, Routledge, 2005, p.168.
14) Alain Guyomarch, Howard Machin and Ella Ritchie, *France in the European Union*, Macmillan Press, 1998, p.30.
15) http://www.le-monde.fr (07.05.07)
16) http://www.sarkozy.fr/lafrance/

欧州連合（The European Union）

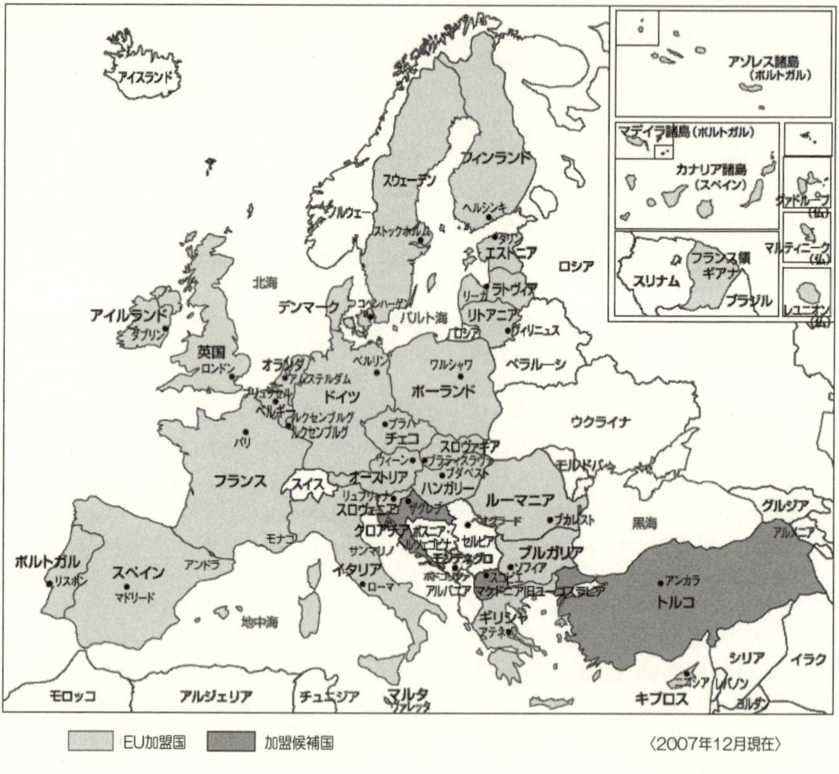

欧州委員会代表部「ＥＵ資料利用ガイド」より

（2007年１月にブルガリアとルーマニアが加盟したため、一部編集の上転載）

コラム

フランスでの外国語教育

荻野　文隆

現在、フランスが置かれる歴史的文化的な状況は、１９５０年代からその統合を深化・拡大させてきたヨーロッパ統合に象徴される流れによってみちびかれたものであるといっても過言ではありません。今日、EU ヨーロッパ連合と呼ばれ、２７カ国の参加国を有するこの地域統合のプロジェクトは、第二次世界大戦終結直後に、第三の世界大戦をヨーロッパの内側の対立によって引き起こすことがあっては断じてならないという歴史的、文明的な認識のもとで始まった計画でした。その核となるべきものがフランスとドイツの和解だったのです。経済共同体として始まったこの動きは次第に参加国と関連事項を拡大させ、現在ではストラスブールにヨーロッパ議会、ヨーロッパ人権裁判所が置かれ統合ヨーロッパの枠を前提とした政治と司法への取り組みがなされています。また参加国の住民はヨーロッパ域内を自由に移動することができ、国境を通過する際もパスポートは必要ありませんし、域内ならばどこでも就労の権利を有しています。さらにユーロというヨーロッパ統一通貨が立ち上げられたことによって、経済面での一体性も極めて高くなっています。つまりヨーロッパ連合域内では、人と物の行き来が自由に行なわれ、人々の交流を前提とした国家を超えた制度の構築がある段階に達したといえます。

フランスにおける学校教育もこのような文脈のなかに位置づけられていることは言うまでもありません。当然、公教育における外国語教育もこのような文脈によって導き出されています。そこでは域内の人々との交流をよりスムーズに進めるためにどのような外国語教育が必要となるかが問われる中で語学教育への認識が形成されています。その状況は、おそらく次の二つの特徴に要約できると思います。先ずは最低二つの外国語の学習を義務付けていること、そして選択できる言語が多様であることです。地域によって選択される言語の比率は違いますが、通常は英語以外にドイツ語、スペイン語、イタリア語、ロシア語などが選択肢として提供されています。

その概要ですが、中学卒業時までに二つの外国語を必修科目として学習する体制がとられています。そして高校に入ると、文系の科目を選択する生徒たちには、第３外国語の履修の可能性が提供されています。しかし第３外国語は選択科目であり必修科目ではありません。ともかく大学に入学するときには、全学生が少なくとも二つの外国語についての知識をもっていることになります。さらに文系の学生のなかには三つの外国語の知識をもっているものもいるのです。

ところでフランスでは小学校が５年間、中学校が４年間そして高校が３年間となっています。そして３０人を上限として一般のクラス規模が設定されていますが、殊に小学校ではこの規模が守られています。そのような構成のなかで、一般的には小学校４年時から週一時間の英語の授業が始まります。これは語学の授業というよりも、ともかく外国語になれるためのものという意味合いのものです。またそのための教員への予算措置は地方自治体の予算から支出されます。これに対して中学からの語学教育は公教育の枠のなかに位置づけられており、国家予算により賄われています。

さて本格的な語学学習は中学入学時（これは小学校が 5 年間のため、日本の小学校 6 年時に当たる。）に第 1 外国語を選択するかたちで開始され、週３時間の学習が行なわれます。現在では多くの生徒が英語を第１外国語として選択しますが、他にもドイツ語やスペイン語があり、地域によってはイタリア語、ロシア語なども選択肢に入っている学校もあります。歴史的に見ると、進学を殊に優先して希望する生徒たちがドイツ語を第１外国語に選択するケースが多く見られました。この現象は現在稀薄になりつつありますが、それでも地域や学校によってはこの傾向はいまだに残っています。その際よく言われていたことは、英語はそれほど難しくはないし、いずれ学ぶことになるのだから複雑で難しいドイツ語の方が挑戦する価値がある、ということです。真偽のほどはともかくも、このような考え方がドイツ語の選択の背景にあったといわれているのは事実です。もちろんこれはフランス語と英語の言語的な近さが客観的な事実として存在する文脈でのことであることは忘れてはならないでしょう。

第２外国語の履修は中学の３年（日本の中学２年）から始まり、その選択肢はやはりドイツ語、英語、スペイン語、イタリア語などとなっています。この第２外国語の履修は中学では３年時、４年時と２年間継続され、その後、高校へとつながっていきます。履修時間は第１外国語と同じく週３時間となっています。

言語の学習については、これら現在も話されている言語の他に、古典語であるラテン語、ギリシャ語が希望者は少ないながらも、履修の可能性が確保されています。

さて高校に入ると中学で選択した二言語はそのまま継続して学習し続けることになります。またこれに加え第３外国語を履修することができる可能性が確保されています。主に時間割の関係から文系の生徒のなかに第３外国語を学習するケースがそれです。時間数はやはり週３時間です。現在の時点では、日本語や中国語が選択肢に入ってくるのはこの第３外国語の範疇です。とはいえ、どの高校でも日本語や中国語、またはロシア語が学べるというわけにはいかず、パリなど大都市のごく限られた学校でのことです。

以上のようなフランスの外国語教育の態勢は、ヨーロッパ統合の深化・拡大のなかでの模索によって作り出されてきたものです。そこには歴史、文化、政治、経済のさまざまな要素からなる統合の動きの一環として語学教育が重要視され、多様で安定した関係を近隣の社会と築いていくための基礎教育という位置づけがなされているのです。

履修者のべ数の言語別比率

（ナンシー・メッス教育行政区の公立高校：ロレーヌ地方）2005 年度

http://intranet.ac-nancy-metz.fr/rectorat/documentations/etatslieuxenslangues.pdf

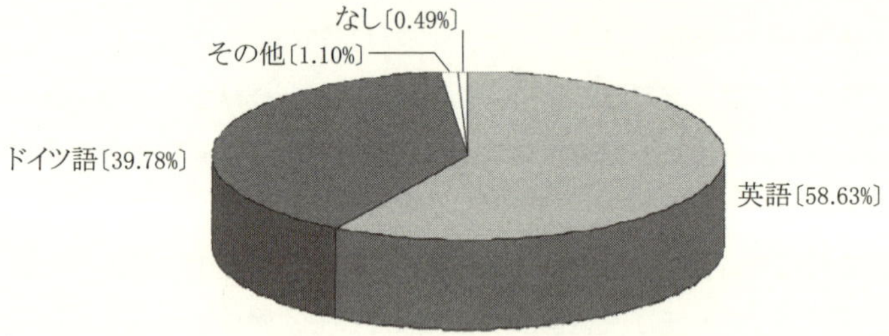

ナンシー・メッス教育行政区全体

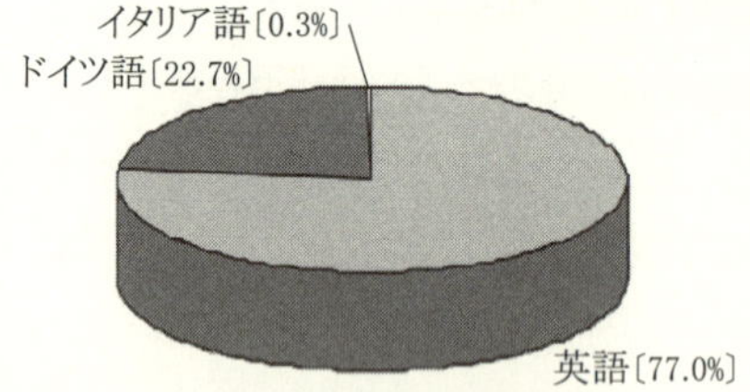

ムルト・モーゼル県

大学都市ナンシーがある地域

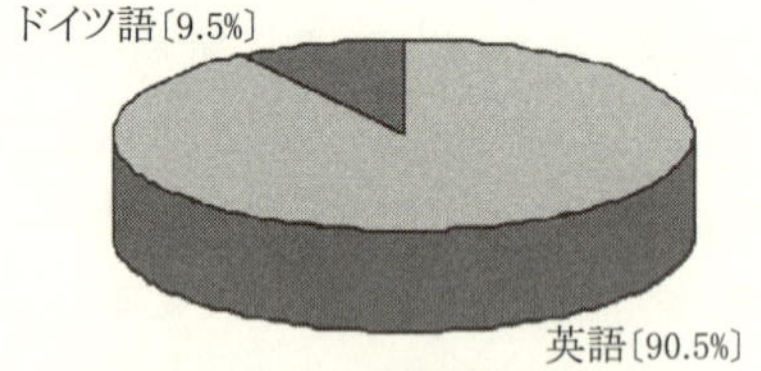

ムーズ県

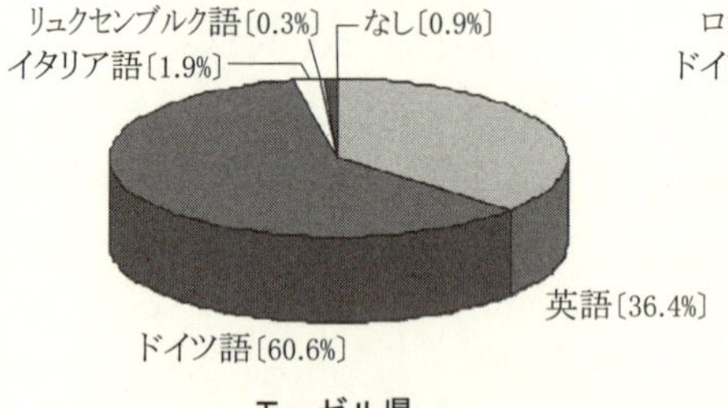

モーゼル県

ドイツ、リュクセンブルクと接し、大学都市メッスを擁す。普仏戦争から1918年までドイツに併合されていた地域

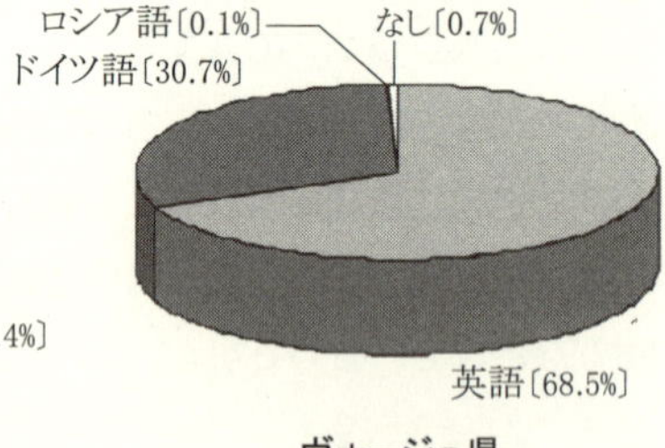

ヴォージュ県

アルザス地方を挟み
ドイツ国境に近い地域

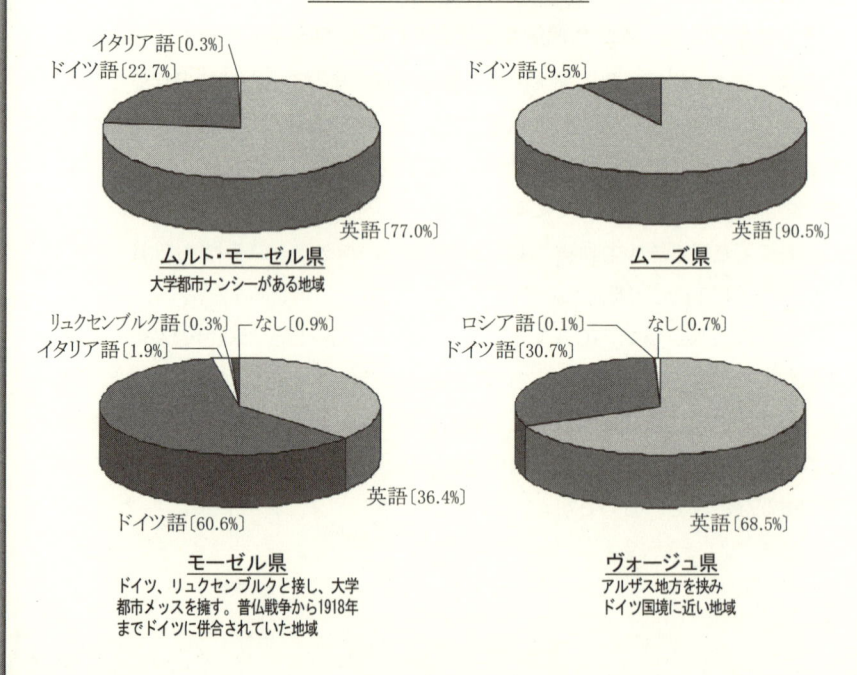

コラム

ドイツの学校

赤司英一郎

♣ドイツの学校制度

ドイツでは１６の州がそれぞれ独自に文部行政を行なっているため、州によって学校制度がいささか異なっています。もちろん大筋では共通していて、日本の小学校にあたる４年制のグルントシューレ（基礎学校）を卒業すると、ギムナジウム、レアルシューレ（実科学校）、ハウプトシューレ（基幹学校）のいずれかへ進みます。

ギムナジウムは、大学へ進学する子どものための８年制（９年制の州もありますが、現在８年制に統一されつつあります）の学校です。レアルシュー

レは、そこを卒業したのちに上級の専門学校や専門大学へ進み、おもに事務職につく子どものための学校です。ハウプトシューレは、そこを卒業したのち職業学校へ進み、職人や工員として働くことになる子どもたちのための学校です。他に、この３種類の学校を統合した総合学校（ゲザムトシューレ）、障害等をかかえた子どものための特殊学校（ゾンダーシューレ）があります。

４年間のグルントシューレを終えてどの学校に進学するかで、その子どもの人生コースが決まってしまうかに見えるのが、ドイツの学校制度の問題点です。もちろんレアルシューレを出たからといって、その後大学へ進学する道がすっかり閉ざされているわけではありませんが、グルントシューレに通う子どもをもつ親は、子どもをなんとかギムナジウムへ進学させようと苦労しているみたいです。グルントシューレの成績が良くないとギムナジウムに進学できないからです。ドイツのグルントシューレと日本の小学校の大きな違いは、４年制であること、授業が午前中で終わること、そして成績の悪い子は容赦なく「落第」させられることです。

ところで、ドイツで耳にした話では、親が大学を卒業していればその子どもはギムナジウムへ行き、事務職の子どもはレアルシューレへ行くというふ

うに「階級社会」が形成されていて、ギムナジウムの卒業生とレアルシューレの卒業生とが話をすることは、まずないそうです。また最近では、ドイツ語がうまく話せない移民の子どもたちがハウプトシューレへ進み、あらたな教育問題をつくり出しています。ちなみに、「いじめ」はドイツの学校にもあるそうです。

♣ドイツの学校における外国語教育

ドイツの子どもは、基礎学校で英語（フランスとの国境ではフランス語）を学習し、ギムナジウムでは、さらに別の外国語を 1 つ以上学びます。つまり〈古典語ギムナジウム〉では英語とラテン語、それにギリシア語かフランス語を学習し、〈近代語ギムナジウム〉では、英語とフランス語、それにもう 1 つの外国語を学習します。第 3 外国語として学ぶことができるのは、ロシア語、スペイン語、イタリア語で、ベルリンやトリアのギムナジウムでは、日本語も学習できます。そのような教育がなされているため、大学入学時点でどの学生もすでに 2 つ以上の外国語を学習していることになります。とはいえ最近、英語だけを徹底して勉強できるギムナジウムも出来はじめているそうです。その場合には 2 ヶ国語分の量の英語の授業を受けなくてはなりません。また、レアルシューレとハウプトシューレでは、外国語はふつう一つ学習し、たいていの学校でそれは英語です（ただし〈言語レアルシューレ〉のばあいは、外国語を２つ学習します）。ちなみに最近、幼稚園にも英語教育が導入されはじめているそうです。

♣ドイツ人の子どもが日本の学校でまなぶと想定すると…

ドイツの学校で午後にも授業があるのは、ギムナジウムの上級３学年（日本の高校に相当）だけです。それゆえ、生徒がいっしょに食事をしたり、あるいは掃除をしたりする習慣はありません。また、生徒がこぼしたり汚したりしたものを自分で拭いたり片付けたりはしません。それらを片付けるのは掃除おばさんの仕事であると教えられているからです。また、日曜日は休息日なので、日曜日に何かをやらせたり、宿題を出したりするのはよくない、と多くの親は考えます。それから、校則は少ししかありません。自主性と積極性（とりわけ自分の考えを口頭でいかにうまく表現できるか）が尊重されるからです。ギムナジウムの教育では抽象的なものに高い価値が置かれ、実学志向のある日本とはその教育の傾向を異にするようです。制服はありません。あるとき、ドイツにおいて服装はそれを着ている人の政治信条を表している、と書かれた記事を読んで、目からうろこが落ちる思いをしました。

というふうに、ドイツの学校は日本の学校と異なっていますが、子どもをもつ親に、あなたの子どもを日本の学校で学ばせるとしたら、まず何を学校の先生に求めますかと尋ねたところ、「特別扱いしないこと、そのほうが、日本の子どものなかに早くとけ込めるとおもう」とのことでした。

子どものしぐさで日本の子どもと違うのは、質問がある場合に、人差し指をまっすぐに上に挙げるように教えられていることです。ただ、まっすぐに指を立てるのは子どもっぽいと思われていて、そのため子どもたちはヴァリエーションをつけて意志表示します。良くないとされているのですが、先生の注意を惹くために、指を鳴らして質問があることを伝える子どももいます。

「新しい女」という他者
――『プラスティック・エイジ』と『種』をめぐって

諏訪部浩一

近代化が浸透した 20 世紀初頭のアメリカでは、「新しい女」と呼ばれるモダンな女性達が華々しく登場し、第 1 次大戦後の社会を彩った。だが「新しい女」の流行は、同時にいわゆる伝統的な女性像としての「母」を女性の本質的なイメージとして社会に定着させることにもなった。以下の議論では、こうしたプロセスを同時代に出版された 2 冊の小説を通して確認することで、男性中心社会における女性の「他者化」の問題を考察する。

1. はじめに

19 世紀末、アメリカは世界一の工業国になる。そして経済的繁栄を背景に近代化が浸透した 20 世紀の初頭において、「新しい女」と呼ばれる女性達が「他者」として華々しく登場し、第 1 次大戦後の社会を彩ることになった――こう教科書的にまとめると、当時の社会的状況がそれなりにわかったような気になるのだが、しかしもちろん、その時代を生きていた人々にとっては、事態はこう俯瞰的に概括されるほど単純ではなかったはずだ。個々の生とは、時代や社会との摩擦や葛藤において（のみ）営まれるものだからである。

本稿においては、そうした華々しい社会現象が、同時代に生きる人々にとってどのような「意味」を持っていたのかを考えてみたい。つまり、「新しい女」をめぐる表象の政治学を考察してみたいのである。いったい「新しい女」の「新しさ」とはどのようなものとして表象され、それはどのように受け取られたのか――「新しい」というからには、何かと比べて新しいということであるだろうが、こうした比較が何を「意味」していたのかを考えることが、以下の作業の中心となるだろう。

理屈からいえば、「新しい女」の誕生とは、取りも直さず「古い女」の誕生でもあったはずである。そしてこの「古い女」とは、教科書的には「ヴィクトリアン・マザー」、すなわち「良妻賢母」である（ことを理想とする）女性のこととして知られている。しかし、ここで強調しておかねばならないのは、年表的には「ヴィクトリアン・マザー」の時代は「新しい女」の時代に先んじているものの、人々による認識の順序はむしろ逆のはずであったということである。つまり、「ヴィクトリアン・マザー」は、「新しい女」が出現するまでその存在を明確に認知されてはいなかったはずなのであり、その意味において「新しい女」（の表象）は、「母」（の表象）を生むことになったのだ。

当然のことながら、近代的な母親像、つまり我々が一般的にイメージするような母親像がアメリカでいつの時代に現れたのかを正確に特定することは、この小論においては不可能である。また、「新しい女」の出現以前にも、「ヴィクトリアン・マザー」という呼称こそなかったものの、「母」という存在が「家庭の天使」的なイメージを付与されていたとはいえるかもしれない。だがそれでも、「新しい女」の「新しさ」というものが、「ヴィクトリアン・マザー」が象徴するような「母」のイメージをアメリカ社会に定着させることに寄与したのではないかと推測することは可能であるだろうし、そうした表象のダイナミクスを、以下の議論では特に２冊の小説を分析することによって素描してみたいと思う。

２．「他者」としての「新しい女」—『プラスティック・エイジ』の場合

まず、「他者」という概念を整理しておくことから始めよう。この語が人口に膾炙するようになってかなりになるが、それはほとんど必然的に、概念の多様化・複雑化をもたらすことになった。本稿の文脈においても、「他者」という語はいわば二重の意味を担うことになる。つまり、「他者」とは１つには共同体の成員の「常識」を覆す存在であり（他者①）、もう１つには、そういった存在に相対したときに共同体がその存在を「理解」するた

めに与える「固定化されたイメージ」のことである（他者②）。「他者①」に出会った共同体は、その存在を自らの理解枠にはめ込むべく「他者②化」するわけである。

いうまでもなく、これはかなり雑駁な整理であるのだが、それでもこのように考えておくことで、「新しい女」という「他者」と近代的共同体との関係について理解がしやすくなるように思われる。前近代的な共同体が地縁や血縁によっていわば自然に存在するものであるとすれば、近代の共同体とは人工的な契約社会である。それは、ベネディクト・アンダーソンの有名な言葉を借りていうなら「想像の共同体」に過ぎない。近代化は人々から「自然な」共同体を奪い、「根」というものを奪ってしまった。もはや自分と世界との繋がりを「自然に」保証してくれるものなどない——これが近代人の宿命であるのだと、ひとまずいっていいだろう。

だがもちろん、こうした個人の「宿命」は、例えば国家のような共同体が存続していくためには「自然に」隠蔽されることになる。共同体が共同体としての一体感を維持するためには、その一体感を相対化し、それが虚構でしかないことを暴露してしまうような「他者①」の存在は目障りなのだ。事実、第１次大戦後、未曾有の好景気を享受したアメリカは、ほとんど必然的に保守化することになった。禁酒法（1919）や排日移民法（1924）の制定、スコープス裁判（1925）やサッコ＝ヴァンゼッティ事件（1927）といったものは、そうした時代の保守性を映すわかりやすい例である。繁栄を謳歌するかたわら、急速な近代化のために不安に駆られていたアメリカには、立法や司法のレヴェルでもその不安を解消・抑圧しようという動きが強く見られたのである。

こうした時代背景の下、1920年にアメリカ女性は参政権を獲得することになる。この出来事は、それが保守的な人々に支持されるようなものとは思えないだけにそれ自体としても目を惹くものだが、ここで考えたいのはそこに至るまでの過程ではない。それは「第１波フェミニズム」と呼ばれる19世紀後半から20世紀初頭にかけての長年に渉る地道な女性運動がもたらした果実であることは間違いなく、その意味において必然的な出来事でもあっただろう。だからここで考えたいのは、この進歩的な法律が、この保守的な時代に成立したことが結果としてどのような「意味」を持ったかということである。

上にあげた「他者」概念との関係で整理しておけば、女性が参政権を獲得したということは、女性が「政治的な主体」として男性と同じ立場に立ったことを意味し、それはすなわち、男性の視点からすれば、女性が「他者②」であることをやめたということを意味するはずである。そして女性が「他者②」であることをやめたということは、女性が「他者①」として現れたということでもある。それまで「女というものは政治に口を出せるような連中ではない」といえたのが、急にいえなくなってしまって驚かされたのだから。あるいは、こちらの方が正確だろうが、それまでは「女には政治がわからない」などという必要もなかったのに、それからはその台詞をいうことで女性を「他者②化」せずにはいられない状態になってしまったのだから。

女性がこの時代に「他者①」のような「主体」として現れたのは、政治の分野においてだけではない。例えばアメリカ社会におけるフラッパーの出現やフロイト主義の爆発的な流行といった現象は、男性と同様に性欲を持つ「性的な主体」として女性を周知させることになった。あるいは、第1次大戦中に職場に進出した女性達は、男性達が戦場から戻ってきたあとも仕事を手放すことを嫌がり、「経済的な主体」として活動することを望んだのだ。このようにして、「女性」というものが、自分達が知っていると思っていた存在ではもはやなくなっていることに、この時代の人々は驚いたのである。

こうした「驚き」がいかに大きなものであったかということは、女性の社会的立場の変化というものが、この激動の時代を最も明確に象徴するものとして認識されたという事実に明らかである。『カレント・ヒストリー』誌が 1927 年に「新しい女」をめぐるシンポジウムを企画したとき、巻頭言においては過去 10 年間で「新しい女」という存在ほど議論されてきたトピックはないとされている。[1] とにかく何か問題があると、すぐに「新しい女」と関連づけられて議論——というよりも女性批判——が始まることになったのである。

そもそも「他者①」として現れた女性をひとまとめにして「新しい女」というラベルを貼るということ自体が「他者②化」の試みであるといえるだろうが、もう少し具体的な形でその「議論」を紹介すれば、例えば都市中心の殺伐とした生活形態が発展したのは女性が仕事を持つようになったからだとされる——つまり、前近代的な共同体の喪失が女性の社会進出に帰せられるのである。そして、そのようにして女性が外に出るようになったために婚前交渉も普通になったとされる——性モラルの低下もまた、女性に責任があるとされるのだ。かくして婚前交渉が普通になったために晩婚化が進み、仕事に疲れた男は家庭でいたわってもらえずに精力も衰え、出生率は低下し、このままでは白人文明は滅んでしまう——といった警鐘が鳴らされるというわけである。

第１次大戦後のアメリカで、女性が以前に比べて性的にオープンになったことは事実ではあるだろう。だが、問題はその受け取られ方である。女性が性的に解放されたことは、実際には男性にとっても好都合なところがあったと思われるが（この時代の男性が競って自動車を購入したのは、それが密室を提供するアイテムであったことと無関係ではあり得ないだろう)、そういう本音は少なくとも表向きには口にされないことであった。この時期の風俗を描いた大衆小説にしても映画にしても、「ヴァンプ」と呼ばれる「男をたらしこむ女」がよく出てくるのだが、話の結論は、そういうインモラルな女性は罰されるべきであり、男はそういう女に近づいてはならないということになるのだ。

そうした例として、1924 年のベストセラーになり、「イット・ガール」（「イット」とは性的魅力のことである）ことクララ・ボウを擁して映画化されることにもなった、『プラスティック・エイジ』という大学生の生態を描いた物語について考えてみたい。その冒頭近くでは、大学生達が映画館のスクリーンに向かって「彼女はお前のことを「ヴァンプ」しようとしているんだぞ」と叫ぶ場面がある。[2] これは一見したところ些細なエピソードのようにして提示されるのだが、実際はこの物語のテーマを体現する場面なのである。

この作品は一種の教養小説であり、主人公ヒュー・カーヴァーの4年間のキャンパス・ライフをたどっていくという枠組みを持っているのだが、大学生活を通してヒューが学んだことは、たった1つしかないといってもいいくらいであり、それは「女からは離れていなくてはならない」ということである。小説を通して、彼の友人達はどうにかして彼の純潔を守ろうとする。例えば売春婦と一緒にいるのを見つかって放校処分にされたカール・ピーターズというルームメイトは、「頼むから女達のことは放っておくんだ。……どれほど僕がきみにそうしてもらいたがっているか、きみにはわからないだろう」という手紙を書き、ヒューに涙させることになるのだ（184）。

このように、『プラスティック・エイジ』の作品世界はほとんどあからさまに女性嫌悪的なイデオロギーに貫かれているのだが、そうした嫌悪の対象とならないような女性もいる——もちろん、「母」である（ちなみに、この小説は作者の母親に捧げられている）。カールは母親のために純潔を保とうと努力するし、ヒューは危うく童貞を失いそうなところから救出されたあと、友人の母親の写真をぼんやりと見つめる。寄宿舎で暮らす大学生達にとって、「母」は身の回りにいる「現実」の存在ではない。だが、「母」は心の中にいる存在として、息子を若い娘から守ろうとするのである。

とりわけ象徴的なのは、作中で繰り返される校歌である——「サンフォード、サンフォード、男達の母よ／僕らを愛し、守り、しっかりと抱いてくれ／あなたの腕に僕らを包み／あなたの真実で僕らを支えてくれ／大学の女王、男達の母——／アルマ・マーテル、サンフォード——万歳！／アルマ・マーテル——万歳！——万歳！」（91）。この校歌は、母校（「アルマ・マーテル」は直訳すれば「恵みの母」という意味）のイメージを、若者を誘惑から守る存在として作品世界に定立する。『プラスティック・エイジ』の世界では、教育を受けるということはすなわち、「母」を愛して、魅力的な「ヴァンプ」からは身を遠ざけておく術を学ぶということなのである。

セクシュアルな女（ヴァンプ）とセックスレスの「母」というペアは、

当時の小説には頻出する組み合わせであるのだが、『プラスティック・エイジ』の例が示しているのは、セクシュアルな「ヴァンプ」、つまり時代の変化を象徴する女性人物が登場したとき、同時にセックスレスな「母」のイメージが「変わらないもの」のシンボルとして持ち出されたということである。こうしたプロセスは、「新しい女」の登場によって「ヴィクトリアン・マザー」が発見されたというものと全く同じであるし、この時点から振り返ってみれば、「ヴィクトリアン・マザー」に関しては「古い女」という呼称が定着しなかったということの理由は明らかだろう。「母」は「古い女」ではなく、あくまでも「自然な女」でなくてはならなかったのだ。

このようにして、「新しい女」の「新しさ」への注目は、女性ジェンダーというものの本質を「母」にしておこうという文化的な操作に組み込まれる。言葉を換えていえば、現実の女性、「他者①」として現れた女性を「新しい女＝ヴァンプ」という「他者②」にすることで、「本当の女」とは「母」なのだ、と考えて安心しようとするわけである。もちろん、この「母」というイメージも、現実の女性を「他者②」にしてしまうことに他ならない。結局のところ、「新しい女」と「母」を二項対立的に表象するのは、それ自体として性差別的なイデオロギーに侵された態度なのである。

3．「母性」をめぐる政治学—『種』の場合

だが、それにしても、なぜ「母」が召喚されることになったのだろうか。『プラスティック・エイジ』の例は、その１つの理由が同時代の男性が抱いていたジェンダー的な不安、つまり女性が男性とあらゆる点で対等の権利を主張しつつある時代に、自分が十分に「男らしい」存在であり得るのかという不安にあったことを示唆するし、同様の不安は、様々な事情から「新しい女」として大胆に振る舞うことができなかった女性達のあいだにも存在していただろう。そういった共同体の深層心理について意識しつつ、本稿の後半では「母」のイメージが——例えば「清純な娘」といったイメージではなく——喚起されたことの直接的な原因について考察することにしたい。つまり、「新しい女」が「母性」を否定しているように見えたことに

ついて考えてみたいのである。

「新しい女」が「母性」を否定するように見えた理由の 1 つは、「母」という存在に意義を与える結婚制度というものに対して、女性の態度が変化しつつあったことに求められるだろう。当時、未婚の女性は増加し、離婚率も上昇しつつあった。そしていわゆる「主婦」である女性の場合も、近代化された社会における結婚生活は、先行世代のものとは必然的に異なることになった。その結果、ある同時代の学者が書いているように、「家庭というものの役割が単純になり、子どもの数が減っていくにつれて、一家の有能な主婦にして母であることの威光は弱まってきた」のである。[3)]

結婚生活様式における急激な変化が、その変化に関する多様な言説を生じさせることになったのは当然だろうが、本稿の文脈で興味深いのは、家庭に対する女性の態度というものが、あたかも家庭に奉仕するか、それを無視するかのどちらかといった二極端の形でしか存在しないかのように語られてしまったということである。人気ジャーナリストであったドロシー・ダンバー・ブロムリーの、1927 年に発表したエッセイにおける嘆きを要約すると――人々が女性についてあれこれというとき、女性には 2 つのタイプしかないという錯誤に囚われていて、その一方は主婦であることに本能的に満足する生物であり、もう一方は自己表現にのみかまけて家庭や子どものことなどどうでもいいと考えるような「不毛なインテリ」でしかないのである。[4)]

ブロムリーの慨嘆に、「本能的」であるとか「不毛な」といったレトリックが現れていることは示唆的である。同時代の評論家達はしばしば、「新しい女」が現代社会において「本能」を失い、「不毛化」してしまったと論じ立てていたからだ。例えば前掲『カレント・ヒストリー』において、ある寄稿者は、女性の解放は彼女達の思春期を「不自然に」長くしてしまい、その「必然の結果」として「不妊や苦しい出産」を招くことになったと主張している。[5)] ほぼ同時期、著名な歴史家ウィル・デュラントも、「工場での仕事――あるいは、家庭での仕事の欠如――のため、現代女性は昔の女性よりも生理学的に弱くなった」のであり、「女性はますます子どもを産むことができなくなり、できるだけ長く母にならないようにしてきた」と述べている。[6] こうした時代においては、短い髪やスレンダーな体型といったものの流行が、「母性」を拒絶して「未成熟な若さ」を崇拝するものとして受け取られることになったのは仕方がなかったかもしれない。[7]

だが、こうした「新しい女」=「不毛な女」というイメージを固定化させた最大の要因はおそらく、20 年代に産児制限運動が高度に組織化され、世間の注目を浴びていたことにあると思われる。マリー・C・ストープスは 1921 年、イギリスで最初のバース・コントロール・クリニックを開くが、彼女と 1915 年に出会い、その有名な夫婦生活の手引き書である『結婚愛』のアメリカ出版に尽力したマーガレット・サンガーは、[8] 20 年代を通して極めて精力的に活動し、避妊の重要性を説いてまわっていた。

妊娠中絶の合法化はいまだ問題外だったが、ストープスの『結婚愛』では非合法の堕胎は他のどの国よりもアメリカで頻繁におこなわれているとされているし、[9] 実際、1920 年にアメリカ婦人科学会の会長に選ばれ、避妊に関する臨床データの収集の必要性を強く訴えたロバート・L・ディキンソンは、[10] 1934 年の論文において、ニューヨークでは少なくとも 5 人に 1 人の胎児が中絶されていると報告し、正しい治療を受けられない妊娠中絶のほとんどが、不妊を招く結果になると警告している。[11] こうした状況の下、女性達はバース・コントロールの必要性を痛感し始めており、1932 年のある試算では、クリニックでアドヴァイスを受けた女性は、過去 10 年間で 75,000 人にのぼるとされている。[12] だが、こうした当事者にとっては極めて切実な現実は、「我々の機械時代は、祈祷と戒律よりも、教育と避妊法を強調してきた」というように、いささかの皮肉を感じさせるように総括されもしたのである。[13]

「新しい女」をめぐるトピックの中でも、「母性」に焦点をあてるバース・コントロールほど、アンビヴァレントな反応をかき立てたものはなかった。その白熱した論争の 1 つの例として、ここでは 1930 年に出版され、「産児制限についての小説」という副題を持つ、チャールズ・G・ノリスによる小説『種』を取り上げてみたい。ノリスという作家は、有名な自然主義小説家フランクの弟であることを除けば今日ではほとんど知られていないが、様々な社会問題を扱った作家であり、本作の内容もバース・コントロールに関して深く取材したことを窺わせるものとなっている（逆の観点からすれば、ノリスのような作家に題材として取り上げられるほど、この問題が注目されていたわけである）。

物語は、カリフォルニアの小さな田舎町を舞台に、カーター家の 9 人の兄弟姉妹——長男と末娘の年齢差はわずか 12 年——の人生を、1890 年から 1930 年に至るまで綴った年代記である。最終部において、主として作家である主人公バートと医者となったジョッシュとの対話を通して、読者はカーター家の子どもたちの結婚生活について、バース・コントロールというテーマとの関係で評価するように誘われることになる。以下、それぞれの顛末を見ていくことにしたい。

長男フランシスは誰からも尊敬されるカトリックの神父であり、当然のことながら臨終の床でも「産児制限というものに対する相応しい呼び方は、実を結ばない放縦なのだ」と断言する。[14] このフランシスをはじめ、カーター家の兄弟姉妹がみな（母親によって）カトリック教徒として育てられたことは、物語の主題を考えると偶然ではあり得ない。当時、アメリカの産児制限運動に対して最も強硬に反対していたのが、他ならぬカトリック教会であったからだ。「産児制限は、カトリック教会のアメリカにおける組織作りと政治力獲得のための媒体となっていった」という背景は、[15] まさしく「新しい女」が「母」のイメージを定着させたという事象と重なっているといっていいだろう。

長女カミーラと次女ティリーはどちらも避妊に関する具体的な知識を持たないということでは共通しているが、その運命は対照的である。カミーラは、彼女がいなくなると大家族のカーター家がうまく機能しなくなってしまうだろうという理由だけではなく、「子どもを持つことへの恐れ」（405）のために 10 年ほど結婚を遅らせ、妊娠するには年を取りすぎてしまうのだが、哀れなことに、当人はどうして自分が子どもを産めないのかを理解していなかった。それに対し、ティリーはバース・コントロールに関しては夫に全て任せ、3人の子どもとともに幸せに暮らすということになるのである。

続いて次男である医師ジョッシュだが、彼は例外的なケースである。というのは、彼の妻が癲癇持ちであるために子どもを持つことができないとされているからである。つまり、ジョッシュとその妻にとって、子どもを作るかどうかということはそもそも「問題」とならないのだ。これに加えて、彼が医者であるために避妊の方法については熟知しているからということも重要なのだが、こういった「例外」が持つ意味については後に触れることとして、ここではそうした彼らの結婚生活を救ったのが避妊具であるとジョッシュが考えているということを強調しておきたい(408)。

ジョッシュの次はジャックとギルという双子だが、彼らの結婚生活は「バース・コントロールの実践が、自分達の幸福に対する死となるだけでなく、ひいては我が国の繁栄に対する脅威となることを示す適切な例」(406)とされている。結婚直後から避妊具を使い始めたジャックの妻は、いざ子どもを作ろうとしても妊娠することができない。ジョッシュは避妊具の使用が不妊を招いたと断言こそしないが、「妊娠に相応しい、結婚生活の初期の数年に避妊具を使い続けることが、女性を不妊にしてしまわないかどうかは、内科医のあいだで論争の余地がある問題となっている」(406)と付言する。また、ギルの妻は長女出産の際に経験した苦しみを繰り返すことなど考えるだけでも我慢できず、それからは子どもを作らないようにするのだが、娘が交通事故で命を落とし、夫婦は子どものいない結婚生活が孤独で惨めなものだと悟らされるのである。

子どもがいない双子の夫婦とは対照的に、若くして結婚した三女エヴァ・アンは12人もの子どもを産むことになる。だが、そのあげくに夫に見捨てられた彼女は、生活苦から酒の密売に手を出して逮捕されてしまうという悲惨な人生を歩む。「バース・コントロールは、エヴァ・アンにとっては間違いなくありがたいものであっただろうに」(405)というのがジョッシュの評であるし、さらにそうした印象は、「精神的に欠陥のある、変質的な色情狂」とされる、バートの最初の妻の妹が、精神病院に入れられる前に「24人の病気持ちで頭のおかしい子どもを世に産み出した」(403)

という報告によって補強されている。

五男バートに関しても、避妊具の利用は人生を変えるものだっただろう。彼は愛してもいない少女を妊娠させてしまったため、弱冠 19 歳にして駆け落ちせざるを得なくなるのだし（彼女は産褥で息子とともに死亡する）、2 番目の妻ペギーは、5 人の子どもを産んだあとでは彼との同衾を避けるようになり（彼女は敬虔なカトリック信者であり、避妊具の使用を認めない）、それを不満に感じた彼は不貞を犯し、妻とは長らく別居することになるのだから。末娘トルーディーがペギーと同じく夫との性交を拒み、夫はそのために神経衰弱に陥ってサナトリウムに入れられてしまうというのも同様の例として理解できるだろう。

ジョッシュ医師はその長い「講義」を警告によって終える――「いまや知的階級は子どもを作らず、無知で劣った階級が作っているんだよ。バース・コントロールが上流階級で控えられ、その利用が下流階級のあいだで合法化されるということにならない限り、我が国の住民の中で最良の部分は死に絶え、無能者と精神薄弱者がはびこることになるだろうよ」(409)。当時のアメリカでは優生学が盛んであり、30 年代の末までには 32 州で断種法が制定されていた。[16] ヒトラーが『わが闘争』（1925）で、「病弱」な移民と「ある人種を排除する」アメリカを「モデル」と賞賛したこともよく知られている事実である。[17] ジョッシュによる結論は、バース・コントロールの問題が、こうした差別的イデオロギーとリンクしていたことをよく示すものであるといえるだろう。

このジョッシュの「講義」はそのまま、『種』というテクストの、バース・コントロールという問題に対する総括でもある。その医学的知識と、妻の病気のために子どもを持つかどうかが「問題」にならないという点において、ジョッシュは他の登場人物達を超越する人物であり、「バース・コントロールについての小説」という副題を持つ作品の特権的なスポークスパーソンとみなし得るからだ。ジョッシュの意見を要約すれば、このようになるだろう――男性達は結婚生活においてセックスが必要であり、バース・コントロールは女性達がその母性を蔑ろにしない限りにおいて認められるべきである。さもなければ、優秀な民族は滅び、劣等人種によって取って代わられてしまうだろう。

こうした要約からも理解されるように、この『種』という小説は、産児制限という「女性の問題」に理解を示しているように見えて、実のところは男性中心的なイデオロギーに貫かれてしまっている。バートとペギー、そしてバートの愛人ミルドレッドの三角関係はその好例である。上に示唆したように、バートの浮気はペギーが妊娠を恐れて彼と性関係を持たなくなったことに起因するとされているのだが、しかし彼がミルドレッドに惹かれたことにはもう1つ重要な要因がある——ミルドレッドは、彼に性的満足を与えるだけでなく、有能な編集者として、彼の小説家としての才能を見抜き、彼の妻には与えられないような知的満足を与えてくれるのである。だがこの理由は、バートがこの「新しい女」を10年の同棲生活のあとで捨てて「母」ペギーのもとに戻るときに、完全に閑却されてしまうのだし、しかも彼の不貞はバース・コントロールに関するテクストの肯定的な態度のおかげで正当化されることになるのだ。作品の結末におけるバートとペギーの和解が「感動的」なものになるには、ミルドレッドの10年間の献身は忘却されなくてはならない。かくしてこの小説は、主人公同様、この哀れなキャリア・ウーマン＝「新しい女」を搾取しているのである。

産児制限運動は、「新しい女」に自由と独立を与えるはずのムーヴメントであったし、それが果たした役割の重要性については、いくら強調してもしすぎることはない。だが、こうした問題に対して一見したところフェミニスト的なスタンスを取っている『種』が露呈させているのは、女性を「新しい女」と「母」という二項対立で分断し、「他者化」するイデオロギーがある限り、バース・コントロールは必ずしも男性が女性のセクシュアリティと母性を搾取することを妨げはしなかったということである。こうした観点からは、避妊具は、男性が「新しい女」のセクシュアリティと母性をともに「コントロール」するための道具であったとさえいい得るかもしれない。

4. 終わりに

本稿で見てきたように、女性というものを家父長が司る家庭に縛りつけられた存在ではなく、社会的に男性と対等な存在として確立しようとした「新しい女」の振る舞いは、いささか逆説的なことに、そして極めて皮肉なことに、それがまさしく「新しい」ものとして表象された結果、女性の本質を「母」とする近代的なジェンダー・イデオロギーの定着に寄与することになった。20年代末にバブルが崩壊してしまい、大恐慌下の30年代にフェミニズムがしばらく退潮を余儀なくされたということも、「新しい女」が「自然」な女性ではなかったという印象を強めることになっただろう。

しかしながら、60年代から70年代にかけて「個人的なことは政治的なこと」というテーゼを掲げて興った「第2波フェミニズム」は、20年代の「新しい女」がたどったアイロニカルな運命への抵抗運動として展開され、数々の成果を収めることになった。そしてそのような歴史をふまえた今日の視点からは、まさしくそうしたアイロニーの中にこそ、「新しい女」達の「個々の生」を――あるいは「他者性」を――看取することができるはずであるし、またそうすべきなのだ。

そうした観点からすれば、『プラスティック・エイジ』における「母」の賛美というものは、「新しい女」の魅力・脅威に怯える男性の不安を露呈させているということになるだろうし、『種』というテクストによる「新しい女」の「搾取」は、それがあまりにあからさまな「搾取」であることによって、物語のメロドラマティックなハッピー・エンドを脱構築させるものであるといわねばならない。「新しい女」は、同時代的には搾取され、利用されることになったとしても、「他者」を抑圧・排除する共同体に、確かに1本の楔を深く打ち込んでいたのだ。そのような意味において、「他者」として現れた「(新しい) 女」とは、第1次大戦後のアメリカにおいて、まさしく「共同体のアイロニー」(ヘーゲル) であったのである。

【注】

1）“The New Woman,” *Current History* 27 (1927): 1.

2）Percy Marks, *The Plastic Age* (New York: Grosset and Dunlap, 1924) 28. 以下、『プラスティック・エイジ』からの引用は本書により、頁数を括弧に入れて本文中に示す。

3）Lawrence K. Frank, “Social Change and the Family,” *Annals of the American Academy of Political and Social Science* 160 (March 1932): 98.

4）Dorothy Dunbar Bromley, “Feminist—New Style,” *Harpers Magazine* 155 (1927): 552.

5) Anthony M. Ludovici, “Woman's Encroachment on Man's Domain,” *Current History* 27 (1927-28): 23-24.

6）Will Durant, “The Modern Woman: Philosophers Grow Dizzy as She Passes By,” *Century Magazine* 113 (1926-27): 421, 422.

7）Frederick Lewis Allen, *Only Yesterday: An Informal History of the Nineteen-Twenties* (1931; New York: Perennial, 1964) 89.

8）Ellen Chesler, Woman of Valor: Margaret Sanger and the Birth Control Movement in America (New York: Simon and Schuster, 1992) 180-81.

9）Marie Carmichael Stopes, *Married Love: A New Contribution to the Solution of Sex Difficulties* (New York: Eugenics Publishing, 1931) 136.

10）Chesler 273.

11）Robert L. Dickinson, “Medical Reflections upon Some Life Histories,” *The Sex Life of the Unmarried Adult: An Inquiry into and an Interpretation of Current Sex Practices*, ed. Ira S. Wile (1934; New York: Garden City Publishing, 1940) 193, 194.

12）Norman E. Himes, “Birth Control in Historical and Clinical Perspective,” *Annals of the American Academy of Political and Social Science* 160 (March 1932): 55.

13）Ira S. Wile, “Is There a Special Sex Life of the Unmarried Adult?”, *The Sex Life of the Unmarried Adult* 32-33.

14）Charles G. Norris, *Seed* (Garden City: Doubleday, Doran, 1930) 423. 以下、『種』からの引用は本書により、頁数を括弧に入れて本文中に示す。

15）Chesler 209.

16）荻野美穂『生殖の政治学』（山川出版社　1994 年）205 頁。

17）橋本順光「『偉大な人種の消滅』北欧人種と優生学」英米文化学会編『アメリカ 1920 年代——ローリング・トウェンティーズの光と影』（金星堂　2004 年）75 頁。

“Museum is a safe place for unsafe ideas”
多文化社会オーストラリアのアデレード移住博物館の試み

菅　美弥

移民や多文化をめぐる博物館の展示において、従来の定説とは異なる視点や争点は、どのような形で提示され、議論されているのだろうか。今回紹介するのは、南オーストラリア州、アデレード移住博物館の事例である。なかでも、移民の日記、史料、衣装等の「展示品」の陳列だけでなく、移民や多文化社会に対する「考え、争点」の提示と、訪問者間の議論こそ大切なのだという信条に基づいた、アデレード移住博物館のユニークな試みに注目する。

1．はじめに

今日のオーストラリアにおける、多文化社会や移民が想起するポジティブなイメージは何だろうか。こう問われれば、多くの人が「多様性」「国力の源泉」「進歩」「実験」などと答えるであろう。「白豪主義」やアボリジニへの強制的同化の歴史等が負の公的記憶である一方、1970 年代以降のオーストラリアの多文化主義は多文化社会や移民に付随するプラスイメージと共にオーストラリアの公的記憶として定着しつつある。また、多文化社会ならではの日常生活、例えば多様な人材、文化、食事を否定する人は多くない。オーストラリアの日常からイタリア料理や中華料理、ギリシャ料理がなくなることなど誰も想像しないし、したくもないだろう。他方、多文化社会や移民からは、様々なネガティブなイメージ、たとえば「混沌」「分離」「分裂」なども想起される。多文化主義には多様性と統合というふたつのベクトルがあり、時に緊張関係がみられるが、現在そのベクトルは統合に向いている。[1] 多様性と統合の拮抗や移民への差別意識や差別的言動は多文化社会におけるもう一つの日常であり、時に大きな社会的イシューを生み出す。

ところで近年、博物館をめぐっては個別性や多様性をより重要視する立場から「フォーラム」としての機能が注目されるようになってきた。展示品を鎮座させる従来の博物館では、その「普遍性」に対する疑念が入る余地は多くはなかった。しかし、能登路雅子が指摘するように「フォーラム」としての博物館は「博物館を意見対立、実践、討論の場とみなすもので、博物館の運営者や展示に対して、先験的な権威を前提としない」ことを特徴としている。[2] そのような特徴ゆえ、博物館は、新たに「人々が自らの歴史認識や価値観を確認、修正、再構成するアイデンティティ生成の場として、きわめて政治的な意味合いをもつ」ようになり、そうした「政治的説得」が「フォーラム」としての博物館にとって大きな課題となっている。[3]

なかでも移民・移住に関する博物館は、移民や多文化の歴史をいかに語るか、そこでの「共通文化」とは何か、多文化主義の課題は何か等、多文化主義の歴史と現状に直結する議論応酬の現場となっている。[4] 本稿は、このような「フォーラム」としての博物館に寄り添う事例として、南オーストラリア州のアデレード移住博物館（Adelaide Migration Museum）を取り上げる（写真1）。この博物館では、移民の日記、史料、衣装、日常品などを展示しつつ、移民や多文化社会

写真1

に対する「考え、テーマ、争点」の提示こそ大切だとみなされている。とりわけ訪問者のコメントシートそのものが展示の一部として、討論（時には激論）が喚起されている点が非常にユニークである。また「アウトサイダー」である様々な集団の記憶が展示に反映されている。以下、本稿は現地調査で入手した資料をもとに「フォーラム」としての博物館のありかた、すなわち、アデレード移住博物館の移民や多文化の歴史と現状に関する「争点」の展示をめぐって、如何なる形で訪問者との議論が展開されているのか考察する。

2．アデレード移住博物館の概要：組織、歴史、展示

1986 年に設立した移住博物館は、オーストラリアで最初に開館した移民・移住関連の博物館であり、南オーストラリア・ヒストリー・トラスト傘下の二つの博物館のひとつである。他の二つが自動車、海洋という「科学・産業」についての博物館であるのに対して、移住博物館は「社会史」に特化したものと位置づけられている。[5] 以下に紹介する博物館の設立趣旨は、社会的包摂、人種差別への対峙、生涯学習の三つの価値観に裏打ちされている。

> 我々の遺産と文化の保存、解釈、称賛は移住博物館の取り組みの柱である。博物館が核とする価値観には、社会的包摂、人種差別への対峙、生涯学習がある。ここでは歴史が現代の諸問題と関係付けられる形で、探求される。1986年の開館以来、博物館スタッフは100もの異なる文化、コミュニティ集団の代表と協力し展示や特別プログラムを進めてきた。これらは南オーストラリア州の多文化の物語を我々に伝えてくれる。[6]

最近の訪問者数は、2004 年が 16 万 9635 人、2005 年は 15 万 1896 人であった。[7] 2005 年にはアデレード市のトップ 10 観光スポットに選ばれたように、国内、国外問わず観光客が多く訪れている。[8] 訪問者の出身の内訳は、課外学習で訪れる小・中学校の生徒を含めると 70%ぐらいが地元（ないしオーストラリア国内）出身者ではないかということである。[9]

実際の展示内容を概観してみよう。展示は、南オーストラリアへの移民・定住の歴史の常設展、および特別展によって構成されている。[10] 移住博物館

に足を踏み入れると、訪問者は「アウトサイダー」の問題意識と対峙し贖罪の意識を喚起させられることとなる。まず、常設展の初期移民に関するコーナーでは、アボリジニと入植者との「遭遇」が、先住民であるアボリジニにとっての「侵略」という視点から解説が行われている。ここで先住民であるアボリジニは「移民の国」というイメージによって規定される表層的でポジティブな多文化主義の構図には入らない。移民にまつわるプラスイメージのみを想定してきた訪問者には、先住民であるアボリジニの存在が移住博物館と分かち難く歴史を共有していることを想定外のものと感じるであろう。

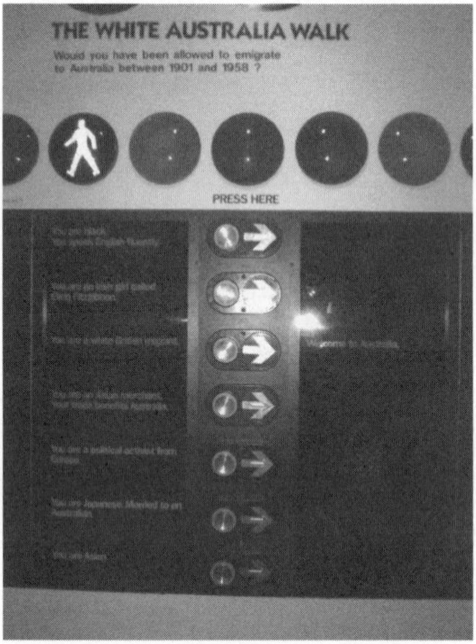

写真 2

次に、1901 年から開始された「白豪主義」政策についても、「アウトサイダー」の視点から説明がなされ、望ましい移民・望ましくない移民の具体例が示される（写真 2）。白豪主義政策下ならば入国不可、すなわち望ましくない移民としての疑似体験が、歴史を自らの体験として引き合わせることに成功している。そして最後の展示室が「ダイアローグの部屋」である。訪問者が書いたコメントシートのうち博物館側によって選別された 20 枚ほどが、

「あなたはどう思いますか？」と書かれたガラスボードの中に掲示されている（写真３）。この展示は1995年から開始され、後述するように数多くの訪問者に複雑な感情を喚起させる仕掛けとして機能している。

写真３

加えて「コミュニティ・アクセス・ギャラリー」は、移民・エスニック集団の特別展示が行われるスペースである。この展示の趣旨は「移民/殖民の物語を通じて特色のあるアイデンティティや歴史、文化を表現すること」にある。博物館担当者がコミュニティから提案された展示の可否を最終的に決め、調査や展示方法へのアドバスは行うが、展示内容はそれぞれのコミュニティにおおむねゆだねている。しかし、実際に提案される展示は、往々にして彼らの栄光の歴史であり、客観的な史実に基づかないものになることも多い。南オーストラリア・ヒストリー・トラスト事務局長マーガレット・アンダーソン氏によると、とりわけ難しいのは、コミュニティの代表がひとりで展示内容を牛耳ろうとするケースであり、そうなれば「コミュニティ・アクセス・ギャラリー」は単なる個人の宣伝にもなりかねない。[11] コミュニティを招きいれる場合、展示が開放的な方向になるとは限らず、逆に閉鎖的となる場合もあるのである。そのような場合においてこそ、コミュニティと博物館の間の「ダイアローグ」及び「交渉のプロセス」が、大切な博物館の機能として浮上する。[12] ただ、基本的な姿勢は「レッセ・フェール」であり、その副次的な効果もあるようだ。例えば、あるエスニック集団の展示を開催した際、最終的に前面に表れたのは、当該「エスニック集団として」のアイデンティティではなく「母として、女性として、子どもとして」のアイデンティティであった。移住博物館館長ヴィヴ・スケレス氏によるとこうした展開は「社会史」の博物館の使命に照らしても、狭く移民・移住だけにこだわらない「レッセフェール」の姿勢がもたらす「愉快な発見」だという。[13]

3．「フォーラム」としての博物館

ここからは「ダイアローグの部屋」にあるコメントシートについてみてみよう。2006 年 7 月時点で使用されているコメントシートの質問内容は、A）移民・難民問題全般、B）第二次大戦後のイギリス移民への質問、C）時事的争点の 3 種類に分類される。それぞれのコメントシートは、質問が一つだけ記載された B6 サイズのもので、質問以外は空欄となっている。[14] 訪問者は答えたい質問が記載されているコメントシートに自由に記述をして、コメントボックスに入れる。分類ごとの質問項目は以下の通りである。

A）移民・難民問題全般について

1 「あなたはどのような形の人種差別や偏見を経験したことがありますか？」

2 「移民・移住者はオーストラリア社会に多大な貢献をしています。あなたは何が最も重要な貢献だと思いますか？」

3 「オーストラリア人とは誰のことでしょうか？」

4 「オーストラリアは難民の受け入れを増やすべきですか？」

5 「われわれは移民史の重要なテーマを展示しています。それらのテーマはわれわれにとって大切なものです。あなたならどのような考えやテーマをこの博物館に展示しますか？」

B）第二次大戦後のイギリスからの移民への質問

1 「あなたはどのホステルにいましたか？期間はどれぐらいでしたか？」

2 「あなたにとって最も鮮明な記憶は何ですか？」

3 「食事はどうでしたか？」

4 「どんな仕事をしていましたか？家族は離れ離れになりましたか？」

C）時事的争点：難民問題について　2006年4月5日付 *The Australian* に掲載されたインドネシア軍による残虐行為から逃げようとするパプアニューギニア人に関する記事とポストイットコメント掲示（写真4）

1 「彼らを受け入れるべきでしょうか？」

写真4

2006年7月1日時点で用意されていたコメントシートは、上記移民・難民問題全般についての5点と、第二次大戦後のイギリスからの移民への質問4点である。筆者が調査に訪れた2004年と2006年には、ガラスボードに掲示されている記入済みコメントシートは必ずしも最新のものだけではなかった。継続的に議論を喚起したい争点が含まれている約20のコメントシートが担当者によって入れ替えされながら、展示されている。訪問者とのダイアローグの試みはこのほかにも、「学芸員のアドバイスとアシスタンス」という用紙を入り口カウンターに置くことでも行われている。そのほかインターネット上からでも質問や要望があった場合には、一両日中を目安に迅速に対応している。[15)]

4．展示としてのコメントシート：Museum is a safe place for unsafe ideas（博物館とは物騒な考えにとっても安全な場所）

コメントシートを管理するパット・ストレットン氏によると、全てのコメントシートはボックスに入れて管理しているが、データベース化はしていない。質問は英語のみで書かれている。筆者が1995年からの全てのコメントシートをみた限り、日本語で的外れの回答をしているものが3点、中国語が1点あったが、こうした英語以外の言語の回答があっても理解できないので、そのままにしているそうだ。また、博物館職員全員がすべてのコメントをみるわけではないが、自分が担当する展示についてのコメントは各自が責任を持って回収をし、なんらかの形で検証するということであった。[16)]

それでは以下にコメントシートについて詳細にみてみよう。まず、2003年11月から2006年6月までの全コメントシートのうち、回答数が最も数が多かったのが「オーストラリアは難民の受け入れを増やすべきですか？」に対するもので、その数559。その内訳は「イエス」が356、「ノー」が148であった。次に多い回答は、「オーストラリア人とは誰のことでしょうか？」に対する371。続いて「あなたはどのような形の人種差別や偏見を経験したことがありますか？」に対する回答数は220であった。「移民の歴史の重要なテーマを展示しています。それらのテーマはわれわれにとって大切なものです。この博物館に提示するとしたら、あなたならどのような考えやテーマを提示しますか？」に対する回答数は118であり、数としては多くはない。しかしこの質問への回答はコメントシート一杯になるほどの長さのものが多く、また「問題発言」も多く見られた。さらに「移民・移住者はオーストラリア社会に多大な貢献をしています。あなたは何が最も貢献だと思いますか？」に対する回答数は115であり、その内容は「食文化」「多様性」という一般的なものが多かった。加えて、第二次大戦後のイギリスからの移民への質問「あなたはどのホステルにいましたか？期間はどれぐらいでしたか？」への回答数は 76、「あなたにとって最も鮮明な記憶は何ですか？」へは回答数が53、「食事はどうでしたか？」には回答数21、「どんな仕事をしていましたか？家族は離れ離れになりましたか？」は最も数が少なく回答数が 9 であった。

なかでも「フォーラム」としての博物館の機能をみる上で、博物館の展示内容そのものを問う質問が A-5「移民の歴史の重要なテーマを展示しています。それらのテーマはわれわれにとって大切なものです。あなたならどのような考えやテーマをこの博物館に展示しますか？」である。コメントシートの回収開始当時から置かれた唯一のものであるこの質問は、アデレード移住博物館のアイデンティティの中心を表明している。何故ならばそれが博物館で展示されているのは、物ではなく「移民史の重要なテーマ」であることのマニフェステーションであるからだ。その上で、如何なる「考えやテーマ」を加えたいかという、訪問者の意見を喚起しているのである。

全体でコメントシートは無記名が 6 割超、なんらかの属性が書かれているものが 4 割程度であったが、この質問 A-5 に関する好意的なコメントは海外からの訪問者によるもの多かった。例を挙げてみよう。

> すばらしい博物館でした。展示をみると移民の苦闘が一目瞭然です。展示品は知識を与えるだけでなく、多くの示唆に富んでいます。半年間勉強するために、私はオーストラリアに来ました。ある授業ではオーストラリアの移民政策について長時間にわたり議論しました。授業で話したあらゆる話題がこの博物館で取り上げられ、みごとに展示されています。間違いなく今までに訪れた中で最高の博物館のひとつです。おめでとう。
> カナダ　オタワ　マリエラ[17]

また、オーストラリア人が博物館の趣旨に寄り添った寛容の精神を再確認したり、自国の負の歴史に恥じ入ったりする例もみられる。

> この国の人種差別の長い歴史をみることができて興味深いです。難民やアボリジニに対するひどい扱いをみるにつけ、私はここ最近オーストラリア人であることを恥ずかしく思います。ある人が「泥棒の敏感さ」という言葉で説明していましたが、それはまさに私が強烈に感じていることです。私たちはほとんどの場合「ボートピープル」なのです、アボリジニを除けば。この国にいるすべての人に対してもっと思いやりをもち、寛大であるべきです。[18]

おおむね好意的だが、依然としてヨーロッパ中心である点などを指摘した例が以下のコメントである。

非常にすぐれた博物館ですが、まだアングロ中心的です！〔ここでは〕移民について、歴史を無視する人たちは追体験をもって非難の対象になるのだけれど、オーストラリアの移民（そして政治家）は、この140年間何も学ばなかったようです。しかし誰か学んだ人などいるのでしょうか？ロンドンの帝国主義者はいうまでもなく、他の植民地だってうまくいったためしがないのです。　英国　P.J.O [19]

一方、展示への批判の中で目立ったのは、歴史の暗部の強調と、アングロ・サクソン系を中心とする白人殖民者への過度の批判や非難というコメントである。典型的な2つの例を紹介する。

全体的に、移民の貢献や有益性などもっと肯定的で公正な展示をすべきです。今のテーマは、過去の移民政策の問題点（今日の基準で判断した場合ですが）を必要以上に強調しすぎているために、過去の移民が現代のオーストラリア社会や経済発展にどれほど役立ったかということが、わかりません。もう少し楽観的に構えて、ほめてほしいです! [20]

私が見たかったのは、

1. 初期の開拓移民が社会基盤を作り上げたという偉大な業績に対する賛辞
2. 移住して成功した（あらゆる素性の）人々へのもっと肯定的な意見
3. 結構な展示ですが、過去の過ちについて深刻になりすぎています。

現代の視点を示す際に、歴史的背景を説明するべきです。[21]

ところで、訪問者個人の人種差別経験についての語りは、質問「あなたはどのような形の人種差別や偏見を経験したことがありますか？」についての回答からうかがうことができる。ここでは主に非白人マイノリティの経験が書かれている回答が目立ったが、以下に紹介するようにイギリス人が「英国野郎」との差別的な発言をされた経験を記載した例なども数件あった。

私はイスラム教徒のオーストラリア人です。私が日々味わう差別、皆さんにも想像できるでしょう。[22]

ホームステイ先で、凡庸なオーストラリア人と暮らしています。オーストラリア人の代表といっていい一般人でしょう。ホームステイ先のお母さんは、人種差別主義者です。私は韓国人です。[23)]

白人以外に対する憎悪は絶えることがありません。彼らは日頃からあらゆる不快な名前で呼ばれていました。オーストラリアの親類はいつも差別語を使っています。私は英国市民であり、問題を抱えてはいるものの、小さな島国で共生しようとしている姿勢に誇りをもっています。〔今〕私はどんなときも「いまいましいポム」と呼ばれ、何をしても「だからポムはダメなんだよ」と言われます。白人のオランダ人にも「あなたたちって不快」と言われました。「アボ」はタスマニアから出て行くべきだ、誰もかれもの血が混ざって、島がだめになってしまうからと、教わってきました。これがいわゆる「教養人」の言葉ですから、ひどい話です。[24)]

一方で同じ質問には、オーストラリア人が「人種差別主義者」と呼ばれることに対する怒りを表出させている例もみられた。

白人のオーストラリア人は人種差別主義者と決め付けられるのにうんざりしています！香港で5年半働きましたが、白人というだけでいやな目にあったり人種差別的なことを言われたりしてきました。リンダ（ヴィクトリア州）[25)]

次に「オーストラリアは難民の受け入れを増やすべきですか？」に対する回答に見られたあからさまな差別発言の展示とその余波についてみてみよう。

断じて反対！移民はあらゆる病気、ばかげた宗教、うんざりするような匂いの食べ物を持ち込みます。仕事や家や暮らしを奪おうとします。私たち「オーストラリア人」はどこに行ったらいいのよ？この200年の過ちから学ばないと。もう移民はいらない。特に英国からの移民なんて。ていうより、かわりに英国に行ったら！　アボリジニの権利活動家[26)]

これに対する反論の代表的なものは、

まず「断じて反対」というメモをはずしてほしいです。とても不快な気持ちになりました。そう思った人は多いはずです―ここは移住博物館なのですから。オーストラリアは、難民を受け入れるという国際的な義務を持っています。彼らもあなたや私同様、安全な場所で働き、家族と共にくらしたいと思うただ普通の人なのです。人間として最低限必要な権利です。

同じ人間なのです。…だから〔質問「オーストラリアは難民の受け入れを増やすべきですか？」の〕答えは「はい」です。オーストラリアは難民の受け入れを増やすべきで、自民族中心主義をとめなくてはなりません！[27)]

同じ難民受入の是非をめぐるポストイット展示と議論の応酬の別の例をみてみよう。これは以下の二つのコメントが展示されたことが発端となった。

私と同じ人種である場合のみ。なぜならオーストラリアは私のものだから！私の！私の！[28)]

反対（英国　スティーブ）
英国から移民してきたばかりです。18ヶ月かってやっと移民が許可されました。（とてもうれしいです）。英国はパキがはびこって、もう英国といえない感じだったので、国をでるしかありませんでした。これからは喜んでオーストラリア人になって、溶け込んでいくつもりです。IRA万歳[29)]

これらのコメントの掲示をめぐって訪問者からの批判が相次いだ。代表的なものとしては、

メモを読んで胸が張り裂けそうです。本気でそんなことを考えている人がいるのでしょうか。この国にやってきて人生を築き上げていく人は誰でもオーストラリア人です。そして心から歓迎されるべき人たちなのです！[30)]

博物館を訪れた英国人来館者として、「英国スティーブ」による意見を読み、極めて不快に感じました。彼はパキスタン人のことを「パキ」といっています。英国では差別語です。また彼はメッセージを「IRA万歳」と結んでいますが、IRAはアイルランドや英国本土で罪のないたくさんの人の命と体の自由を奪ったテロ活動組織です。もちろん誰にでも自分の意見を言う権利があるのはわかっています。が、このような内容のひどい意見を掲示す必要があるとは思えません。[31)]

さらに、2 つ目のコメントと同じ筆跡と思われる人物が、館長に対してコメント撤去を求める手紙を書いている。それに対する博物館館長スケレス氏の返答をやや長くなるが紹介しよう。

来館者の不快なコメントに対するあなたのご意見にフィードバックす

> る機会を与えてくださってありがとうございます。感想をいただいたことにも感謝しております。社会史の博物館として、私共は討論を促し、来館者のコメントがたとえ博物館職員にとって受け入れ難いものであっても見守っていくことを大切にしています。
>
> 同様の問題を、コミュニティ・アクセス・ギャラリーにおいて抱えています。そこではコミュニティに、彼らの観点から彼らの物語を語るようお願いしているからです。しかし、難しい状況の中で博物館は「人々の間により深い理解と調和を促す」という館のねらいにぴったりの方法をみつけました。「あなたが望むように語ってください」と言う一方で、「その過程で誰かを傷つけることはしないでください」とお願いするのです。
>
> ２つあるピン留め掲示板の来館者コメントを見てきましたが、あなたがおっしゃった意見がありませんでした。ガラスのない掲示板にあったと思うのですが、おそらく職員の誰かが取りはずしたのだと思います。たしかにガラスのある掲示板にコメントを貼れば管理できますが、一方はそれほど簡単でもありません。不快感を与えてしまったことをお詫び申し上げます。[32]

この手紙からは博物館側の苦渋と、博物館とは「物騒な考えにとっても安全な場所」とする姿勢が読みとれる。たとえ、人種差別的な「物騒な考え」に大変な不快感を持つ人の声が寄せられても、そしてそのことが博物館自体への批判につながるケースでも、こうした声を敢えて掲示し続けることが、「ファーラム」としての博物館の責務なのだという信条が表れている。

他方、こうした「問題発言」のコメントをあえて提示することへの疑問は、先の「英国スティーブ」へのコメント撤去を求めるやり取りにもあったように、複数の訪問者から寄せられている。最も早いものでは米国人と思われる人物が以下のコメントを残している。

> 論争の余地のある問題を率直に扱うこういった博物館が米国にはあまりありません。展示されている歴史的事実についてこのように知的に論じあうことはリスクを伴うということについてはどうでしょうか。その解釈の仕方ゆえの批判がこの博物館へ寄せられるのではないでしょうか。[33]

こうした反応の背景には、訪問者の多くが展示品を鎮座させる博物館を思い描いていること、また、先に述べたように、移民や多文化のポジティブなイメージやナラティヴを念頭にして訪れることがある。また、博物館の展示内容には賛同しても、激論が交わされる「フォーラム」としての博物館のあり方に対してはとまどいを覚える人が少なくないと考えられる。

偏見と不寛容についてのこれほどすばらしい展示の後に、人種差別的な残酷なコメントなどないほうがいいです。言論の自由があるとはいえ、なぜオーストラリア人の否定的な要素を公にしなくてはならないのでしょう。　シルヴィア　M.[34)]

質問「あなたはどのような形の人種差別や偏見を経験したことがありますか？」に対して「〔それは〕この掲示板！[35)]」と回答を寄せているケースもあり、一部訪問者のとまどいの大きさが伝わってくる。

こうした批判的、懐疑的な声に対して、博物館側は先に紹介したように直接返事を出したり、展示の工夫や争点についての専門的な分析を行ったりするなどの対応を行っている。例えば、筆者が調査に訪れた2004年2月当時、難民数を増やすべきか、という質問への回答について調査・分析を進めており、難民問題がニュースとなった時期の新聞記事と照らし合わせて、検討中とのことであった。これは、メディアでの取り扱われ方と人々の意見には強い相関関係があると思われるからだという。また、展示に関しても難民受け入れに関する賛否双方の新聞記事を掲示しながら、質問に対するコメントシートを展示するような工夫が取られている。そして、このような姿勢や工夫は博物館の学芸員やガイドの間で徹底されている。若手学芸員のキャサリン・マニング氏も「よくあるコメントは事実を見に来たのであって、説明や解釈ではない」というものであり、「歴史が如何に作られるかあまりよく知らない人々のネガティブなコメントには、がっかりすることもある」が、「この展示が、コメント同士のやりとりをきっかけに、意見交換の『場』となっていることが重要だろう」と述べている。[36)]スケレス氏が強調する「考える手がかりとしての博物館」に加えて興味深いのは、「彼ら〔訪問者〕が批判的に見る博物館」としての自らの位置づけである。[37)]これは、「神殿としての」「権威としての」博物館ではなく、自らが批判の対象となることをあえて積極的に受け入れる姿勢といえる。すなわち、たとえ明らかに差別的な「物騒な考え」に不快感を持つ人の声が多く寄せられても、そしてそのことが博物館への批判につながる場合でも、そのような声をあえて載せ続けることで、「フォーラム」としての博物館の機能を果たすべく挑戦し続けているのである。

5．むすびにかえて：トランスナショナルな「フォーラム」の可能性

これまでみてきたように、アデレード移住博物館では、移民や多文化をめぐるポジティブなナラティヴに代表される、単一の公的記憶（Public Memory）が想定されてはいない。むしろ、「アウトサイダー」の歴史からみた負の歴史を直視しようという姿勢に裏打ちされる形で、重層的な複数形の「公的記憶」（Public Memories）が提示されている。また、複数形の「公的記憶」が形成され議論される場所として、すなわち博物館が志向する「物騒な考えにとっても安全な場所」として機能している。むろん、アデレード移住博物館の課題は多い。例えば、戦後移民へのコメントシートに記載されているのは「何年何月にどこから来て父親はどういう職業で、初めてこのホステルにいて、その後始めて就いた職業は何々で…」という細かな当時の思い出が多い。ノスタルジックに「昔はよかった」と書く人もおり、1950年代当時を知る館員には、あまりの環境の悪さとオーストラリアでの性差別などに嫌気がさして3分の1がイギリスに帰国した現実を美化しているコメントがかなり多いと感じるという。[38] それでもなお、詳細に当時の記憶が書かれているコメントシートは、それ自体が貴重な資料であることには間違いなく、データベース化が急務であろう。展示内容に関しても、第二次世界大戦のヨーロッパ戦線とその結果としての難民に関する展示に比べ、アジア系移民の歴史や多文化主義の現状が説明不足である。加えて他の博物館とのいっそうの協調が必要だろう。展示品重視の隣接する南オーストラリア博物館のアボリジニ展示と、歴史の「争点」を考える「フォーラム」機能重視のこの移住博物館の往来によって、より重層的な歴史と記憶を人々に喚起させることが出来るだろう。

ところで冒頭に述べたように、多文化社会オーストラリアのベクトルが統合に向いている現在、コメントとしても寄せられた、多文化社会の不協和音をあえて争点化することへの疑問の声と、移民・殖民の歴史の暗部を強調しないようにとの声は外部からも一層高まっているといえる。筆者のインタビュー中、マーガレット・アンダーソン氏が強調していた「政治的説得」、「歴史／記憶の政治化」が、博物館にとってより切迫感のある課題となっていることは間違いない。[39] 実際多くの訪問者が心地のよさを感じるのは静的な神殿としての博物館なのかもしれない。しかし、それでもなおアデレード移住博物館はそこに留まることを選ばず、あえて激論をしかけているのである。

最後にコメントを2点紹介しよう。以下は質問「移民・移住者はオーストラリア社会に多大な貢献をしています。あなたは何が最も重要な貢献だと思いますか？」に対するコメントである。

> 考え方！〔原文Ideas!〕 移住者は技術、文化—生活や家族に対する異なる考え方をもたらす。〔そして〕多くの移住者はより広範な考えや技術を率先して学び伸ばそうとしている。オーストラリア人が好むと好まざるにかかわらず—オーストラリアは多文化社会なのだ。私はイギリスから1964年にやってきて、オーストラリアの〔多文化社会としての〕発展と進歩のみならず、成熟を目の当たりにしてきた。昨今の難民受け入れ問題は〔この間〕我々の成し遂げたことを台無しにするものだと思う。シドニーNSW在住[40]

同じ質問に対しては、多文化社会ならではの日常生活、例えば、多様な人材、文化、食事など表層的な多文化の恩恵を記載するコメントシートが多数を占める中で、このコメントには一歩進んだ、博物館がいうところの「考え（ideas）」への志向と共鳴する内容となっている。すなわち、「多様な考え方（ideas）」こそ、移民・移住者のもたらした多大な貢献だという意見である。さらには「われわれは移民の歴史の重要なテーマを展示しています。それらのテーマはわれわれにとって大切なものです。この博物館に提示するとしたら、あなたならどのような考えやテーマを提示しますか？」に対する以下のコメントには、移民の歴史とを「過去」としてオーストラリアの多文化の現状や未来から断絶するのではなく、また、現在の争点の展示だけない、現在・未来についてのセクションを設けるべきだとの、示唆に富むヒントがある。このようなコメントが、博物館の訪問者同士だけでなく、博物館側もそこから学び、確認し、展示の再解釈へとつなげるきっかけになっていることは間違いないであろう。

〔この博物館には〕断然21世紀のセクションがあるべきだと思う。なぜなら、人々の頭では移民とは過去のことで、〔そういう〕「彼ら」は「自分」と「彼ら」とを分けて考えているから。そのような頭ではオーストラリアの全ての住民のための理解を深めることに何の役にも立たないし、こういう考え方はより多くの情報によってなくされるべきだと思う。人間はいつの時代も移動してきたし、これからもそう。それから何百万人ものオーストラリア人が海外に永住している、または市民権を変えていることも忘れてはならない。オーストラリアは決して素晴らしい国だとはいえない、けれども、我々がお互いにもう少し尊敬の念を持って接すれば、素晴らしい国となる可能性はまだある。[41)]

さらに、先にも触れたようにコメントシートは無記名のものが多いが、なんらかの属性が分かるものの中では、イギリス、ドイツ、オランダ、アメリカからの訪問者によるコメントが目立つ。まず、ヨーロッパやアメリカの場合、自国と比べてどうかに加えてオーストラリアでの差別体験などが書かれている。また、展示が政府寄りではないことに驚く声も散見される。また、アジア出身の訪問者のコメントには、オーストラリアでのアジア系へ人種差別の残存への指摘が多くを占めているように思われる。同国人の過激で差別的なコメントに反応する（恥じ入る）ケース、「オーストラリア人よ、多様性がもたらす真価をもっと評価せよ」「自分の国のようになるな」と「アドバイス」するケース、そして、自らの被差別体験やアボリジニや難民への対応からオーストラリアを批判するケース、などが主なものである。そしてこうしたコメントの一部が提示されることで、オーストラリア人を初めとする各国の人々が反応を示すという、連鎖反応が起きている。このように、アデレード移住博物館ではこうした「フォーラム」としての機能がトランスナショナルな連鎖反応の形で行われているという点がユニークである。なぜなら、南オーストラリアの小都市アデレードから、難民問題、人種差別問題、多文化社会の歴史と未来をトランスナショナルな立場で考える場を提起していると思われるからである。この点は「議論の契機となるのが好きだ」と語る、アデレード移住博物館館長ヴィヴ・スケレス氏にとっても想定外な展開であろう。このようにアデレード移住博物館の試みは、多文化社会や移民をめぐる議論、激論の応酬が、オーストラリア国内のものだけでなく、アメリカ、ヨーロッパ、オーストラリア、アジアにまたがるトランスナショナルな「フォーラム」として、実際に機能している稀有な事例なのである。[42)]

【注】

1）従来の移民・多文化省（Department of Immigration and Multicultural Affairs）は 2007 年 1 月その名称が移民帰化省（Department of Immigration and Citizenship）に変更された。ことばとしての「多文化」が連邦政府機関名から消えたのである。当時のハワード首相は「そのことば『多文化主義』が死んだなどいうことではない」としつつも、「望ましい過程とは移民がオーストラリア人となること、単純にそういうことだ」と、改称時のインタビューで答えている。*The Age*, January 27, 2007, *The Courier News*, January 27, 2007.

2）能登路雅子「歴史展示をめぐる多文化ポリティクス」遠藤泰生、油井大三郎編『多文化主義のアメリカ』（東京大学出版会、1999 年）206－207 頁。

3）同上、188 頁。

4）アデレードのように博物館の名称として「移住」(Migration)を使うケースは稀である。例えば同種のメルボルン移民博物館や、ニューヨーク市にあるエリス島移民博物館でも「移民」（Immigration）が使われている。アデレード移住博物館の場合は当初「エスニック博物館」という案もあったが、往々にして「エスニック」というと、食べ物や踊りなど、文化的側面だけが想起されるので、社会史博物館であることの使命から考えて、「エスニシティだけではなく、階級、 ジェンダー、セクシュアリティ、 年齢といったファクターを組み込ませていかなくてはならない」という使命感を持って「移住」博物館として出発した。筆者によるインタビュー、ヴィヴ・スケレス、於アデレード移住博物館、2004 年 2 月 19 日。

5）南オーストラリア・ヒストリー・トラスト事務局長のマーガレット・アンダーソンによると、資金が潤沢なのは移住博物館ではなく、これらの「科学・産業」博物館である。筆者によるインタビュー、マーガレット・アンダーソン、於南オーストラリア・ヒストリー・トラスト、2004 年 2 月 18 日。

6) Twenty First Annual Report of the History Trust of South Australia for the Year Ended 30 June 2001, 18. http://www.history.sa.gov.au/migration/about/history.htm accessed on March 2, 2004.

7) http://www.history.sa.gov.au/history/about_us/annual_report/Annual_Report_2004_05.pdf, p.34, accessed on April 28, 2007.

8) Ibid., p.8.

9) 筆者によるインタビュー、エリザベス・ガラトサノス、於アデレード移住博物館、2006 年 7 月 2 日。

10) 別棟にある女性救護院の歴史展示ももうひとつの常設展示である。

11) 筆者によるインタビュー、マーガレット・アンダーソン、於南オーストラリア・ヒストリー・トラスト、2004 年 2 月 18 日。マーガレット・アンダーソンによる博物館展示への介入と「政治的説得」については、Margaret Anderson, "Oh What a Tangled Web…Politics, History and Museums," *Australian Historical Studies*, 33(119) 2002, 179-185 参照。

12) 筆者によるインタビュー、マーガレット・アンダーソン、於南オーストラリア・ヒストリー・トラスト、2004 年 2 月 18 日。

13) スケレス館長自身は、ロシア系ユダヤ人のバックグラウンドを持つ。祖父母の代に、ロシア、リトアニアから、イギリスに渡りオーストラリアにやってきた。他の学芸員もインド系など多様な経験と専門的知見を通して、展示を考えているそうである。筆者によるインタビュー、ヴィヴ・スケレス、於アデレード移住博物館、2004 年 2 月 18 日。

14) 筆者が訪れた 2004 年 2 月、及び 2006 年 6 月、7 月、多くの訪問者がコメントシートを時間をかけて真剣に見ていることが観察された。

15) 筆者によるインタビュー、マーガレット・アンダーソン、於南オーストラリア・ヒストリー・トラスト、2004 年 2 月 18 日。

16) 筆者によるインタビュー、パット・スレットン、於アデレード移住博物館、2004 年 2 月 19 日。

17) アデレード移住博物館、コメントシートボックス「2002 年 9 月 24 日」ファイル。以下コメントの邦訳は筆者により、原文のニュアンスをなるべく忠実に再現した。また、本稿中「展示」の対象となったと言及されたもの以外は、筆者の調査時にはファイルボックスに保存されていた。なお、コメントシートそのものに日付が付記されているケースは少なく、同じ日付のファイル名はその前後に書かれたものが回収されファイル化されたものである。

18) 同「2003 年 7 月 3 日」ファイル。

19) 同「2002 年 2 月 26 日」ファイル。

20) 同「2002 年 6 月 4 日」ファイル。

21）同「2003年1月9日」ファイル。下線部は原文どおり。

22）同「2003年10月28日」ファイル。下線部は原文どおり。

23）同「2004年1月8日」ファイル。

24）同上。

25）同「2002年3月3日」ファイル。

26）同「2002年12月7日」ファイル。下線部は原文どおり。コメントとしてガラスボードに展示。

27）同「2004年4月8日」ファイル。下線部は原文どおり。

28）同「2005年11月20日」ファイル。コメントとしてガラスボードに展示。

29）同上。下線部は原文どおり。コメントとしてガラスボードに展示。

30）同上。

31）同上。

32）同上。スケレス氏からの返事、2005年11月2日　午前8：35付け。

33）同「1995年7月」ファイル。

34）同「2002年11月27日」ファイル。質問A-5に対するコメント。

35）同「2005年11月20日」ファイル。質問A-1に対するコメント。

36）筆者によるインタビュー、キャサリン・マニング、於アデレード移住博物館、2004年2月18日。

37）筆者によるインタビュー、ヴィヴ・スケレス、於アデレード移住博物館、2004年2月18日。

38）筆者によるインタビュー、パット・スレットン、於アデレード移住博物館、2006年7月2日。

39）筆者によるインタビュー、マーガレット・アンダーソン、於南オーストラリア・ヒストリー・トラスト、2004年2月18日。

40）アデレード移住博物館、コメントシートボックス「2001年10月21日」ファイル。

41）同「2005年12月18日」ファイル。

42）本研究は、平成19～21年度日本学術振興会科学研究費の助成を受けた基盤研究（C）、研究課題名「トランスナショナル・ヒストリーからみた移民政策の比較研究」研究代表者：菅美弥、課題番号19520622による研究成果の一部である。なお、現地調査に際しては、南オーストラリア・ヒストリー・トラスト事務局長マーガレット・アンダーソン氏、アデレード移住博物館館長ヴィヴ・スケレス氏から資料提供や研究スペースの提供等協力を受けた。ここに記して感謝申し上げる。

「矍鑠」が空を飛ぶ日
——漢字コードをめぐる三つの物語

松岡　榮志

私たちは、毎日漢字を使い、コンピュータを使っている。伝統文化の遺産である漢字と最新技術の結晶であるコンピュータ。この二つは、つい最近までは、水と油のように相容れない存在であった。しかし、多くの人々の熱意と努力によって、今や誰でも、どこでもコンピュータで自在に漢字を扱うことができる。世界中のすべての文字や記号にコードを振り、コンピュータの中で使うために制定された国際規格 ISO/IEC10646（ユニコード）。この国際規格制定作業の中でかいま見た三つの人間ドラマを紹介する。

1．はじめに

矍鑠、「かくしゃく」と読む。年老いても、元気なようすを言う。

コンピュータの前に座り、「kakushaku」、とキーを叩くと、「かくしゃく」と表示され、変換キーを叩くと「矍鑠」と変換される。さらに、それを電子メールに載せると、国内はおろか、中国でも韓国でも、太平洋を越えたシアトルでもニューヨークでも、「矍鑠」と表示され、プリントアウトされる。これは、いったいどういうことか。「矍鑠」が空を飛ぶのか？

これから、漢字とコンピュータをめぐる三つの物語を書いてみようと思う。

もちろん、漢字の成り立ちや、読み方、書き方について解説するつもりはない。その仕事は、本屋さんに行けば、棚にあふれんばかりの漢字検定のガイド書や、「面白くて役に立つ」あまたの書物に譲っておきたい。さらには、コンピュータについて、その使い方やプログラムなどについて述べるつもりもない。もちろん、私にはその能力も資格もない。

ここでは、1990年以来、私自身がISO（国際標準化機構）の「国際符号化文字集合」(ISO/IEC10646) 制定の仕事を通じて知り合った何人かの知人や友人（と、あえて呼ばせていただく）との触れ合いや、彼らがたどってきた苦難に満ちた人生の曲折を、私なりに解釈しつつ、皆さんに紹介してみたいと思う。

漢字とコンピュータ、とだけ言ったのでは、少しわかりにくいので、もう少し説明しておこう。たった今、ISO と述べたが、この組織そのものがあまり一般的でないだろう。本部がジュネーブにあり、私たちの生活全般に関わるすべての規格（工業規格が多いが）の国際標準化活動をしている。ここで制定された規格（標準）は、それぞれの国や地域で国内規格としても運用される。身近なところでは、牛乳やお菓子の袋や箱などに、ISO9001 とかISO14001 などといった番号が印刷されているのを見たことがあるかも知れない。これらは、工場などの品質管理システムや環境システムの国際規格を示すもので、この認証を取得していれば、国際的な信用が得られることになっている。ISO は、そうした国際規格を作るための組織である。そして、私たちは ISO/IEC 10646 という番号の国際規格を造り、さらにそのメンテナンスをする仕事を、この 10 数年来続けてきた。そして、1993 年にまず、ISO10646：1993 を世に送り出したが、その正式な名前は、「国際符号化文字集合」(Universal Multiple－Octet Coded Character Set) という。それは、日本国内では、JIS（日本工業規格）として公布され、「JIS X 0221」とよばれている。[1]（図①）

「国際符号化文字集合」とは、またまた聞き慣れない名前である。これは、つまるところ何かというと、世界中のすべての文字や記号にただ一つのコード（番号、符号）を振り、コンピュータで統一して処理することを目指した（実際には、手書きの文字は実に複雑で、現在でもなお未解決の問題も少なくない）国際規格である。それを、実際に製品化したものが、Unicode Consortium から発行されている Unicode（現在は、The Unicode Standard, Version 5.0.0）であるため、通常「ユニコード（Unicode）」と呼ばれる事が多い。[2]（図②）

この国際規格は、今では世界中で使われている PC に必ず入っているが、多くの人はその存在を知らないし、意識もしていない。しかし、それがないとインターネットで漢字をやりとりする場合、「文字化け」（中国語では、“乱码 luànmǎ”）を生んでしまう。中国では、この規格を表示するフォントは、MS-Windows 95 版からサポートされたが、日本ではMS-Windows2000版からサポートされ、それ以後のバージョンでは OS（Operating System）にも漢字処理にも、すべてこのコードが使われている。

世界中のすべての文字や符号に、すべてコードを振る——これは、上で触れたように、まことに「言うは易く行うは難し」である。いったい世界中に、どれだけの文字があり、どれだけの記号があるのか。そして、その文字の書き表し方は、一つに決まっているのか。さらに、時代や地域で書き方が異なっているのをすべて網羅できるのか、こうした問題は、文化や歴史、さらには政治の問題を含んで、多くの議論と混乱を生んでいる。

コンピュータで使用する文字を、アルファベットのみで済ませるなら、事は容易である。大文字が 26 字、小文字が 26 字、合わせて 52 個のコードがあればいい。コンピュータの利用範囲がまだ一部に限られていた 1960 年代までは、1 バイト（byte）、つまり 2 の 8 乗＝2×2×2×2×2×2×2×2＝256 個のコードがあれば、必要十分であった。おおむね、タイプライターの文字板の範囲である。実は、日本では 1980 年代には（いや、90 年代になっても）まだコンピュータで漢字を扱うのは、そう簡単ではなかった。ワープロソフトの「一太郎」や「MS—WORD」が普及して初めて可能になったのである。

そう言えば、少し前の銀行の通帳は、ほとんどカタカナで「マツオカエイジ」のように書かれていたし、入金も「トウキョウガクゲイダイ」などと印字されていた。銀行の振り込み手続きには、必ずカタカナを書くように指示されたものである。それは、1 バイトでは、アルファベットと数字、さらにはカタカナを使うことで精一杯だったことによる。その状態は、実は今でもさほど改善されておらず、銀行が合併した時などに、コンピュータ・システムがなかなか共通化しないのは、その漢字問題が深く絡んでいるとされる。銀行各社が使っている大型コンピュータの会社が違うため、二つ以上のデータを混在させると、コンピュータ・システムにバンドルされているフォントが異なってしまい、さらに印字すると微妙に字形が異なり、同定（identify）できなくなってしまう。この問題は、専門家の間では早くから知られており、銀行のみならず、保険会社などの、人名を多く扱わなければならない部門で、障害が多く見られた。これらは、日本国内の問題だが､実は国境を越えて漢字を用いる場合も､全く同じトラブルが起こってしまうのである。そこで、国際標準化機構では、早くから国境を越えた国際的な統一コードの必要性が叫ばれていた。

2．各国・地域の漢字コード

今日、世界で広く使われているコード表の中で、最初に漢字に番号がふられたのは、日本の工業技術院が 1978 年に世に送り出した「JIS C6226—1978」（後に、JIS X0208、第一水準・第二水準漢字表）である。それに続いて、アジア各国や地域の国内規格が作られた。

各国･地域の漢字コード化活動を年表風にまとめると､次のようになる。

1978年（日本）JIS C 6226（後、87年にX 0208と改称）	6,349字[3]
1980年（中国）GB 2312	7,455字
1984年（台湾・情報産業研究所）BIG5	13,494字
1985年（台湾・行政院文化建設委員会）CCCII	22,354字
1986年（台湾・経済部中央標準局）CNS 11643	13,735字
1988年（日本）JIS X 0212	5,843字
1989年（韓国）KS C 5601	4,620字
1991年（韓国）KS C 5657	2,856字
1992年（台湾・経済部中央標準局）CNS 11643	48,711字
1993年（ベトナム）TCVN 5773	6,782字

以上挙げたのは、各国・地域で早い時期に制定されたもので、その後に行われた改訂作業については省略に従う。この年表を見てみると、漢字のコード化については､世界の中で日本がまず主導的に始め､アジアの各国・地域がそれに倣って進めたことがわかる。近年では、香港やマカオも独自の規格をまとめている。

ただ、1980年代においては、まだ国境を越えて、コンピュータ上で漢字をやりとりするという需要はほとんどなかったし、多くの人がそんなことは不可能に近いと考えていた。私自身は、後に述べるように、1990年からISO/IEC 10646制定の活動に加わることになったが、国内委員会の中で話し合われたのは、

——「国際統一コード表」などを作っても、いったい誰が使うのか？

という存在そのものに関わる根本問題であった。ある日の会議の中で、最も経験豊かな委員の一人が苦笑しながら、「そうね、これができたとしても、せいぜい松岡先生のような中国語の教師が、テキストをパソコンで作るときに、日本の漢字と中国の簡体字を混在させて使うくらいでしょう。」と言っておられたのを、昨日のことのように記憶している。今更ながらに、ITの世界の変化・発展のスピードの速さに驚かされるのだが、その頃はまだ、インターネットも普及していなかったし、大型コンピュータはともかく、PCの世界ではNECの98シリーズや88シリーズが普通で、IBMの互換機もほとんど使われていなかった。ワープロ専用機が年賀状作成に便利ですよと、売り出され、使い始められてはいたけれども、PCは一部のマニアの趣味にとどまっていたと言っていい。そんな状況の中で、ともかく作業は始められたのである。

3．漢字にコードをふる——和田弘氏の場合

だが、じつは漢字にコードをふるという考え方は、すでに1950年代には始まっていた。[4] しかし、漢字コードの国際化が実際に始まるのは、それから20年ほど後の1970年代になる。このあたりの年代を追った詳しい経緯は、既に注3)にも挙げた安岡孝一、素子夫妻の労作『文字符号の歴史』に詳しいので、ぜひそれを参照していただきたいが、ここではその行間の逸聞を一つ紹介しておこうと思う。

今年2007年の2月8日に、日本の情報処理研究と開発の草分けである故和田弘氏（情報処理学会情報規格調査会名誉顧問）が、92歳で亡くなられた。[5] 数年前、その和田先生から送っていただいた資料によれば、和田氏が

文字セットと符号化を担当するISO/TC97/SC2に対して、“CONSIDERATION ON KANJI CHARACTER SET AND ITS CODING”（漢字セットおよびその符号化に対する考慮）を提案したのは、1969年12月であった。（図③）

彼は、戦後さまざまなコード化にかかわった自らの経験から、いずれ日本やアジア各国で情報処理が発展するにつれて、必ずや漢字処理が主要な課題になることを予見していた。そして、そのためには、漢字のコード化がまず必要であることを痛切に感じていた。後に、1978年のJIS C 6226-1978作成にあたり、その幹事役として大いに力を発揮するのだが、彼がにらんでいたのは国内よりむしろ漢字のコード化に消極的な欧米各国であった。そこで出来上がったのが、1973年のISO 646、とその拡張であるISO 2022という規格である。

さて、その和田弘氏とは、石崎俊氏（慶応大学教授）を介して、ここ数年にわたり何度かお会いした。亡くなる直前まで矍鑠（かくしゃく）としてベンツを運転しておられ、ビールをよく飲まれたが、漢字研究の泰斗であった藤堂明保先生（旧姓、今井）と旧制一高の同級生であったことから、よく「今井君の本には、ずいぶん啓発されたね。やたらに漢字を使っちゃあ、いかん。ただ数を増やしてはだめだ。そうだろ君！」と喝破しておられた。

とくに近年の漢字コードの増大ぶりには極めて心を痛めておられ、「君、漢字やコードは少ない方がいい。できるだけ制限して使うように、がんばってくれ。」と、私たちに向かって繰り返し、繰り返し念を押しておられた。私たちの提唱した「BUCS」（基本漢字コードセット）の標準化がさまざまな理由で立ち往生している際にも、力強く後押ししてくださった。

——漢字が、何万字もコンピュータに入っていて、どうなるね？漢字がたくさん欲しい、欲しいという奴らは、検索ということをちっとも考えておらん馬鹿者じゃ。せいぜい5000字ぐらいあれば、十分じゃないか。ええ、君、そうだろ？

今でも、そんな先生の張りのある声が耳の奥で響いている。

私たちの提唱した「BUCS」の基礎となっている考え方は、「用途による使い分け」ということである。日頃使うことのない何万もの漢字をコード化して、それをいつもコンピュータに装備しているのは、大きな漢和辞典を何冊も背中に担いで路を歩いているようなものである。日常的には、最小限の漢字やコードで済ませ、学術的な場合にのみ別途コード表を持てばいいのである。

ところが、ちょうどその頃、東大の坂村健一氏などの提唱する「GT明朝」や「超漢字」などがマスコミを騒がせ、ハードディスクやメモリーの大容量化やコンピュータ本体の機能向上もあって、いまさら漢字コードの使い分けなど必要ない、というのが情報処理界の常識となっていた。そこで、私たちの「コード表の使い分け」という提案は、ほとんど相手にされなかった。同じ頃、米国のSan JoseにあるApple社で行われた国際会議に参加したおり、日本から同行した情報処理の専門家たちに私の考えを話したのだが、彼らは苦笑しながら、私に向かって、

——先生、コンピュータのハードやメモリーが発展して、今や米国のこのように広い土地があるわけですから、そこにどんどん家を建てるように、コードを当てはめていけばいいんじゃないですか。何も、狭い小屋に押し込めることはないでしょう。

と真面目に語っていた。わずか7、8年前の話である。

その時、私は、

——確かに、コンピュータは処理してくれますが、人間はそうは行きません。ふつうの漢和辞典だって、1万字を越えることはないですよ。私の教師としての経験からしても、また研究者としての実感からしても、1万字を越えると、ほぼ字形の正誤の区別も難しくなりますから。機械は処理できても、人間が使いこなすことが難しいのです。

と答えたのだが、彼らはすでに横を向いて別の話題に興じていた。

私が言いたかったのは、「人間がコンピュータを使いこなす」のであり、同時に「人間が漢字を使いこなす」にはどうしたらいいか、ということである。「コンピュータが漢字を使う」のをどう手伝ったらいいか、なのではない。コンピュータは、あくまでも電子計算機に過ぎない。漢字もまた、道具(tool)に過ぎないのだ。

私の（いや、正確には私たちの）提案が現実味を帯びてきたのは、その数年後であった。

4．ユニコードの誕生

ところで、今や全世界で使われている国際文字コードである「ユニコード」は、いったいどのようにして誕生したのか？これについては、先に紹介したUnicode Consortiumの公式ホームページを見ていただくのが最も正確なのだが、それではあまりに取りつくしまがないので、「ユニコード」誕生に関わった一人の人物の生い立ちをめぐって、小さな物語を紹介してみたい。

もうすでに10年ほど前のこと。

1996年の10月、都心の麹町にある研究所の一室で、私はリー・コリンズ（Lee Collins）氏にインタビューを試みていた。彼は、言うなればユニコードの「生みの親」の一人であり、ユニコード・コンソーシアムの中では、畏敬の念を以て「プロフェッサー」と呼ばれている人物である。私は、彼をはじめ米国のＩＴ関係者たちがなぜユニコードというものを作ろうと思ったのか、その理由や思いを当事者たちの口から是非とも聞いてみたかったからである。

彼の家系は、アイルランドからの移民で、「10本のビールとジャガイモがあれば、食事はいらない」と豪語する彼は、毎晩ワインを1本空ける酒豪であるが、背の高いがっしりとした体格の、色白の美丈夫である。

私の質問に答える形で、彼は穏やかに話し始めた。

彼は、私とほぼ同じ年代で、父は太平洋戦争のパール・ハーバー攻撃の際に、真珠湾で航空母艦に乗っていた。日本軍の攻撃は、米軍による暗号解読によって事前に察知され、湾内には旧式の戦艦が残され、日本海軍の航空隊の戦闘機によって撃沈された。[6] 彼の父の乗った空母は、湾の外に逃れ、黒煙を上げて沈んでいく僚艦を見つめていたという。

彼の父は、若い頃、貨物船の船員として、上海や神戸に上陸したことがあり、幼少時にたびたび父から聞かされた話から、アジアや日本に興味を抱いた。そして彼は後に台湾に留学し、フェリーに乗って、日本にやってくることになる。彼の高校時代は、私たちと同じく、ベトナム戦争のまっただ中。彼は、階層でいえばブルーカラーの出身で、周りの高等学校の先輩たちは、ベトナムの戦場に兵士として赴いて行った。そして、多くの者は戦場で倒れ、命を落とした。さいわい一命を取り留めたとしても、身体や精神に傷を負って故郷にもどってきた。麻薬中毒になったものも少なくない。こうした彼らの姿は、いわゆる「戦場の英雄」などではなく、その戦争も「正義の戦争」などではなかった。こうした身近な人々の戦争体験を目の当たりにして、彼のアジアへの関心は一層高まっていった。

サンフランシスコ郊外の高校を卒業後、カルフォルニア州立大学のバークレー校に入り、東アジアの言語を学ぶ。彼の在籍した高校には中国人の数学教師がおり、昼間は数学を教え、夜は中国語を教えていた。折しも、ニクソンが訪中し、それまで「竹のカーテン」として閉ざされていた中国の神秘のベールが少しずつ外されていく。彼が日本語の勉強を始めたのは、大学3年の夏学期だが、それはあくまでも中国語の文献を読むための必要からであった。1974年、バークレーを卒業し、台湾師範大学に留学。後に、東部のコロンビア大学大学院に入ってさらに東アジア言語研究を進め、1982年日本にやって来る。そして、国際エネルギー政策フォーラム機構で2年間働き、1984年帰国して、アップル・コンピュータで働くことになる。

——コンピュータには昔から興味を持っていたのですか？

——いえ、どちらかというと巨大科学技術の象徴でしたから、大嫌いでしたね。

ちょうど私たちが、日本においてもそうであったように、高校生時代は政治の季節であった。ラディカルな青年であった彼は、反戦活動に参加し、友人から借りた「禅」の本に深く興味を抱く。コンピュータは、戦争を引き起こす悪の元凶であり、人間を圧殺する巨大技術の象徴であった。まさか、後年、コンピュータ技術の最先端で仕事をすることになろうとは、本人自身も全く予想だにしないものであった。

——台湾から、日本にはどのようにしてやって来られたのですか？

——船です。フェリーに乗って来ました。竹芝桟橋から上陸したはずです。

——ずいぶん時間がかかり、大変でしたでしょう。

——いえいえ、父も船乗りでしたから。

やがて、日本に住んで働くうち、その頃ゼロックス社で働いていた、ジョセフ・タッカー氏と知り合う。中国語や日本語に精通し、そのテキスト処理を研究する彼らにとって、中国・台湾・日本の漢字を混在して同時に扱うことのできるコード表がぜひとも必要であった。それは、ビジネスのためであると同時に、実生活においてもぜひとも手に入れたい道具（tool）であった。その頃、コンピュータは未だ会社の特別室に鎮座する大型機械であり、個人が自在に操ることのできるものではなかったが、近未来に現れるであろう（そして、20 年後の今日ではすでに誰もが無意識に享受している）需要を素早く先取りしていたといえる。こうした未来への予測は、しばしば現在の私たちの身の回りにある必要から生み出されることが多い。その時点では、少数者の夢のようなものであっても、やがて 20 年後には多くの人々の現実になって行くのである。

コリンズ氏は、やがて日本を後にして、カルフォルニアに帰り、アップル・コンピュータで大いに活躍する。その製品「マッキントッシュ」は、世界でいち早く多言語環境に対応したシステムを提供したが、漢字の処理においても先駆的な役割を果たしている。その仕事に対するコリンズ氏の貢献は重要で、その後、ユニコード・コンソーシアムを立ち上げ、漢字の国際コード化やアジアの文字のコード化に多大な貢献をしている。

こうした人々の、地道で忍耐強い活動が今日の情報化社会を支えていると言っても過言ではないだろう。マスコミで話題となる一部の人々より、むしろ敢えて名乗ることのない無数の人々（「無名戦士」）の人生の多くが、一見「無機質」に見える国際規格や国際標準に注ぎ込まれているのである。

5. 40 年の歳月を越えて

今年、2007 年の 5 月末に、西安で第 28 回の IRG 国際会議が開かれた。[7)]
第 1 回が始まったのは、1990 年の暮れであるから、17 年目である。約半年に 1 回の計算になる。会議が開かれた地域は、日本では東京、京都、福岡、徳島、中国では、北京、南京、桂林、昆明、成都、海南島、香港、マカオ、台北、韓国ではソウル、済州島、ベトナムではハノイ、ホーチミン、米国では、シアトル、サンフランシスコ、サンノゼ、など、各地をめぐっている。もちろん、東京のように、2 度 3 度と開かれる場所もある。

中でも忘れがたい出会いがいくつかある。

その一つは、今からちょうど 5 年前の、2002 年 5 月。中国に返還され、新たに開発の進んだマカオの文化センターで、第 19 回の IRG が開かれた。参加者は、中国 12 名、香港 4 名、マカオ 4 名、北朝鮮 3 名、日本 5 名、韓国 5 名、シンガポール 1 名、台湾 5 名、米国 1 名、ベトナム 2 名、ユニコード・コンソーシアム 2 名、エキスパート 1 名、計 45 名。マカオが会場に選ばれたのは、中国からも台湾からも近い、ということによる。それは、単に地理的な近さのみならず、政治的な距離において、中間的な位置にあるということである。同じような立地条件にある香港では、すでに何回も会議が開かれている。近年、中国大陸と台湾との間で、政治的な緊張が高まると、開催地によってはいずれかの代表がすべて参加できないという事態を招きやすい。そこで、ちょうど中間的な位置にある場所が歓迎されるのである。それは、中国と台湾のみならず、北朝鮮と韓国についても同じ事がいえる。この回の会議で、参加者の注目を集めたのは、北朝鮮からの代表の参加であった。

長くポルトガルの植民地であったマカオ（澳門）は、中国広東省の珠海市と陸続きでありながら、独特の風景と文化・伝統を持っている。南の海辺に行けば、岩山の上に教会が建ち、旧ポルトガル総督府の建物が、鮮やかなピンクや黄色の壁を陽の光に輝かしながら、甍を連ねている。それとは対照的に、珠海市に近い北側は、仏教寺院や中国的な町並みが続いている。そして、東側には最近出来上がったばかりの巨大な埋め立て地が広がり、そのあちこちに高層ビルがにょきにょきと立っている。今回の会議場のマカオ文化センターはその一角にあり、開館して間もない現代美術館を中心に、瀟洒な新建築の窓からは外港が一望できる好立地にある。

マカオと聞くと、たいていの日本人は「カジノ」を思い浮かべるだろう。中国返還前には、日本からのおじさんたちの一団が腹巻きに札束を忍ばせて、香港経由でやって来た。現在では、香港からマカオまでは、高速艇で1 時間の距離だが、以前は何時間かかけて波に揺られて行かねばならなかった。それだけに、緊張と興奮がない交ぜになり、強い高揚感を覚えたに違いない。今では、航空機のジェットエンジンを積んだ高速艇が、ほとんど揺れもなく快適に運んでくれる。これで、マカオから香港まで通勤する人も少なくない。この快適さと清潔さが、マカオに博打や競馬に行く連中の高揚感をかなり殺いだはずである。

さて、会議は5月6日に始まった。まずは、会議参加者の自己紹介があり、前回の議事録やら、少し前に開かれた上位の会議 WG2 の結果などが議長から読み上げられて、ティーブレイクとなる。この新しい建物の中は禁煙なので、ティーブレイクは朝食兼喫煙タイムになる。中国からの年配の参加者や韓国、北朝鮮の代表の中にはまだ愛煙族がいて、バルコニーに出て、まずは一服である。私は、たばこの煙に弱いので、なるべくそのグループには近づかないでコーヒーを飲んでいると、旧知の何人かが声をかけてくる。

——やあ、久しぶり。最近、なんか本を出したかい？

——去年、やっと辞典を出して、今は少し休憩中だね。そちらは？

——なんか、ばたばた忙しいねえ。いつ帰るんだい？

——10日には、帰らないとね。

こんな、とりとめのない話を、中国語でやっていると、

——ニイ・ハオ。松岡先生。元気ですか？

——やあ、阮老師。お久しぶり。

これも旧知の、ベトナムの阮光紅教授。彼は、言語学者で、独立運動の戦士の子としてベトナムの中部地方に生まれ、国家から選抜されて60年代初めに北京大学に留学した。世界的に知られる言語学者の王力教授の元で漢字について学んだ、ベトナム独自の漢字である「チューノム」（字喃）研究の第一人者である。北京大学で修士号を取り、さらに文化大革命が勃

発した中国からもどると、今度はモスクワの大学院に派遣され、そこで言語学の博士号を取得、ハノイ大学で教鞭を執り、新たにできた「漢喃研究院」でも中心的な役割を果たしてきた。ベトナムの他のメンバーとは、英語で会話するしかないのだが、阮先生とは、中国語での会話が可能である。この会議の多くのメンバーは理科系のコンピュータ関係者なので、文化系の私たちは少数派。そこで、会議が膠着状態になると、今までもよく二人で暇つぶしをしたのだが、はじめは阮先生の中国語のたどたどしさに、もどかしい思いを隠せなかった。若い頃、北京大学に 8 年あまりいたはずなのに、どうしてなのか。

——阮老師、失礼ですが、どうしてそんなにたどたどしいのですか？

——その通り。残念ながらこの 40 年近く、ほとんど中国語を話す機会がなかったのです。

60 年代半ばに中国は文化大革命に突入し、その後も 1979 年の中越戦争などがあり、中国語を使うことはベトナムでは非常な危険を伴ったのである。おそらく、文化大革命中の中国で、英語や日本語を使うことは、すぐさま「スパイ」とか「反革命」として攻撃の的になった事と同じ状況があったのであろう。

やがて、次第に昔の調子を取り戻し、発音もなめらかになり、話がはずんできた。すると背後から、

——エーイ、ニイ・ハオ。松岡老師、久しぶり。

——やあ、傅先生。お久しぶりです。

北京から来られた、語言文字応用研究所所長の傅永和氏である。

——そういえば、先生も 1960 年頃、北京大学で勉強しておられましたよね。

——あの頃は、学部は 5 年制だったんだよ。

すると、今度は阮氏が、

——私も、5 年制だったよ。それから大学院に行ったんだ。

そう言いながら、傅氏の顔をまじまじと見つめて、

——あーっ、もしかしたら、あの傅君じゃないか？いやあ、懐かしいな

あ。40年ぶりだねえ。

としばし絶句。傅氏の方も、若き日の阮氏の姿を懐かしむように、眼鏡をゆっくりと持ち上げながら、

——うーん、そうだ。君だ、君だ。そうか、40年ぶりかあ。

傅永和氏は、文化大革命の始まった1966年に文字改革委員会（後の国家語言文字工作委員会）に入り、以後、同秘書長、副主任、教育部語言文字信息司司長（局長に当たる）を歴任し、一貫して中国の言語政策の中心にいた人物である。

互いに、中国語と漢字をめぐって、それぞれの土地で、多くの苦楽を味わってきたに違いないが、今こうして再会し、40年という年月をゆっくりと思い返している。おそらく、青春の日々の１コマ１コマが、走馬燈のように駆けめぐっていることであろう。

私は、二人のそばからゆっくりと離れ、窓ガラスのそばに立っていた。マカオの南国の日差しは、まばゆいばかりで、床に二人の影を落としていた。影は時々揺らぎながら、次第に近づき、一体となった。

６. 終わりに

「矍鑠」が空を飛ぶ、つまり漢字が世界を駆け回っている——これは、実は正確な表現ではない。漢字に付けられたコードが、何桁かの数字となって、こちら側からあちら側へ送られているのである。したがって、情報を受け取る両側にそれを表示するフォントがなければ、この情報はただの数字の羅列でしかない。また、すでに述べたように、同じ漢字に同じコードが振ってなければ、全く違った字形が表示されてしまうのである。

同じ字形の漢字に、同じコードを振る。これは、人間の仕事である。機械的に、字形を判断して振ることは、実に難しい。それは、漢字がその使用者や国、地域の伝統や文化と深く関わっているからである。

国際会議が始まって間もない頃、韓国からは、同じ字形であっても発音が異なるものに別々のコードをふりたい、との希望が強く出された。慎重な討論の結果、残念ながら却下されたが、なかなか取り下げてはもらえな

かった。

また、ベトナムから出された漢字表の配列が、しばしば『康熙字典』の配列と異なっていた事があった。それを、私たちははじめ単純なミスだと思っていたが、実はベトナムでは漢字の偏旁の左右、上下が入れ替わっても、同じ字として考える習慣があったのである。たとえば、「和」という字は、「口」が右に来ても左に来ても同じで、時々「口偏」に入れられてしまうのである。

この作業を通して、同じ漢字を使いながら、実はさまざまな違いがあることを改めて思い知らされ続けてきた。その意味では、近年、アジアの漢字を使用してきた国々をひとまとめにして「漢字文化圏」と呼ぶことがあるが、それはあまり当たっていない。あくまでも、そこは漢字を使用してきた国や地域であり、「漢字使用圏」に過ぎない。近しさを強調するより、その差違は差違として認識し、相互理解に役立てるべきだと、今また強く思う。

【注】

1)『漢字とコンピュータ』石川忠久・松岡榮志著、大修館書店、1997 年を参照。

2) Unicode Consortium のホームページ http://www.unicode.org/ を参照。

3) 安岡孝一・安岡素子著『文字符号の歴史』(欧米と日本編)、pp.127-8、共立出版、2006 年を参照。

4) 同上。

5) 和田弘氏の業績については、以下のサイトの高橋茂氏による紹介を参照。http://www.ipsj.or.jp/katsudou/museum/pioneer/h-wada.html

6) 実は、暗号は中国で読解され、米国へ通知されたが、ほとんど無視されたとも言われる。

7) 正式名称は、ISO/IEC/JTC1/SC2/WG2/IRG。ISO で国際符号化文字集合を制定するための委員会。詳しくは、注 1)の『漢字とコンピュータ』を参照。

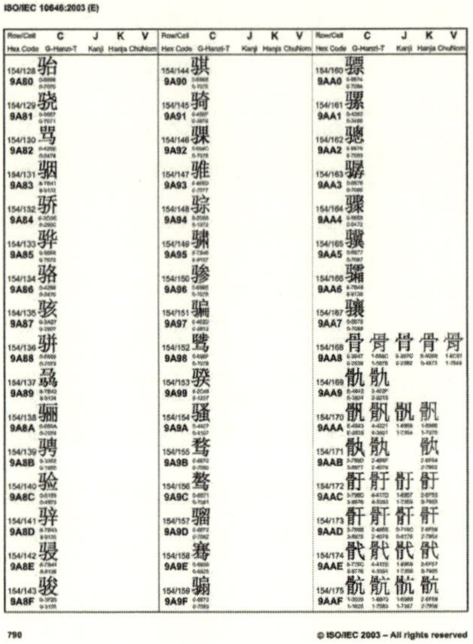

図① ISO/IEC 10646

図② ユニコード

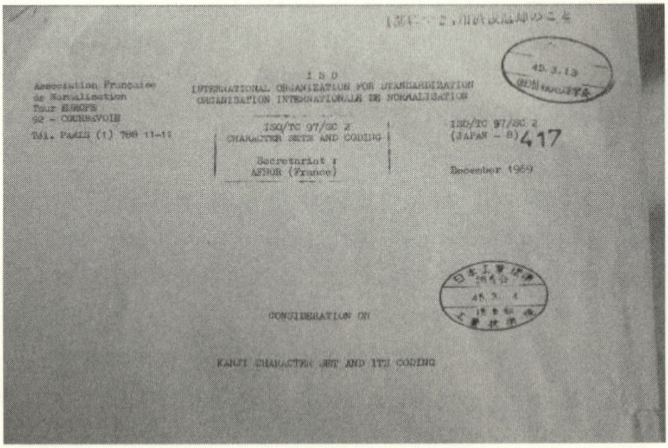

図③ ISOに送られた書類

「ITでつながる」から「ITでつなぐ」へ

木村　守

私たちの生活と密接な関わりをもつコンピュータ。身近な存在でありながら、すでにその存在すら意識しないほどに、さまざまな場面で私たちの娯楽《あそび》・学習《まなび》・生活《くらし》を支えている。あの「IT革命」がもたらしたものは何だったのか。ITの果たしてきた役割、とくに教育と研究の中でITがどのような影響を与えてきたのかということについて、筆者のかかわってきたプロジェクト等を紹介しながら考えてみたい。

１．ＩＴとは

最近ようやく、個人がケイタイを持ち歩くことに違和感を覚えることもなくなってきました。電話はもちろん、メールもケイタイで、電車やバスに乗るのにもケイタイをかざすだけ。買い物もできます。

ITということばが使われはじめてからすでに久しく、とはいえ、それほど古いことばでもありません。今やICT（インターネットなどを活用した情報通信技術）の進歩は、すでに私たちの想像をはるかに超えたものになりつつあり、コンピュータやインターネットの普及が、社会のさまざまなしくみや人々のかかわり方を大きく変えてきています。

また、手帳１冊程度のサイズに、十数冊の辞書がおさめられている電子辞書もまた、非常に便利なものです。日本語、英語、中国語など、ありとあらゆる辞書・事典が電子化され、瞬時に目的の情報を得ることができるのですから。しかし、大学の講義中に、電子辞書を使っている学生のすがただけは、いまだ複雑な思いで眺めています。紙の辞書のよさも、やはり捨てがたいものがあります。

本文では、IT＝「パソコンやケイタイなど、私たちの娯楽《あそび》・学習《まなび》・生活《くらし》を便利にしているさまざまな電子機器、またはその総称」とし、IT と教育・研究とのかかわりについて述べていきたいと思います。

2．マルチメディア教材と教育現場での活用

かつて、東京学芸大学の大学院（夜間コース）の情報教育コースには、多くの現職教員の方々が学び、主としてコンピュータによるマルチメディア教材の開発・研究などを行っておりました。市販のソフトウエアを授業で活用したり、中には非常に優れた教材を自ら開発したりすることもありました。

はじめは、自分自身もそうでしたが、先端技術を駆使しコンピュータの能力を十二分に発揮できる教材こそ、理想の教材だという考えのもと、みなさん日々の限られた時間のなかで研究を続けていました。しかし、どんなに優れた教材を作ってみても、即現場で実践・応用できるものにはなりませんでした。

結論から言えば、そうした教材は、実は現場ではほとんど役に立たないのです。教材が粗悪品で、中途半端なものだったから役に立たないのではありません。逆に、よく出来すぎていて活用しにくくなっていたのです。つまり、その教材を教室で使ったら、教師は教材の使い方を説明する以外、何もすることがないのです。自習用としてならともかく、これでは授業とはいえません。IT の導入によって、教員と児童・生徒とのあいだがどんどん遠ざけられていくように感じました。

当時の IT を活用するための教材研究・開発は、コンピュータをよく知る側からのアプローチであり、IT を授業で活用したいという現場のニーズとかなりずれていたということに、その時気づかされたのです。

しかし、このことは IT を否定するものでは全くありません。IT の可能性は計り知れないものがあります。これまでのように、既存のものを押しつけられるのではなく、使う側が、どのような教材を必要としているのか、それをどう上手く活用できるのかということを考えていくことが大切だと

思います。教師と児童・生徒との対面授業ではできないことを、ITによって実現していくことで、授業をより魅力あるものへと変えていかなければなりません。

3．マルチメディア学習教材活用コンテスト

東京学芸大学とメディア教育開発センターは、2005 年度よりマルチメディア学習教材活用コンテストを共催で行ってきました。このコンテストは、小学校、中学校、高等学校、高専、大学の教育現場におけるマルチメディアを活用した学習教材の開発・利用を支援し、授業をより魅力的にするための教材を対象としたものです。現場での教育と大学での研究を有機的に結びつけ、将来的には、教材コンテンツのネットワークを構築しようということからスタートしました。

このコンテストは、日本国内はもとより海外においても注目されつつあります。2006 年度の第 2 回大会では、国際的発展を促進し、広く海外の国々とも情報交換や研究交流を行っていくことをめざして、東アジア地域を中心とした国際コンテストへと規模が拡大されました。国際大会は東京学芸大学で開催され、日本、中国（北京、上海）、韓国、タイから選出された教員によりマルチメディア教材の活用実践の紹介や研究発表が行われました。

さらに、2007 年度の第 3 回大会は、中国上海の華東師範大学にて開催され、日本、中国（北京、上海）、韓国、タイのほか、モンゴルからの参加もありました。そして、2008 年度はタイでの開催が予定されており、参加国地域もさらに増える予定です。

4．文学与情報技術国際研討会

2006 年 3 月、東京学芸大学において、文学与情報処理国際研討会が行われました。これは、日本、中国、台湾、香港などの研究者による学会です。2003 年に台湾・元智大学、2005 年に中国・北京大学、そして今回が第 3 回大会となります。

前節まで述べてきた内容と、一見無関係のように思われるかもしれませんが、IT と文学が手を結んだ国際会議として画期的かつ重要なものだと考えます。今では、それほど違和感はありませんが、かつては文学と IT は容易に結びつくものではありませんでした。IT は理科系の技術者が扱うもので、文科系の私たちには縁遠い存在であったからです。

5．漢字とコンピュータ

たとえば、漢字。コンピュータで漢字を扱えるようになったのは、だいたい 20 年くらい前になるでしょうか。そのころは、文字を書くときは手書きがあたりまえという時代でした。個人で使用するコンピュータが普及し、第 1 水準、第 2 水準といった漢字コード（JIS コード）[1] も標準装備されるようになると、日本語の文章をパソコンやワープロを使用して作成するようになります。そしてここに、いろいろな問題が生じてきました。

まず、漢字の数です。第 1 水準におさめられる漢字は 2965 字、第 2 水準は 3390 字、計 6355 字です。これ以外の漢字を使いたい場合には、印刷した後で手書きをするか、もしくは「外字」[2] というものを作成していました。ちなみに、6355 字は、JIS 規格ですから、すべてに共通して使用できますが、「外字」はそのパソコンまたはワープロ [3] だけでしか使用できませんでした。

次に、字形の問題です。学校で漢字を習うときには、教科書のお手本を参考にしながら、トメ・ハネまで細かく注意されます。

その人は「返事をしなさい」と命令口調で言った。

その人は「返事をしなさい」と命令口調で言った。

その人は「返事をしなさい」と命令口調で言った。

「人(**人**)＝人」「返(**返**)＝返」「令(**令**)＝令」「言(**言**)＝言」など、
字形が異なる。

しかし、ワープロで印刷される漢字は、多くが「明朝体」や「ゴチック体」ですから、教科書などで使われる「教科書体」とは、若干字形が異なります。[4] 学校からのお知らせや学級便りをいつも読んで目にしている生徒・児童はとても混乱したことでしょう。こどもたちに指摘されはじめてそのことに気がついた教師から、教科書や辞書の出版社などに問い合わせが多く寄せられたと聞きます。

6．漢字コードの統一・調整の試み

このような漢字コードの問題は、日本国内だけの問題ではありません。

インターネットが普及しても、はじめのうちは、日本から中国や台湾のサイトを閲覧することができませんでした。同じ漢字圏なのに不思議なことだと思われるかもしれませんが、これは、日本がJISコードを制定していたように、中国や台湾などでも独自の漢字コードが制定されていたからなのです。ITでつながると思った漢字圏は、漢字コードがあだとなり、しばしそれぞれに孤立させられてしまったのです。

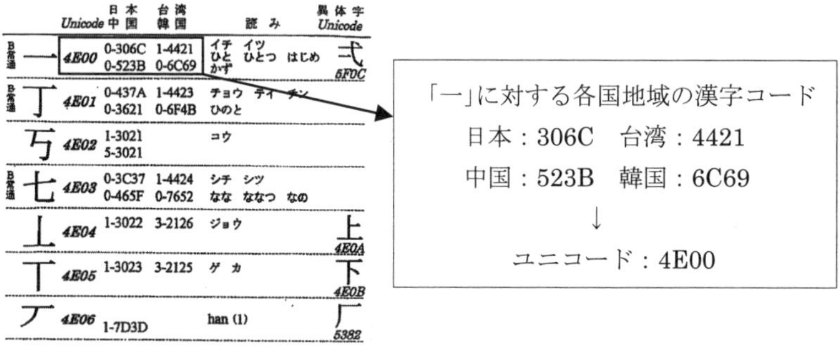

		Unicode	日本 中国	台湾 韓国	読み	異体字 Unicode
B常通	一	4E00	0-306C 0-523B	1-4421 0-6C69	イチ　イツ ひと　ひとつ　はじめ かず	弌 5F0C
B常通	丁	4E01	0-437A 0-3621	1-4423 0-6F4B	チョウ　テイ　チン ひのと	
	丂	4E02	1-3021 5-3021		コウ	
B常通	七	4E03	0-3C37 0-465F	1-4424 0-7652	シチ　シツ なな　ななつ　なの	
	丄	4E04	1-3022	3-2126	ジョウ	上 4E0A
	丅	4E05	1-3023	3-2125	ゲ　カ	下 4E0B
	丆	4E06	1-7D3D		han (1)	厂 5382

図１　ユニコード一覧表（『ユニコード漢字情報辞典』[5] より）

コンピュータで漢字を扱う場合、漢字そのものを認識あるいは理解させているわけではありません。漢字に「コード（符号）」をつけ、その「コード」を漢字と見なしています。つまり、インターネット上を飛び交っているのは、漢字そのものではなく「コード」なのです。日本・中国・台湾が、それぞれ独自の漢字コードをもっているということは、漢字を基準に考えた場合、国や地域によって漢字につけられたコードが異なるということです。ですから、中国や台湾から送られてくる漢字は、日本では全く別の漢字へと姿を変えてしまいますし、その逆も同様です。これがいわゆる「文字化け」です。

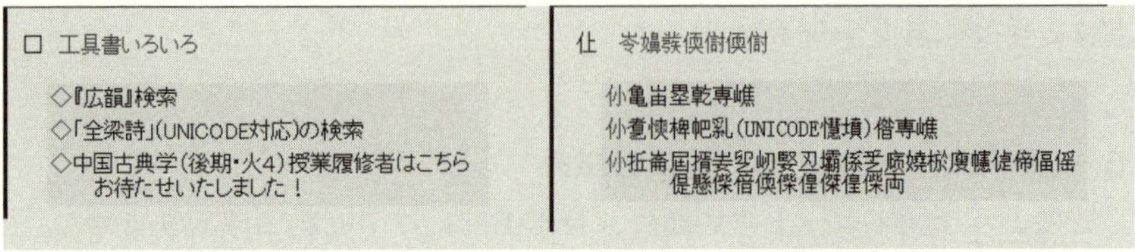

図２　日本の漢字コードのページ(左)を中国語コードで表示させた場合(右)

それなら、各国地域の漢字を統一したり、共通の漢字コードにしたりすればいいと考えるかもしれません。確かにその通りですが、漢字を統一することと漢字コードを統一することは全く違うということに注意して下さい。

日本の漢字、中国の漢字は、それぞれ日本語、中国語を書き表すためのものですから、日本語と中国語が異なる言語である以上、漢字を統一することはそう簡単なことではありません。[6]

一方、各国地域で使用されている漢字を統一するのではなく、漢字情報のやりとりを可能にするために漢字コードを統一することは不可能ではありません。これがISO/IEC10646（通称ユニコード）です。現在私たちが使用しているほとんどのパソコンでこのユニコードが使われています。

7．日常生活に必要な漢字の総数

ユニコードには、20902字の漢字がおさめられています。先にあげたJISの第１水準、第２水準は合計で6355字でしたので、その３倍以上ということになります。この、20902字という漢字の数は多いと思いますか、それとも少ないと思いますか。

そもそも漢字は世の中にどのくらいあるのでしょうか。辞典の祖とも言われる清朝の『康熙字典』[7] には47,043字が収録されています。日本を代表する『大漢和辞典』[8] には49,964字、また中国で出版された『漢語大字典』[9]には54,678字が収録されています。これらに比べると、ユニコードの20902字という数はかなり少ないということになります。

では、私たちが日頃どのくらいの漢字を使っているかご存じですか。新聞紙上における漢字の使用頻度調査によると、1年分の新聞記事を書くために必要な漢字の総数は、約2400万字、うち漢字の異なりはわずか4500字程度です。[10]さらに、細かく分析してみますと、使用頻度の高いほうから1000位までの漢字が新聞記事全体をカバーする割合は93%、1700位までで99.0%、2500位で99.9%、3500位で99.99%です。[11]つまり、1700字の漢字があれば、1年間の新聞紙面の99%の文章を書くことができるということです。

そう考えると、日常生活において必要な漢字の数はそれほど多くはなく、ユニコードの20902字ですら、そのほとんどが一生に一度使うかどうかわからない漢字かもしれないということになります。

今ある高性能のパソコンに数万字の漢字を搭載することは全く問題ないことかもしれません。しかし、利用できる資源に制約の大きいケイタイ端末や家電製品などにとっては、非常に使いにくいものなのです。こうした課題をクリアするために、2006年には漢字圏の多くの国で共通に使えて日常生活の用を満たす1万字弱の漢字集合（IICORE）が開発され国際規格となりました。[12]

8．再び、文学与情報技術国際研討会について

漢字の話にページを割きすぎてしまったようですが、「文学与情報技術国際研討会」においても、漢字の問題は避けて通ることのできないテーマの一つであると考えます。

中国文学研究のIT化は、まず膨大な古典文献のデータベース化からはじまりました。現在の中国文学研究は正にこうした基礎研究の上に成り立っているといっても過言ではありません。このデータベースの活用を支えているのが、漢字とコンピュータなのです。

進化するコンピュータの可能性を知り尽くした技術者と、徐々にコン

ピュータの活用の可能性を知りはじめた私たち文科系の研究者とが一つになった新しい研究が本格的にスタートしたのです。さらにまた、2003 年台湾、2005 年北京、そして 2007 年日本（東京学芸大学）で開催されたこの国際会議により、日本と中国・台湾・香港の研究者どうしによる情報共有や学術交流も活発に行われるようになりました。

まさに今、中国文学研究そのものが大きく変わりつつある時期なのだと思います。それればかりか、IT 化の際に漢字問題で分断されたかに思われた学術交流は、IT の活用によって再び強く結びつくことができました。

9．中国古典文献データベースの構築

大学院に進学したころ、ちょうど IT ということばが使われはじめたときでした。研究者にとってパソコンは必需品であり、IT を活用した研究がさかんに行われておりました。例えば、ある詩人を研究するには、その詩人の作品をすべてデータベース化し、時には索引も作成しました。それをもとに、作品の語彙研究や他の詩人との比較研究を行うのです。

IT 化以前、索引の作成には多くの人手と時間を要しました。まず、作品の情報を一枚ずつカードに記入していきます。例えば、五言絶句は 5 字×4 句＝20 字からなりますので、どの漢字からでも原詩を探すことができるようにするためには 20 枚の情報カードを作成する必要があります。ある詩人が七言律詩を 300 首作っていたとしたら、7 字×8 句×300 首＝16800 枚もの情報カードを作成します。すべての作品についての情報をカード化したら、次はカードを見出しの漢字によって並び替えます。

IT 化によって、詩文のデータを正確に入力しておけば、作業そのものはわずか数日でできるようになり、索引作成にかかる時間は大幅に短縮されました。しかし、個人で作成するデータベースにはデータ量に限界があります。また、データそのものに誤りがないか、調査で得られた分析結果が本当に正しいか、など課題が残ります。それを解決しようと考えれば、もっと大規模な信頼あるデータベースが必要になってきます。

10. 『四庫全書』と『四部叢刊』

中国古典文学研究に必要不可欠な大型の古典文献データベースは、『四庫全書』全文検索版[13]と『四部叢刊』全文検索版[14]がその双璧をなします。

『四庫全書』とは、清の乾隆年間に編纂された世界最大の百科叢書で、先秦から清代前半までの主要な典籍を3460種以上収録しています。『四庫全書』全文検索版でデータベース化されたのは、北京・故宮の文淵閣に収蔵されていたものです。漢字総数約8億字におよぶデータベースです。

『四部叢刊』とは、1919年から1925年にかけて刊行された漢籍善本叢書です。中国近代の張元済が、宋・元・明代の漢籍の善本をもとに、中国各地の最も優れた版本とともに復刻したものです。収録される典籍は総計477種、漢字総数は約1億字です。典籍の収録数では『四庫全書』には及びませんが、本文の信頼性や底本としての価値については非常に高い評価を得ています。

それでは、『四部叢刊』全文検索版で、「学問」ということばを検索してみます。検索結果の画面には、「キーワード：学（學）問（问）」と表示されています。（　）内の漢字は「異体字」です。「異体字」とは、同じ意味

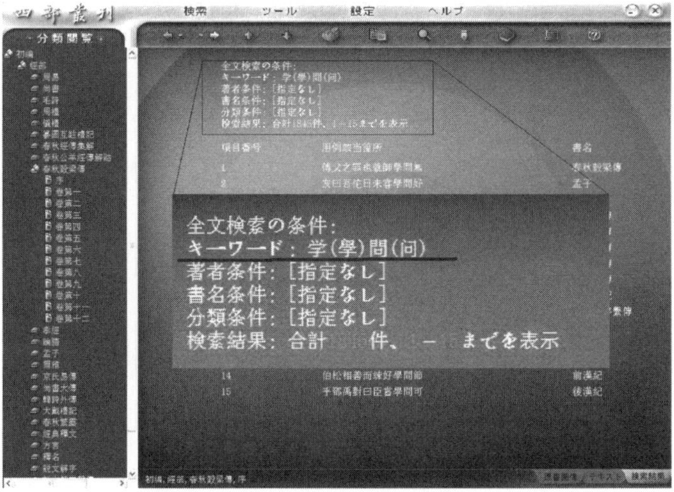

図3『四部叢刊』全文検索版（日本語版）の検索結果画面の例

でありながら字形の異なる字、などをさして言います。つまり、「学問」というキーワード以外にも、「學問」「学问」「學问」といった異体字関係にあるキーワードについても検索しているということです。

『四庫全書』や『四部叢刊』などの大型データベースのおかげで、私たちは迅速かつ正確にことばの出典を知ることができるようになりました。

11. 辞書の役割

ことばの意味を知るために、私たちは辞書を引きます。もちろん、ことばの意味を知ることも大切なのですが、それよりもそこに引かれている出典を知ることのほうが重要なのです。例えば、「清潔」ということばについて、『大漢和辞典』の項目を見てみましょう。

【清潔《セイケツ》】276 きよらかでいさぎよい。よごれが無くきれい。清淨潔白。〔韓非子、人主〕游宦之士、焉得レ無下撓二於私門一、而務中於清潔上矣。〔漢書、尹翁歸傳〕清潔自守、語不レ及レ私。〔新語、道基〕興二清潔之行一。〔說苑、尊賢〕將レ謂二桓公清潔一乎。〔新序、節士〕知二清潔之行一、懷王用レ之。〔後漢書、孔奮傳〕奮力行清潔、太守梁統、深相敬待、不下以二官屬一禮上之。〔韓愈、和二崔舍人詠月詩〕清潔雲間路、空涼水上亭。

図4　『大漢和辞典』「清潔」の項

古い出典から順に、『韓非子《かんぴし》』[15] や『漢書《かんじょ》』[16]、そして唐代の詩人韓愈《かんゆ》の詩に用例があることがわかります。辞書によって、私たちはそのことばがいつの時代にどのように用いられていたかということを知ることができるのです。辞典はある種のデータベースなのです。

辞書には編者がいます。ことばの出典をすべて辞書に載せるわけにはいきませんので、編者が適宜取捨選択しているはずです。そのおかげで、私たちは必要最小限のデータベースの活用ですんでいます。もし、辞書が無かったら、ことばの意味一つ調べるのにも、あらゆる文献に目を通し、その用法を確認し、意味を導き出さなくてはなりません。それは全く非現実的なことです。

辞書は、索引や地図などと同様に、私たちが研究を進めて行くうえで欠かせない工具書（参考図書、レファレンスブック）の一つなのです。IT 化以前、私たちは文献を読んだり、社会や文化について調べたりするときには、こうしたさまざまな工具書を活用してきました。

今ここに、大型データベースが加わったのです。

12. 大規模漢字集合の異体字構造

前出の『康熙字典』(収録字数 42,174 字)、『大漢和辞典』(49,964 字)、『漢語大字典』(54,678 字) 等の辞書には、異体字が多く含まれています。もし、異体字関係にある漢字をまとめて、その代表字のみで漢字コード表を作成することができたら、漢字の数はかなり少なくおさえられるかもしれません。

しかし、それは現実的ではありません。なぜなら、異体字関係は一つに定義できないからです。たとえば、先ほどの「学問」についていうと、「学」と「學」は日本の常用新字体と旧字体の関係であり、また同時に中国の簡体字と繁体字の関係でもあります。また、「問」と「问」も中国の繁体字と簡体字の関係です。

「学」や「問」はこれはまだ単純なほうです。やっかいなのは、東京学芸大学の「芸」です。「芸《ゲイ》」は、日本の旧字体「藝」と異体字関係にあり、中国の簡体字「艺」とも異体字関係にあります。しかし、中国では、「藝」と「艺」は繁体字と簡体字の関係にありますが、「芸《ウン》」は香草を表す漢字であり、「芸《ウン》」と「藝」は異体字関係ではないのです。そのため、これらを一つにまとめて、「芸―藝―艺」という異体字グループにするときには注意が必要です。[17]

ユニコードの20902字の中ですら、こうした複雑な異体字関係にある漢字がたくさん存在しています。コンピュータが進化して何万字もの漢字が扱えるようになりましたが、こうした異体字の問題を解決しなければ、私たちユーザにとって真に使いやすいものになったとはいえません。

『四庫全書』や『四部叢刊』などは、このような異体字の処理についても、いろいろな工夫をほどこしています。

13. 大型データベースの活用

これらの大型データベースの登場はほんとうに革命的なことでした。

しかし、このことを手ばなしで喜んでばかりはいられません。大型データベースができたことで、私たちは辞書を頼らずに、簡単にしかも瞬時に用例を知ることができます。しかも、辞書には採録されていない用例まで、ありとあらゆる用例がすべて目の前に表示されるのです。それはとてもすばらしいことであると思う反面、実は、『四庫全書』や『四部叢刊』を検索するとき、私はその検索結果を見るのが恐ろしくてしかたがありません。そして、一つひとつの用例を確認するたびに、辞書の編者に対して畏敬の念を抱かずにはいられないのです。

14. 「ＩＴでつながる」から「ＩＴでつなぐ」へ

ITの登場によって、私たちの生活が便利になり、人々の交流も盛んになり、社会が豊かになっていくと思っていました。かつては、コンピュータがあれば仕事ができる、コンピュータがあれば勉強もはかどる、コンピュータがあれば何でもできる、という神話がありました。その一方で、「コンピュータを使いこなしているつもりがコンピュータに使われていた（振りまわされていた)」ということに気づいているのに、未だにその状況から抜け出せていない自分がいることもまた事実です。

そろそろ、IT とのつきあい方を見直す時期なのかもしれません。IT があれば自ずと人々や社会がつながっていくわけではありません。私たち一人ひとりが IT を上手に活用することによって人々の心をつなぎ社会を豊かにしていくべきなのだと思うのです。

【注】

1) JISは、Japan Industrial Standard（日本工業規格）の略。第1水準の漢字は音訓順、第2水準は部首順で配置されている。

2) 規格外の漢字のこと。ここではJISコードに含まれない漢字。ユーザが自由に作成し登録しておくことができる。

3) ワードプロセッサの略。ここではワープロ専用機のこと。現在では、パソコンにインストールして使用するソフトウエアタイプのものが主流。

4)「明朝体」・「ゴチック体（またはゴシック体）」は標準的な書体。「教科書体」は小学校などの教科書に用いられている書体。

5)『ユニコード漢字情報辞典』は日本で初めてユニコードの名称を冠した漢字情報辞典。

6) 松岡榮志「中国の漢字と日本の漢字は調整をはかれるか」(學燈社『國文學』、1984年5月号）参照。

7) 清朝康熙55年（1716年）に張玉書、陳廷敬などにより編纂される。日本や中国では漢字を扱う上での規範となる。

8) 諸橋轍次著。大修館書店。1955年初版、1985年修訂版。

9) 徐中舒の主編。四川辞書出版社・湖北辞書出版社。1986年〜1990年刊、全8巻。

10) 横山詔一ほか〔編著〕『新聞電子メディアの漢字—朝日新聞 CD-ROM による漢字頻度調査』（三省堂、1998年）を参照。

11)『毎日新聞 2001 年度版 CD-ROM』（日外アソシエーツ、2002年）に基づいて、2003年に本学中国文学中国語学研究室で行った漢字頻度調査。

12) 情報処理学会 試行標準 IPSJ-TS 0007:2004 参照。

URL : http://www.itscj.ipsj.or.jp/ipsj-ts/02-07/coreset/toc.htm

13)「文淵閣『四庫全書』電子版（日本語版)」（松岡榮志〔監修〕、香港・デジタ

ル文化出版有限公司、2004 年 12 月）

14）「『四部叢刊』電子版（日本語版）」（松岡榮志〔監修〕、北京・書同文数字化技術有限公司、2003 年 9 月）

15）戦国末の韓非の著、全 20 巻。

16）清朝乾隆帝の勅命による正史『二十四史』の一つ。後漢・班固の著、全 120 巻。

17）情報処理学会 試行標準 IPSJ-TS 0008:2007 参照。

http://www.itscj.ipsj.or.jp/ipsj-ts/ts0008/toc.htm

【参考文献】

葉籟士〔著〕・神田千冬〔訳編〕『簡化漢字一夕談—中国の漢字簡略化』（白帝社、2005 年 9 月）

高島俊男『漢字と日本人』（文春新書、2001 年 10 月）

松岡榮志〔監修〕「ｅ康熙字典日本語版 CD-ROM」（三省堂、2001 年 7 月）

ユニコード漢字情報辞典編集委員会〔編〕『ユニコード漢字情報辞典』（三省堂、2000 年 6 月）

戸川芳郎〔編〕『漢字の潮流』（山川出版社、2000 年 4 月）

『日本の論点 99』（文藝春秋、1998 年 11 月）

張静賢〔著〕・松岡榮志〔監訳〕『現代中国漢字学講義』（三省堂、1997 年 8 月）

石川忠久・松岡榮志『漢字とコンピュータ』（大修館書店、1997 年 6 月）

伊藤英俊『漢字文化とコンピュータ』（中公ＰＣ新書、1996 年 11 月）

林四郎・松岡榮志『日本の漢字・中国の漢字』（三省堂、1995 年 7 月）

橋本萬太郎『世界の中の日本文字』（弘文堂、1980 年 3 月）

第三部

学校の中の多文化状況

日本国内における外国人児童生徒教育の現状と課題

齋藤ひろみ

国内の学校教育現場では、外国籍、あるいは日本籍であってもエスニックルーツをもつ外国人児童生徒が増加し、彼ら／彼女らへの教育が新たな課題となっている。本章では、外国人児童生徒教育の現状について、在籍数、行政の施策、学校の体制と教育内容といった点から概観し、その課題を整理する。

１．外国人児童生徒の存在

国内の学校現場の多言語化多文化化は急速に進んでおり、日本人児童生徒の多くが、小中高校時代に外国人のクラスメイトをもつ時代になった。日本人の生徒や学校教師に外国人児童・生徒の学校での様子を尋ねると、よく、「普通」に生活しているという答えが返ってくる。それは、何を意味しているのであろうか。海外から日本への移動にともない、外国人児童生徒は皆、自文化と日本文化との差異によるアイデンティティの揺らぎや葛藤、周囲との摩擦や対立、生活・学業面での困難を経験する。しかし、そうした不安や困惑は、学校空間において顕在化するとは限らない。「普通」に見えたのは、周囲の人間がそれに気づかずにいたに過ぎないのである。「普通」に生活しているように見える外国人の子どもたちは、適応過程でどのような困難に遭遇し、何を思い、何を考えているのであろうか。学校には、こうした点を想像し、彼ら／彼女らとともに新たな価値を創造することが、期待されているのではないだろうか。

外国人児童・生徒への教育は、参入側である外国人児童・生徒側の問題であると同時に、受け入れ側である日本の学校、日本人児童・生徒が、いかに異なる言語・文化背景の仲間と関係を作り、新たな学校社会を創るかという問題でもある。つまり、外国人児童生徒・教育への取り組みは、現行の学校教育そのものを問い直す契機ともなるのである。本章では、国内の外国人児童生徒教育の現状を、在籍数、行政の施策、学校現場における支援・体制、教育内容の点から整理し、外国人児童生徒教育の今後の課題を示す。

2．学校現場における「外国人児童生徒」の在籍状況[1)]

現在、国内の外国人登録者数は200万人を超え、小学校から高等学校までの年齢の外国人は約10万人と推計される。[2)]そのうち、公立の小中学校・盲聾養護学校に在籍する外国籍児童生徒数は、約7万1千人（2004年調査）である。[3)] 1990年の入国管理及び難民認定法の改正を機に、南米から就労を目的に来日する日系人が急増し、特定の地域に集住し始めた。[4)] このころから、社会的にも「住民」としての外国人の存在が着目されるようになった。しかし、それ以前から、中国残留孤児の帰国とその家族の呼び寄せ、インドシナ難民の受け入れが進められており、日本語教育の領域では「定住型」外国人として、その日本語教育や支援のあり方が課題となっていた。

文部科学省が2006年度に実施した「日本語指導が必要な外国人児童生徒の受け入れ等に関する調査」[5)] によれば、「日本語指導が必要な外国人児童・生徒」は2万人を越えた。その言語・文化的背景は、ポルトガル語、中国語、スペイン語の上位3言語で全体の約3/4を占め、全体では63言語である。ポルトガル語はブラジルからの定住者、スペイン語はペルーからの定住者、そして中国語は残留孤児とその呼び寄せ家族の子どもたちが中心となっている。外国人児童生徒在籍校（公立小中高校、聾盲養護・中等学校）は、約5500校であるが、その内の約80%は、在籍外国人児童生徒数が5人未満の学校である。一方、在籍数が30人を超える学校も増え続けており、85校を数える（内27校は50人以上在籍）。在籍数の多い学校は、日系南米人が集中して居住する外国人集住地域の点在する愛知県、静岡県、群馬県の他、インドシナ難民や中国残留孤児等を含む多様な背景の外国人が居住する東京都、大阪府、神奈川県等に見られる。[6)] 定住型の外国人住民の多い地域では、その滞日期間は長期化の傾向にある。子どもたちの在籍期間を見ても、40%以上が2年以上在籍している児童生徒であり、10年以上在籍する者もいる（2%弱）。

外国籍児童の他にも、学校現場には、言語的文化的に異なる背景をもち、日本語教育などの教育的配慮が必要な子どもたちが存在する。国際結婚家庭の子どもや、来日後に日本籍を取得した外国人の子どもたちである。この両親あるいは一方が外国人で国籍は日本籍といった子どもたちについては、その在籍数に関する全国レベルの調査は、残念ながら現段階では行われていない。また、日本人家庭で生まれ育っても日本語の学習が必要な子ともたちとして、海外生活経験を有する日本籍の児童生徒も存在する。

国内の学校における外国人児童生徒教育や日本語教育という場合、その対象となる児童生徒は、国籍、両親の民族的背景、生育暦・生育環境といった点から類別することができる。しかし、教育の実際的なニーズに対応するには、どれか一点で把握しても十分ではない。例えば、国籍は制度面では決定的な要素であるが、教育内容や方法にとっては、国籍以上に生育暦や両親の民族的背景が意味をもつ。外国人児童生徒の教育について考える上では、子どもの背景を包括的に捉えることが重要となる。

3．外国人児童生徒への教育・支援状況

3．1．　文部科学省及び地方自治体の施策

日本国の外国人児童生徒受け入れの基本的方針は「就学希望があれば、受け入れる（就学義務はない）」「日本人児童生徒と同等に取り扱う」というものである。[7] 具体的には授業料不徴収や教科書無償給与が挙げられている。この方針に基づき、具体的な教育目標として、「国内の学校生活への円滑な適応」に加え、「海外における学習・生活体験の尊重した教育の推進による特性の伸長・活用」、「他の児童生徒との相互啓発による国際理解教育の促進」を掲げている。

そのための施策として、文部科学省は、①指導体制の整備、②調査研究、③教材・カリキュラム等の開発、④教員研修、そして、高等学校・大学へ

の積極的受け入れの要請を行っている。[8)] ①の指導体制の整備の中心となっている施策が、1990年度より行われている教員定数の特例加算（いわゆる加配）であり、その給与費の1/3は国庫が負担する。2007年度には積算で985名の教員の加配が行われた。その他、子どもの母語がわかる指導協力者やバイリンガル相談員の配置、域内の巡回指導の実施などが実施されている。②の調査研究としては、近年、社会的にも注目を浴びている、外国籍の子どもたちの不就学についての調査が2005、2006年度に行われた。対応策として、就学案内を、ポルトガル語・中国語・スペイン語他4言語で作成し、教育委員会に配布している。③の教材・カリキュラム開発に関しては、『ようこそ日本の学校へ』、『にほんごをまなぼう』シリーズ等の教材を作成している。また、2003年度には「学校教育におけるＪＳＬカリキュラム（小学校編）」が、2006年度にはその中学校編が開発・公開され、2007年度より、その普及・促進のための実施支援事業が始まった。④の教員研修では、外国人児童生徒が在籍する学校の管理職等の教員と日本語指導担当教員に対し、年1回、100名強を対象として講習会が行われている。

他方、外国人住民の多い市町村においては、独自の予算を組んで地域レベルの施策を行っているところが少なくない。[9)] その中心となる施策が日本語指導員の派遣と母語のわかる相談員の派遣である。日本語指導員には、日本語教育についての専門的な知識・経験があるか、あるいは子どもたちの母語を話すことができる人材が登用されている。異文化背景をもつ子どもが編入してきた場合、教育委員会は学校からの申請を受けて、時間単位で日本語指導員を派遣するという仕組みが一般的である。その他、受け入れガイドブック、通信文の翻訳例、教材開発などに取り組む市町村も数多く見られる。最近の傾向として、これらのリソース開発の取り組みでは、教育委員会と国際交流協会や、地域のボランティア団体、大学などが協力して進めるケースが増えている。また、日本語指導の人材育成に関しては、国際交流協会等がボランティア養成講座を開催し、その講座の修了者を市町村の教育委員会が派遣指導員として雇用するというケースも見られる。

義務教育後の外国人生徒の進路に関しては、高等学校の入試制度における外国人生徒への特別措置が、県・市町村レベルの教育施策として導入が進められている。来日後の滞日期間に条件を付して、特定の高等学校で特別枠を設置するケースが多い。[10] その他、入試時において、辞書の使用を許可し試験時間を延長するといった措置をとるところもある。

以上のように、外国人が集住している地域においては、国、県、そして市町村のレベルで外国人児童生徒教育のための施策があり、教育・支援体制は、十分とは言えないにしても充実しつつある。ただし、その主な対象は、一定数の外国人児童生徒が在籍している学校や地域である。在籍数が数名という学校や地域には、日本語指導や母語による支援のシステムが殆どない。外国人児童生徒が在籍する学級の担任や、教科担当者が孤軍奮闘せざるをえないという状況となっている。また、教員の加配などの施策は、外国人児童生徒数が減れば、あるいは対象児童生徒に特別な指導の必要がなくなれば、その段階で施策は打ち切られるという対症療法的な性格をもつ。[11]

3.2. 地域における支援の状況

外国人が居住する地域では、外国人住民に対する生活支援や日本語学習支援が、ボランティア団体、NPO 団体、国際交流協会などによって進められている。学齢期の子どもたちの日本語や教科学習の支援は、その活動の一環として位置づけられる。しかし、成人学習者とは異なり、日本語の習得のみならず、年齢による発達の違いや、学業面での課題などもあり、その対応については、どの支援団体でも試行錯誤といった状態である。そのため、子どもを対象にした言語教育の方法や教材、教科内容の取り扱いに関する勉強会や研修会などが盛んに開かれている。また、中学生・高校生の支援に当たる場合は進学の問題があるため、学校との連携・協力が重要となっている。各地のボランティア団体はフォーラムやシンポジウムなどを開催して、支援者間のネットワーク化や、学校と行政との連携を模索している。この数年、全国各地で、外国人生徒とその保護者を対象とした高等学校の進学ガイダンスなどが多言語で実施されている。ガイダンスでは、高等学校の教員による学校紹介や受験経験者による体験談、個人相談ブースの開設などにより情報の提供が行われることが多い。こうした活動は、地域のネットワーク化の成果とも言える。その他、地域の子どもたちの学校における受け入れ状況や教育・支援制度、日本語や教科学習の困難などを、独自に調査するといった活動も見られる。

地域のボランティアの日本語学習支援活動をバックアップしているのが、各地の国際交流協会である。設立の経緯には違いがあるが、多くは地方行政から資金を得て運営されており、公的性格を持つ組織である。国際交流協会の事業として、日本語ボランティア対象の研修会の開催や、ネットワーク化のためのフォーラム開催があり、地域の日本語学習支援を行うボランティア団体やNPO団体の活動を支えている。

4．学校における外国人児童生徒教育の実際

筆者が 6 年にわたって関わってきた、横浜市立いちょう小学校を例に、小学校現場における外国人児童生徒教育の現在を簡単に紹介する。[12] いちょう小学校は現在（2007年5月）、全校児童203人のうち、外国籍児童が94名、エスニックルーツをもつ児童が46名であり、両者を合わせると半数以上が、外国に何らかのつながりのある子どもたちである。インドシナ難民のベトナム、カンボジア、ラオスから来日した家庭と、中国残留孤児の呼び寄せの家庭の子どもが多くを占め、その他に、フィリピン、ペルー、エジプトなど7ヶ国の言語文化を背景とする子どもたちが学んでいる。その多くが日本生まれ、あるいは幼少期来日の子どもたちで、就学前教育も日本で受けている。

学校には、横浜市が設置する日本語教室と、学校が開設する国際教室とがある。日本語教室は子どもたちの母語を話す日本語指導者が3名で、国際教室は加配教員が2名で運営している。外国人児童生徒は来日直後には、日本語教室で母語での支援を受けながら日本語の基礎を学び（40単位時間）、それに加えて、国際教室で日本語及び教科学習支援を受ける。

ここでは、国際教室とその担当教員の役割に焦点を当てて、学校現場における外国人児童生徒の教育の実際の状況を紹介する。国際教室は、外国

人児童への直接の指導に加え、学校全体の外国人児童教育を組織的に進めていくための調整機能を果たしている。

4.1. 外国人児童の指導

国際教室では、外国人児童に対し生活面と学習面の両面からの指導を行っている。生活面では、子どもに学校に関する情報を提供し、子どもたちが、日本の学校という新しい環境での生活にできるだけ速く適応できるように支援を行う。学校生活の約束事や持ち物、日課、給食や掃除といった事柄を、具体物を示したりしながら、丁寧に伝える。学校への適応の促進には、保護者との情報交換や意志の疎通が重要である。保護者との間で、考え方の相違を相互に確認しつつ、学校の教育方針や具体的な教育内容・方法についての理解を求める。通知は翻訳されたものを配布する。面談や家庭訪問では、日本語でのコミュニケーションが困難な保護者が多いため、横浜市の国際交流協会や教育委員会に依頼して通訳を派遣してもらう。ただし、緊急時には、校区の NPO 団体から母語話者を紹介してもらって対処する。その他、子どもたちが母語・母文化に触れる機会を、クラブ活動や行事での母語によるアナウンスによって設けている。外国人児童の日本の学校への適応と同時に、母語・母文化を維持継承し、民族的アイデンティティの形成を促す教育も目指している。

学習面では、日本語の習得と教科の理解力の向上という 2 つの課題をもつ。日本語が不十分であるために学習支援が必要だと判断された子どもたちは、1 週間に 1〜5 時間、一般学級から国際教室に取り出され、日本語の学習を行う。日本語の支援内容は、子どもたちの日本語の習得状況に合わせ、次の図 1 のようなプログラムで構成されている。タイプ①は学齢期に海外から編入してきた児童のことであり、タイプ②は日本生まれか幼少期に来日した児童である。タイプ①の場合は、日本語をゼロから学ぶことになる。初期指導は、サバイバル日本語の指導と仮名の読み書きや簡単な文型などの基礎的な内容の指導から始まる。サバイバル日本語とは、生活する上で緊急性の高い、健康や安全に関わる事柄に関し、表現をそのまま覚えて「聞いて行動できる、言って状況を伝えられる」ことを目的とする。

例えば、「トイレ」と教師に伝える、「危ない！」と言われて立ち止まる、といった学習である。中期では、日本語の基礎的な内容の指導の継続と、在籍学級からの課題の補助を行う。その後、子どもの興味関心をトピックにして活動しながら日本語の表現を学んだり（JSL カリキュラム[13]）、それらの表現を整理して文法的な規則を学んだりする学習を行う。

図１　国際教室の支援

段階	日本語初期指導	中期日本語指導	JSLカリキュラムに基づく指導
タイプ①プログラム	サバイバル日本語（文字・表記指導を含む）	文型の指導	トピック型JSLカリキュラム
		在籍学級で出された学習課題の支援	
タイプ②プログラム			教科志向型JSLカリキュラム

（いちょう小学校（2007）『横浜市国際教室担当者研修会』ppt 資料を基に、筆者が作成）

タイプ②の子どもたちは、日常生活では日本語で困ることはないが、教科学習の場面では、日本語の語彙が乏しく、複雑な構造の文の理解や文章理解の力が弱いために、学力面に影響があるというタイプの子どもたちである。いわゆる、生活言語能力はあるが学習言語能力が不十分であるといわれる子どもたちである。[14] この子どもたちへの日本語指導は、教科内容の理解と日本語の強化を同時に進めるためのプログラムで行われている。このプログラムも、文部科学省の JSL カリキュラムを基にしている。

この他、一般教室での学習に、国際教室担当教員が入り込んで、必要なときに補助をするという入り込み指導も、適宜行われる。また、教科や総合的な学習に、子どもたちの多様な言語文化が組み込まれており、これらの学習への参加を通して、子どもたちに文化的な差異の意味やそれぞれの文化のもつ価値に気づかせるような工夫がなされている。[15]

４．２．　学校内の教育体制の調整・外部団体との連携

国際教室及びその担当教員は、もう一つ、大きな役割を担っている。それは、学校内部の外国人児童教育の組織化と、外部のボランティア団体や行政関係者との連携のコーディネートという仕事である。いちょう小学校の場合は、学校の全教職員が学年やクラス、また校務分掌の垣根を越えて、

全員で外国人児童の教育に取り組む体制をとっている（全校 TT と呼ぶ）。それを、維持運営して行くためには、情報を共有し、活動の意味や方法について共通認識を作っていくことが重要な要素となる。その役割を、国際教室担当が担っている。近年は、そうした取り組みの一つとして、同一単元の学習を一般学級の授業と国際教室の授業を連動させて実施するという試みを行っている。

いちょう小学校の校区には、いくつかのボランティアの日本語教室やNPO 団体があり、地域で子どもたちの支援活動を行っている。こうした団体や自治体、また大学関係者らと連携しながら、児童の教育環境を整える努力を続けている。その例として、夏休みや放課後に行われている学習教室がある。課外の活動として位置づけられている教室であるが、学習する場を求める子どもたちに、教室を開放し、ボランティアの協力を得ながら運営している。こうした外部の活動団体との連絡や調整を、国際教室の担当教員が行っている。

4．3． 現在の課題

先進校と言われるいちょう小学校であるが、今後の課題として次の 2 点を挙げる。第 1 に、学習参加のための日本語能力の強化である。おしゃべりはできるが勉強はわからないという子どもたちを減らしたいという思いである。現在、いちょう小学校では、一般学級でも、子どもたちのことばの力を高めるための教育方法を模索している。2 つ目が、小学校と中学校の教育をいかにつなぎ、子どもたちの学習を連続性のあるものにするかという点である。いちょう小学校は、中学校とその校区にある 2 つの小学校と連絡会を組織し、相互の教育について視察や意見交換を行っている。中学校の場合、途中編入の外国人の児童以外には学習支援はほとんど得られないという制度上の制約がある。また、子どもたちは行動範囲を広げ、学校のみでは対応は困難である。こうした実態から、子どもたちが自律的に学び生きていくための力を育むことや、それを可能にする学習環境を、小中学校が協力し地域ぐるみで整えていくことが課題となっている。

5．学校における外国人児童生徒の課題

横浜市立いちょう小学校の外国人児童教育は、体制・システムといった器についても、教育の内容と方法という中身について、かなり成熟した段階に入っている。しかしながら、先述した通り、いちょう小学校のように外国人児童の教育・支援体制が整った学校は少なく、外国人児童生徒の在籍数が少ない学校の多くは、未だ、担任一人で対応せざるを得ないという状況にある。また、外国人児童生徒を学校運営上の「お荷物」としか捉えていない学校・教員も少なからず存在する。こうした教師の意識は、子どもたちにも伝わり、外国人の子どもへの差別的な態度や発言を生む場合もある。こうした現在の学校教育現場の外国人児童生徒教育の課題を５点に整理して示す。

①学校教育における「外国人児童生徒教育及び日本語教育」の再設定

現在の外国人児童生徒教育は、学校教育においては、対象となる児童生徒がいれば対応するという「時限的」「対症療法的」なものである。そのため、外国人児童生徒教育は、学校においては周辺化され、制度化・システム化も進まず、教育内容と方法の開発や改善に取り組みにくい状況ができている。この状況は、教員や周囲の子どもたちに、外国人児童生徒が日本語・日本文化に一方的に同化することを求める姿勢を生みやすい。

2000年に入り、日系南米人の集住地域では、外国人児童生徒の不就学の問題がクローズアップされた。[16] 外国人登録者数と公立小中学校の外国人在籍数に基づいて算出された不就学者の割合は、軒並み30%を超えていた。しかし、群馬県大泉町や岐阜県可児市等の自治体が実態調査を実施した結果、両自治体とも不就学率は 7%前後であることが判明した。ブラジル人学校や私塾などの教育機関に通っている子どもや外国人登録はされているものの居住実態のない子どもをのぞいた数字である。とはいえ、不就学の外国人の児童生徒の問題にどう対処するかは、今後も大きな課題として残されている。

一方、新たなニーズとして、個別支援の対象となる外国人児童生徒への教育がある。外国人児童生徒が増加するということは、言語文化的マイノリティであることと発達障害とを併せもつ子どもも増加するということで

ある。その子どもたちの力をどのように測り、どのような教育を実施すればいいのであろうか。外国人児童生徒が多数在籍する学校現場では、既に新たな問題として顕在化している。

日本の少子高齢化、労働者不足という状況に鑑みても、日本国内の外国人児童生徒は増えることはあれ、減ることはないと考えられる。増加が見込まれる外国人児童生徒の教育を、一時凌ぎの小手先の対応でごまかすことはできない。その子どもたち一人ひとりが、十分な教育を受けられるようにするには、国レベルで、外国人児童生徒への教育を、現代社会における新たな教育課題として捉え、学校教育の枠組みに明確に位置づけることが求められる。

②制度・システムの整備

外国人児童生徒の教育は、地域におけるボランティア団体やNPO団体に大きく依存している。それは、学校教育において外国人児童生徒教育の体制が十分には整えられていないことに起因する。外国人児童生徒数が5名未満である学校が、外国人児童生徒在籍校の80%を占めているが、その多くで、外国人児童生徒教育を専門に担当する教員の配置はない（外国人児童生徒在籍校が5000を上回るのに対し、加配は1000人未満である）。また、外国人児童生徒への教育的配慮として実施される日本語指導員の派遣なども、予算との関係で、数十時間で打ち切られるケースが殆どである。例えば、横浜市の上限40時間という状況も、日本語学習の入り口部分を提供するものとしかなりえない。また、教員の配置があったとしても、担当者も管理職も数年単位で交替し、その教育実績が受け継がれていかない。学校内の体制の問題に加え、「教科」教育のように組織的に運営して行くシステムが無いことも要因となっている。

今後、制度を整備し、学校における外国人児童生徒への教育をシステムとして常時機能するものにしていかない限り、教師や地域のボランティア活動家の個人的な熱意に頼らざるを得ないという状況を改善することは、難しい。

③人材の育成

学校現場では、国際教室（或いは日本語教室）担当となり、どう対応し、何を教えればいいのか、全く見当もつかず、戸惑い悩む教員が多数見られる。大学の教員養成課程においても、その後の現職教員研修においても、外国人児童生徒に対応するための知識や教育技術を学ぶ機会は少ない。国際教室の担当を命じられて、教師は初めて外国人児童生徒教育という課題に向き合うことになるのである。制度として、専門担当教員の配置があっても、その教員に、外国人児童生徒教育や日本語教育の資質・能力がなければ、教育は充実したものにはならない。人材の育成が喫緊の課題である。この課題の解決のためには、第一に外国人児童生徒教育のための資質・能力の全体像を構造化して描きだすことと、その育成のための方法を構築することが必要である。第二に、大学における教員養成や、現職教員の研修において、そうした資質・能力を育成するための枠を確保して行くことが求められる。

④教育内容・方法の蓄積と精緻化

②で、外国人児童生徒への教育については、学校現場において、その実践や成果を蓄積するシステムが、未成熟であることについて触れた。一方、日本語教育、異文化間教育、教育社会学、バイリンガル教育などの学問分野においてはどうであろうか。調査・研究の結果として、学校における外国人児童生徒教育やその日本語教育の問題点は指摘されてきた。しかしながら、日本の初等中等教育における外国人児童生徒対象の教育を、その教育内容と方法という点から包括的に描いたものは、未だ提示されていない。また、「母語か日本語か／日本人か○○人か」と二項対立的に、一方を排除するような主張も聞こえてくる。こうした、対立構造を組み替え、教育の実践的課題の解決のための枠組みを再編することが課題となっている。そのために、異領域の専門家が協働し、現場における実践の蓄積と、関連諸領域の研究の成果を総合し、外国人児童生徒教育の中身を総体として描き、精緻化を進めることが求められる。

⑤学校、家庭、地域、行政の連携・協力

外国人児童生徒は、いくつもの文化の間を往来することを通して、生活世界をつくりあげている。家庭、学校、地域、それぞれの文化を、なれない言語によるコミュニケーションを通してつなぎ合わせることが求められる。空間的な文化差を飛び越えつつ、そこでの経験を関連付けながら、学びを構成していくことを支援するためには、それぞれの空間の教育者や支援者が、連携し協力することが必要となる。②では、地域の支援活動に依存することの問題性を指摘したが、依存的な関係ではなく、対等な立場で協働するという関係に転じることが必要である。子どもたちの学びの空間を学習環境としてデザインするために、学校には、行政との関わりも含め、教育・支援のネットワーク化を図ることが期待される。

教員養成系大学の教員としての、筆者のまずもっての課題は、学生に、外国人児童生徒教育の現場について情報を提供すること、教師として文化的・言語的に異なる背景をもつ子どもたちを対象に教育を行うことに対し、前向きに取り組もうという気持ちを育てることである。そして、学校における多言語化・多文化化に対応できる教員の資質・能力とは何か、またそこで日本語教育についてどのような知識・技能が求められるのか、その育成には、どのような内容と方法が必要なのか。これらの問題を現場との実践、研究の交流を通して探っていくことが研究者として課されている。

【注】

1) 詳細については、齋藤ひろみ「子どもたちへの日本の教育の現状と課題—国内の学校教育現場における「異文化背景をもつ子どもたち」の現在」『学芸国語国文学』38 号（東京学芸大学国語国文学会 2006 年）1-15 頁を参照いただきたい。
2) 法務省の外国人登録者統計　初等・中等教育年齢年の人数は、年齢別（5 歳区切り）の数値からの推計である。http://www.moj.go.jp/PRESS/070516-1.pdf
3) 文部科学省「外国人児童生徒教育の現状と取り組み」（文部科学省 HP、2005 年）http://www.mext.go.jp/b_menu/shingi/chousa/shotou/029/shiryo/05070501/s014.pdf 特別永住資格で日本に生活する在日韓国朝鮮人の子どもたちを含む数である。
4) 南米からの日系外国人住民が多数在住する市町村として群馬県の大田市、大泉町、静岡県の浜松市、豊橋市、愛知県の豊田市等がよく知られている。2001 年にこれ

ら市町村によって外国人集住都市会議が組織された。定例会で国及び関連機関への提言が行われる（発足当初、参加都市は 14 市町村であったが、2007 年現在、23 市町村に増えている）。

5）文部科学省「日本語指導が必要な外国人児童生徒の受入れ状況等に関する調査（平成 18 年度）」http://www.mext.go.jp/b_menu/houdou/19/08/07062955/001/001.htm

6）後節のインタビュー「多言語多文化化する学校」は、こうした外国人住民が集住する市や地域の小学校で外国人児童への教育に携わってきた教師 2 名を対象に行ったものである。

7）文部科学省 HP　http://www.mext.go.jp/a-menu/clarinet/003/001.htm

8）『2007 年度日本語教育学会秋季大会予稿集』pp.27-33

9）文部科学省「日本語指導が必要な外国人児童生徒等の受け入れに関する調査（平成 18 年度）」

10）中国帰国者センター都道府県別の中国帰国生徒・外国人生徒の高等学校の選抜入試の特別措置について調べ、一覧を作成して公開している。
http://www.kikokusha-center.or.jp/joho/shingaku/shingaku_f.htm

11）佐藤郡衛『国際理解教育　多文化共生の学校教育』（明石書店、2001 年）

12）いちょう小学校の取り組みの詳細は、山脇啓造・いちょう小学校『多文化共生の学校づくり―横浜市立いちょう小学校の挑戦―』（明石書店 2005 年）を参照のこと。

13）文部科学省が開発した「内容と日本語の統合教育」のカリキュラムである。詳しい内容、方法については、佐藤郡衛・齋藤ひろみ・高木光太郎『JSL カリキュラム「解説」』（スリーエーネットワーク 2005 年）を参照いただきたい。

14）Cummins のバイリンガルの子どもたちの言語能力モデル、BICS（Basic Interpersonal Communicative Skills）と CALP(Cognitive Academic Language Proficiency)の訳語として広く使われる用語である。前者は日常生活での対面での口頭での言語能力であり、後者は学習で求められる思考を支える言語能力であり、読み書きの能力とも深く係る力である。中島(1998)を参照のこと。

15）多言語多文化化する学校の教師へのインタビューにおいて具体例が紹介されている。

16）宮島喬・太田晴雄編『外国人児童生徒の不就学』（東京大学出版会 2005 年）。

【参考文献】

梶田正巳・松本一子・加賀澤泰明『外国人児童・生徒と共に学ぶ学校づくり』（ナカニシヤ出版 1997 年）

志水宏吉・清水睦編『ニューカマーと日本の教育』（明石書店　2001 年）

中島和子『バイリンガル教育の方法』（アルク 1998 年）

沼尾実編『多文化共生をめざす　横浜、鶴見、潮田からの報告』（明石書店 1996 年）

【参考資料】

外国人の子どもの教育と人権ネットワーク『愛知県32市への「外国人の子どもの就学状況実態調査」報告書』(2006年)

外国人集住都市会議「外国人集住都市会議東京2006　未来を担う子どもたちのために」配布資料(2006年)

神奈川県国際交流協会『多文化共生教育をめぐる課題と展望』(2004年)

(財)三重県国際交流財団『続　みえこさんの日本語』(2007年)

千葉県教育委員会・NPO法人外国人の子どものための勉強会『平成16年度千葉県とNPOとの協働事業　外国人児童・生徒の日本語指導のあり方に関する調査研究　報告書』(2005年)

東京学芸大学国際教育センター『第3回外国人児童生徒教育フォーラム　大学と教育現場との連携の在り方を探る』(2002年)

東京学芸大学国際教育センター第4回外国人児童生徒教育フォーラム　外国人児童生徒教育と母語教育』(2004年)

特定非営利活動法人多文化共生センター・21『東京都23区の公立学校における外国籍児童・生徒の教育の実態調査報告』Vol.3(2002年)

豊橋市教育委員会・豊橋市外国人児童生徒指導検討委員会『2006　外国人児童生徒指導の手引き—指導者のためのQ&A』(2007年)

長野市教育委員会・長野市立芹田小学校・信州大学教育学部『平成16年度　長野市日本語指導推進校報告書　とびたとう世界へ』(2005年)

日本語学習支援ネットワーク会議 06inSENDAI 実行委員会・岩手大学国際交流センター『日本語学習支援ネットワーク会議06inSENNDAI報告書』(2007年)

広島大学外国人子弟日本語教育支援研究チーム『異文化を背景とする子どもたちへの教育支援に関する研究報告』(2005年)

房総日本語ボランティアネットワーク進路ガイダンス実行委員会『日本語を母語としない親と子のための進路ガイダンスIN CHIBA』(2006年)

インタビュー

多言語多文化化する学校

齋藤ひろみ

学校現場の多言語・多文化化は、1980年代の中国残留孤児の帰国、インドシナ難民の定住、そして1990年代からの日系の南米人の来日を契機に、急速に進んできました（その背景や現状は前節を参照）。外国人住民が多く住む、いわゆる外国人集住地域では、外国人児童生徒が数十名という規模で在籍する学校が増えています。こうした地域や学校で、長年、外国人児童教育に携わってきた二人の先生にインタビューをしました。

一人は、横浜市の小学校で外国人児童教育に携わっている菊池聡先生です。菊池先生は、宮城県仙台市で、留学生の子どもたちへの教育を経験された後、横浜市で学級担任、国際教室担当教員として、外国人児童生徒教育に取り組んでいます。横浜市は、古くから多くの外国籍住民が暮らしてきた都市です。区によって生活する外国人のコミュニティも異なります。例えば、港区には中華系の住民が、潮田地区には日系南米人住民が多く住んでいます。そして、菊池先生が勤務するいちょう小学校は、いちょう団地という県営団地の中に位置していますが、団地には、インドシナ難民や中国残留孤児の呼び寄せ家族が多数住んでいます（2007年5月現在、約20%が外国人住民）。いちょう団地が、隣接する大和市に設置されていたインドシナ難民定住センター（1980～1998年）の研修修了者や、中国残留孤児を積極的に受け入れた時期があったためです。多くの団地がそうであるように、高齢化などにより児童数が減少するなか、外国人家庭の子どもたちが増え、現在、児童（200名強）の半数以上が外国籍か海外にルーツをもつ子どもたちです。こうした状況のもと、いちょう小学校では多文化共生を目指した教育に取り組んでいます。菊池先生には、その具体的な取り組みについて、話を聞きました。

もう一人は、静岡県浜松市の小学校で、海外生活体験を有する帰国児童や、南米からの日系人家庭の子どもたちへの教育に携わってきた近田由紀子先生です（現在は、浜松市の指導主事）。浜松市には、スズキ、ホンダ、ヤマハなど関連企業が多く、そこで多くの日系南米人が働いています。外国人登録者数は77カ国31,695人であり、市の人口の約４％を占めています（2006年10月）。その半数以上がブラジル、ペルーからの日系南米人です。浜松市内の公立小中学校には、約1,400人の外国人児童生徒が在籍しています。市は、ことばの教室（初期段階の日本語教室）を７箇所で開き、来日直後の子どもたちはその教室に通って（距離や安全の面を考慮して問題がない場合）、日本語を学べるようになっています。また、在籍数の多い学校へは教員の加配や日本語教室の設置を行っています。

近田先生は、浜松市の中でも海外からの帰国児童が多い小学校で、長年、帰国児童生徒教育に携わったのち、外国人児童への日本語教育の分野で活躍してきました。浜松市に外国人労働者の雇用が増え始め、外国人児童生徒教育が学校の教育課題となった当初から、この教育的課題に取り組んで来たといえます。外国人児童教育に携わるようになった当初に感じたこと、その後の経験を通して感じている学校の教育体制の課題、保護者とのかかわり方について、話を聞きました。

お二人の先生のお話は、実際の教育経験に基づく内容です。これから学校や地域の日本語教室などの場で、日本の言語・文化とは異なる生育環境にあった子どもたちへの、教育や支援活動に携わろうという皆さん、是非参考にしてください。

♥インタビュー１　菊池聡先生（聞き手：齋藤）

Ｑ：いちょう小学校は、外国人の児童や海外にルーツをもつ子どもが半数を占めるということですが、子どもによって日本語の力も、学校生活への慣れも違うと思うのですが、どのように対応しているのですか。

Ａ：多くの子どもたちが日本生まれです。今年（2007年5月）調査した結果は、外国籍児童と海外にルーツをもつ子を合わせて112名いるのですが、そのうち、日本生まれが93名、就学前来日が11名、就学後来日が8名でした。なので、多くの子どもたちは、日本語も教科の学習も、一般教室で日本の子どもたちと一緒に授業を受けています。

Ｑ：では、取り出しの日本語指導を受けているのは、どのような子どもたちですか。

Ａ：学齢期に編入してきた子どもたちと、日本生まれでも日本語の力が弱くて教科学習に困難が見られる子どもたちです。いちょう小学校の場合は、横浜市が設置している初期日本語指導の教室（日本語教室）と、学校が開設している国際教室（初期日本語指導が終った子どもたちの教育を行う）がありますが、学齢期に編入してくる外国人の子どもたちの日本語教育は、日本語教室と国際教室の両方で行っています。日本生まれの子どもたちへの取り出し指導は、国際教室で行っています。子どもたちの日本語の力や学力、日本の学校生活についての知識やスキルに合わせて、それぞれの教室で対応しています。

Ｑ：途中で編入してきた子どもの場合は、母国の生活習慣との違いなどから、ずいぶん戸惑うのでは？

Ａ：はい、いろいろあります。例として、お弁当に関わるエピソードを紹介します。中国から転入してきたばかりの子どもですが、初めての遠足での出来事でした。お弁当の時間が来て、楽しそうにお弁当を広げている子どもたちの中で、その子が一人、人目を避けるようにして食事をしていました。お弁当には、ぎっしり餃子がはいっていました。周りの児童や多くの職員が、それを見て驚いていました。その子自身も、ほかの子どものお弁当と自分のものが違うことや、周囲が自分のお弁当を奇異に思っていることを感じて、居心地がわるかったのだと思います。

Q：何か対応されましたか。

A：以前PTA代表をしていた中国の方にお願いして、その子の親御さんに日本のお弁当の作り方を教えてもらいました。次のお弁当のときには、友だちと楽しそうに、ウィンナーに卵焼き、ふりかけご飯……といったお弁当をほおばっていました。あの笑顔は忘れられません。

Q：日本生まれで、ずっと日本語で暮らしている子どもの場合はどうですか。

A：学校での子どもたちの様子を見ているぶんには、文化差が原因でトラブルが生じるというようなことはないですね。皆、楽しく学校生活を送っています。ただ、親や家庭の事情、教育や子育てについての考え方の違いから、子どもたちにしわ寄せがいくということがありますね。

Q：具体的には、どんなことがあったのですか。

A：ラオスから来た子どもの例ですが、４人兄弟の母子家庭で、母親は夜出て、朝帰ってくる生活でした。母親は食事の面倒が見られず、子どもたちは朝食どころか、一日に食べるのは給食だけという状況でした。見かねた職員が、朝は職員室でおにぎりを食べさせ、夜も、お腹がすいて学校に来るその子に何か食べさせていました。自分で食事ができるようにと、インスタント食品の食べ方を教えたこともありました。個人面談で母親に状況を話しましたが、「学校で給食が食べられるのだったら……」と、あまり問題だとは考えていないようでしたね。

Q：いまのケースは、外国人家庭だからというよりは、その親御さんの問題というように感じますけれども、国による文化的な差異なのでしょうか。

A：確かに文化的な差異というよりは、家庭の子育ての問題と言えるかもしれません。日本人家庭の子どもにも、朝食抜きで学校に来る子はいますから。ただ、低賃金で、早朝出勤や夜勤と、外国人労働者は厳しい条件の下で働いています。そのせいか、外国人の子どもの中に、朝食をとらずに学校にくる子が多いのです。言語的文化的な差による問題ではないですが、日本社会が外国人労働者をそうした状況に追い込んでいる訳で、やはり、外国人家庭の子どもたちの問題として考えていく必要があると思っています。それと、日本人の親に比べて、全体的に栄養についての知識や関心が低いと感じることがあります。アジア地区では朝食を外でとる習慣が一般的なところもあるので、朝食の習慣の差の影響もあるかもしれません。

Q：なるほど。ただ、朝食となると、学校では対応しにくいのではないですか。

A：ええ、子どもたちに直接食事の世話をすることはできません。ですので、保護者面談で、通訳を通して、繰り返し朝食の大事さについて伝えています。それと、食事の大切さを理解し、自分で朝食の準備ができるように、「朝食ハッピーウィーク」という取り組みを行いました。家庭科の時間を利用したのですが、簡単に作れる朝食メニューを考え、調理実習をしました。そして、朝食をとった日ととらなかった日の、体温の違いや、計算の速度と正確さを調べさせました。その結果は、保護者にも報告して、朝食の大切さを訴えました。

Q：次に、子どもたちの日本語の発達状況について伺いたいと思います。日本生まれの子どもが多いということですが、その子どもたちは、日本語の学習は必要ないと考えてもいいですか。

A：日本生まれの子どもたちは、日常生活では日本語で不自由することはないです。ただ、教科学習のときや目上の人と話すときなどは、その場に応じた適切な話し方ができない、語彙が限られているためか、自分の思いや考えを細かく表せない、正しく文を構成できないといった問題が見られます。

たとえば、1年生の国語科の「じどうしゃくらべ」（光村図書）の単元では、自動車の「トラック、乗用車、バス」といっしゃ種類を知らない子もいましたし、「ざせき、にだい」といったことばを初めて聞くようでした。2年生を見ていても、「すべすべ、ざらざら、つるつる」などの擬態語の使い分けができませんでした。高学年では、実験や見学したりして調べたことを整理して述べることや、因果関係などを表現する力も弱い児童が多いです。なので、日本生まれだから日本語の面での教育的な配慮が必要ないということではありません。

Q：なるほど。では、そうした子どもたちに対しては、どのような日本語指導をしているのですか。学齢期の途中で編入してくる子どもたちへの指導内容や方法では通用しませんよね。

A：はい。一番違う点は、教科の内容といっしょに日本語を学ばせるという点です。単語や文型だけを取り上げてドリルをするという方法ではなく、日本語の力に合わせて、易しく言い換えたり、活動を工夫したりして教科内容の理解を促し、それを日本語でどう表現するかを教えています。

Q：具体的にはどのように教えるのですか。

A：たとえば、1年生の国語科の「じどうしゃくらべ」では、導入で、道路を走る自動車を見ながら、「あれがトラック。あれはバス。これは乗用車。あれは？」と問いかけて、大体の特徴を捉えられるようにしました。それから、子どもから、「ざせきって何？」「にだいって何？」と質問がでたときには、模型の自動車を見せて触らせて、「ざせきだよ。」と伝えました。低学年では、実際に見たり聞いたり、触ったりして体験的に理解するようにすることが有効だと思います。

Q：体験や具体物で理解を促すということですね。話す・書くといった活動についてはどうですか。

A：内容や意味が理解できたら、ことばを使わせる工夫も必要です。新しいことばは語彙カードにして、常に黒板などに貼って提示しておきます。子どもたちは、忘れてもそれを見て思い出して使えるからです。それから、子どもの力にあった表現のモデルを示して、それを利用させるという方法も有効です。日本語が弱い子は、「伝えたい！」ことを、モデル表現を真似することで、日本語で表現できます。

Q：一般学級にも海外にルーツをもつ子どもたちがたくさんいるということですが、そうした子どもたちへは、どのような指導をしているのですか。

A：一般学級に入り込んで、日本語が弱い子どもをサポートしたり、学習内容によっては、取り出して国際教室で授業したりもします。どちらの授業でも、ＪＳＬカリキュラムの授業展開「体験－探求－発信」の流れを意識しています。また、「口頭でのやりとり」から「一方向の発表（書いて、口頭で発表）」、そして「まとまった内容の読み書き」へ、という流れを意識して活動を組み立てています。それに、いちょう小学校では、在籍学級でも「ことばの力（伝えあう力）を育む指導の工夫」に取り組んでいます。

Q：では、子どもたちのもう一つの言語である母語について、配慮して行っている活動がありますか。

A：中国の保護者からの要望で、2003年に、「親子の中国語教室」を開催しました。中国の子どもだけではなく、日本人や、カンボジア、ベトナムの子どもの参加もありました。母語教室というよりは、子どもたちは多言語教室で中国語を学んでいるという感じでした。中国の子でも、中国語がほとんどわからない子から、日常生活は中国語で過ごしているという子まで、その中国語の力には幅がありました。ですので、いろんな言語背景の子が一緒に学ぶ空間だったことが、よかったようです。ただ、中国人の保護者がボランティアで指導していたのですが、2年後にその子どもが卒業したために、残念ながら、一旦休止し、今もまだ再開されていません。

Q：残念ですね。母語教育に関しては、人材の確保が難しいということですね。他にも、子どもたちの文化の継承という面で、継続的に活動を行っているそうですが。

A：2005年度から、課外活動として「ワールドクラブ」を立ち上げ、ベトナムの母語・母文化を体験できる場をつくりました。この年は、一部の外国人の子どもたちを対象にしていましたが、2006年度からは、クラブ活動として再スタートし、誰でも参加できるようになりました。今年度（2007年度）は、クラブ名を「ワールド獅子舞（ライオンダンス）クラブ」と名前を変えて、地域の中国獅子舞「泉の会」と連携を図りながら、本格的なライオンダンスに挑戦しています。講師として、横浜中華街龍獅団の唐先生にご指導いただいています。運動会で、昼のアトラクションとして、中国獅子舞を披露し、大喝采を浴びていました。出身国に関係なく、子どもたちは、ライオンダンスが踊れるということに誇りをもっているようです。

Q：日本生まれの子どもが増え、外国人児童教育の内容や方法が変化してきたと考えてもいいですか。

A：そうかもしれません。いちょう小学校は、全体が多文化多言語状況になっていますが、その環境を積極的に捉えて、多文化共生教育を意識的に行っていこうとしていますので。例えば、各教科・総合的な学習の時間等の中に、積極的に子どもたちの文化に関する内容を盛り込んでいます。

Q：実践例などありましたら紹介ください。

A：3年前に、4年生が学んだ「生きものの成長」という理科の授業を紹介したいと思います。学校園でベトナム野菜を栽培するという活動です。まず、いちょう団地でベトナム野菜を栽培している家庭を訪問してインタビューし、ベトナム野菜の種類や育て方や料理の仕方を調べました。それから、学校菜園で野菜栽培をして、収穫した野菜を、フォーという麺料理にして食べました。この学習を通して、ベトナムの児童2人には、ベトナム文化に対して抱いていた気持ちに変化がありました。

Q：2人の児童は、ベトナム文化に対してどのような気持ちをもっていて、それがどう変わったのですか。

A：一人は、親が作るベトナム料理の風味が苦手で、スナック菓子を食べ続ける生活をしていました。インタビューで「自分の子どもたちにベトナム料理の本当の味を伝えていきたいから」という話を聞いて、この子は、お母さんのベトナム料理を少しずつ食べるようになったそうです。ベトナム野菜をわざわざ購入して料理を作ってくれる親の気持ちに、気づいたのだと言います。

もう一人は、ベトナム語を少ししか話すことができず、日本語がわからない母親とコミュニケーションがうまくとれない児童でした。そのせいか、ベトナム語を話す母親とは外出しなくなり、ベトナム語が嫌いになっていたそうです。この児童は、インタビューをしたベトナム人の方の話を聞いて、自分も母親と話せるようになりたいと思ったそうです。そして、その方の自宅に通ってベトナム語を学び始めました。それは、日本の子どもたちにとっても、印象深いことのようでした。

Q：外国人の子どもたちに、日本語や日本文化について知らないことを補うという発想ではなく、その子どもたちと日本の子どもたちがともに学びあうための教育を実現するということですね。ありがとうございました。

最後に、今後の課題がありましたら、教えてください。

A：小学校では、学校や先生が一生懸命取り組めば、外国人の子どもと日本人の子どもが、刺激しあったり学びあったりできる関係が作れると思います。しかし、中学校に行くと、思春期になり、教師や親とは違う社会との関係も出てきますし、勉強の内容も高度になります。それに、小学校とは体制が異なるので、子どもたちと教師との関係も異なってきます。そのせいか、小学校ではなんでもなかった弁当の違いなどが、からかいの対象になるということもあると聞きます。環境の変化で、子どもたちも中学校に入ると驚くほど変わります。自文化に否定的になったり、勉強に取り組む気力をなくしたり。いちょう小学校は、中学校と他の２つの小学校とで定期的に情報交換会を行っていますが、小学校から中学校へと教育がつながっていくように、何か方策を考えなければならないと思います。

♥インタビュー2　近田由紀子先生（聞き手：齋藤）

Q：外国人の子どもたちの教育を始めて、「文化の違いだなあ」と感じたことはありませんでしたか。

A：外国人児童に教育を始めた当初は、生活習慣などで、差異を感じることがいろいろありました。例えば、ブラジルから来た子どもの場合は、「雨が降ると欠席する」「給食が食べられない」というようなことです。親御さんや子どもから話を聞いてみると、ブラジルの一部の地域では、雨が降ったら学校を休むのは当たり前だということでしたし、牛乳には砂糖を入れて飲むのが一般的で、お米はたいてい味をつけて食べるそうです。食習慣の違いによるものだと分かりました。

Q：どのように対処したのですか。

A：丁寧に、日本の習慣や学校のルールについて説明しました。誠実に対応すれば、保護者は理解してくれますし、子どもも徐々に慣れていきました。生活習慣の違いの他には、雑巾や三角巾、絵の具セットなど、用具などを準備して来ないという問題もありました。それも、授業や学校の生活に必要なものが何かが分からないことが原因でした。ブラジルでは、学校の掃除は清掃業者の人が行い、昼食は各自が食堂でとることが一般的だそうです。「三角巾をもって来てください」と伝えても、それがどういうものか、何のために必要かがわからないため、親も本人も、対応できなかったのだと思います。こんなときには、実物を見せたりして伝えました。こうした経験を、浜松市の外国人指導研究部（教員組織）で、「小・中学校の一日」というＤＶＤや冊子等にまとめてポルトガル語訳をつけました。それを、市内の先生方と共有しています。

Ｑ：習慣の違いなどは丁寧に伝えれば、ほとんどのことは解決できたということですが、考え方や感じ方などは、そう簡単には変わらないようにも思いますが、どうなのでしょうか。

Ａ：確かにそうです。修学旅行に関しては、ブラジルの子どもの中には、どうしても参加したくないという子がいました。理由は、一人で家族から離れて宿泊することへの不安でした。「親と離れるのが怖い」「親しくない人と知らないところで泊まるのはいやだ」というのです。修学旅行の意義について話すと、親御さんは一定程度理解をしてくれるのですが、子ども自身の不安は解消されないようでした。親元を離れて宿泊すること自体を受け入れられないのに、慣れない日本で、しかも、ことばがうまく通じない日本人の同級生・先生と宿泊するというのですから、当然でしょうね。最終的には、参加する決意をする子もいましたが、修学旅行には参加しないという子もいました。

表面的な規則や用具の準備とは違って、親子関係のような生活や文化のなかで培われた感じ方や考え方は、大事にしなければならないと思いました。

Ｑ：親子や家族の関係の捉え方の違いについては、私も強く感じることがありました。ブラジルから来た中学生でしたけれども、家庭の経済状態を考慮して進学をあきらめ、親が望む通り就職すると言う生徒に出会ったことがあります。先生方は、将来を考えて高校進学を進めたのですが……。家族を一番に考える彼らの言動に、今の日本とは異なる価値観をもっていることを感じました。

ところで、周囲の日本人の子どもたちは、どうなのですか。日本人の子どもたちの態度によっては、外国人の子どもが学校生活を苦痛に感じるということもあると思うのですが。

Ａ：学校生活のいろいろな場面で、外国人の子どもたちの言語や文化を知ろうという取り組みをしました。例えば、朝の会などの時間を利用して、各国語の挨拶を紹介したり、他の国の物語を紹介したりしました。あるいは、昼の放送では、外国の子どもたちの国の料理や音楽の紹介をしました。校内の掲示では、教室の掲示を外国人の子どもの言語で行いましたし、その国を紹介するコーナーを作りました。そこには、外国人の子どもの国に関するクイズや、遊びを紹介する掲示をしました。他には、サンバ教室をして日本人の子どもたちにブラジルの文化を体験させたりもしました。

Ｑ：外国人の子どもの国や文化の紹介を積極的になさったということですね。日本人の子どもにとっては、外国についての新しい情報が多く、楽しい活動だと思いますが、そうした紹介が、「ブラジルはサンバの国」というようなステレオタイプを作ってしまうことにはなりませんか。

Ａ：よく国際理解教育の問題として指摘される点ですね。それは、実施の仕方の問題だと思います。国際理解教育の一環として、近くのブラジル人学校を訪問して、授業を受けたり、ブラジル弁当を一緒に食べたりして、交流したことがあります。日本人の子どもにもブラジル人の子どもにも、同じ年頃の子が、ポルトガル語で授業を受けている光景が印象に残ったようでした。学校で隣の席に座っているブラジル人の子どもと、ブラジル人学校の子どもとは違う生活をしていることに気づいていました。活動を工夫することで、子どもたち自身が違いに気づく活動になると思いますし、ステレオタイプを作ることにはならないと思います。

Ｑ：子どもたちの等身大の課題を設定し、言語的文化的な違いの意味を自分で感じることが大事だということですね。子どもたちにとって価値をもつ学習にすることが重要だということでしょうね。

次に、日本語の習得や学業面についてですが、外国人の子どもたちはどのような点で困っていますか。

Ａ：「外国人の子どもは、こういう点で困難がある。」というように、一言で言うことはできません。「日本語ができないから」とよく言われますが、日本語と学力面とを分けて捉えないと、子どもたちの困難が何かは分かりません。

それに、年齢や滞日期間によって、また、母国での学習経験や家庭の学習環境によって、学習する力も違うので。ただ、全体として言えることは、母語が確立し、一定程度の学力をつけてから日本に来た子は、日本語の力がつけば教科学習でも理解できることが増えていきます。一方で、母語が発達する前に来た子は、来日後、あっと言う間に日本語でおしゃべりできるようになるのですが、その後、読み書きの力がつかない、教科内容の理解が困難、というケースが少なくないです。

Q：それは、母語と日本語の両言語で言語の力が弱いセミリンガルや、ダブルリミテッドと呼ばれる状態のことですね。日本生まれの子どもや小さいころに日本に来た子どもに多いと聞いていますが、その状態が続くと、社会生活を送る上でも不利なると思うのですが、そうした子には、どのような指導をされているのですか。

A：教える時には、できるだけ具体物を利用したり体験をさせたりします。日本語でおしゃべりができるので、まず、体験させながらやり取りをして、理解を促します。それから、理解できたことを、少しずつ、教科の言葉と結びつけたり、読み書きの活動をしたりしています。

Q：子どもの実態に応じて、教授活動には多様な視点と工夫が必要だということですね。最後になりますが、今後、外国人児童生徒教育の課題として取り組む必要があると思われることがありますか。

A：学校が家庭教育と関わりを創ることが大事だと思います。外国人の保護者の中には、日本語や日本の学校の様子が分からないため、子どもの教育を学校任せにしている人もいます。学校側としては、情報を発信し続けることが必要です。「聞いてくれない」とあきらめず、学習発表会のような場に保護者を呼び、その場でメッセージを伝え続けることで、少しずつ理解が得られ、保護者も学校とのかかわりに積極的になります。また、日本人の保護者への理解を促すことも重要だと思います。保護者間のトラブルが、学校での子ども同士のトラブルになるというケースもありましたので。

もう一点は、外国人で学習障害や発達障害をもつ子どもたちの教育という課題があります。私の経験ですが、ちょっとした刺激でパニックを起こすという軽度の発達障害をもつブラジル人の子どもがいました。在籍クラスでは、教師と子どもたちが一生懸命、その子を受け入れようと努力したのですが、パニックの引き金が何か、どう対応すればいいかがわからないため、教師も周囲の子も、そして本人も、疲弊していきました。今後は、発達障害・学習障害に、生育環境の言語文化的な違いという要素をもつ子どもたちの教育を、外国人教育と個別支援教育の新しい課題として取り組むことが必要だと思います。

Q：これから外国人の子どもの教育や支援に関わろうという方へのメッセージをお願いします。

A：「子どもは同じ」ということです。国によって子どもから受ける印象は多少違いますが、「分かることがうれしい」「体験や子ども同士の関わりを通して、いろいろな気づきをもつ」ということは、どの国の子も皆、同じです。一人ひとりの課題を捉え、その興味関心を手がかりに、子どもの学びの道筋にあわせてステップを踏ませること、それによって外国人の子も、教科内容を理解することができます。外国人の子どもの教育に関わって、このことを改めて意識できました。そして、子どもたちの将来を見通して、その子にとって今なにが必要かという視点から、教育することが大事だと思います。

コラム

中国からやって来た子どもとどう向き合うか？

松岡　榮志

まず、中国は単純な一つではない、ということを念頭に置いていただきたいと思います。北京と上海、香港、マカオ、東北、台湾など、それぞれことばも生活も歴史も違います。ですから、まずその子どもとその両親がどのように育ったのかを、よく聞いてください。そこから、少しずつ向き合う糸口が出来て来ると思います。

私には子どもが 3 人いますが、20 年ほど前、上のふたりが北京の普通の小学校（現地校）に 1 年間通いました。上が 3 年生、下が 1 年生です。上の男の子は、学校の雰囲気にすぐとけ込んで、第一日目から友人たちと肩を組んで帰ってきました。中国語は、そんなに出来ませんでしたが、毎日の登校をとても楽しみにしていました。

ところが、下の娘はいつも泣いていました。中国語は全く出来ませんし、周りの子どもたちも新入生ですから緊張しているので、なかなかとけ込めません。しばらくすると、登校拒否のようになってしまい、午前中だけ行って、午後は家で遊んでいる毎日が続きました。

そんな二人を助けてくれたのが、門番の O さんです。彼は、戦前日本の会社に勤めたことがあり、きれいな日本語を話しました。もうだいぶ年配で、ふつうなら定年の年格好でしたが、正門の脇の粗末な守衛所に一人で住んでいました。休み時間になると、子どもたち二人はいそいで O さんのところに行き、いろいろと話しかけては寂しさを紛らわせていました。

やがて、半年がたち、春節（旧正月）が来る頃には、二人ともすっかり学校に慣れ、すすんで通うようになりました。それでも、O さんのところには必ず立ち寄って、おしゃべりをしたり、お茶を飲ませてもらったりしていました。

夏休みが終わる頃、私の 1 年間の仕事が終わり、北京を後にしました。O さんとみんなで撮った写真は、今でも我が家の居間に飾ってあります。子どもでも、教職員でも、こんな風に少しでも相手のことばが出来て、いろいろと悩みを聞いてあげられる人がいると、お互いにずいぶんと気持ちが楽になるはずです。もちろん、先生が少しでもことばが出来れば、より理想的です。

私の大学のプロジェクト研究科目で、「外国からの転入生をどう受け入れたらいいか？」というテーマでグループ研究をしてもらったことがあります。いろんな教科の学生が、4〜6 人でグループを組み、「中国からの転入生」、「インドネシアからの転入生」「米国からの転入生」「グアテマラからの転入生」を想定して、いろいろと発表をしてもらいました。その場合、出来るだけ具体的に想定することを課題にしました。たとえば、子どもの名前、年齢、男女、両親の出身地、両親の職業、住んでいる地域（出来るだけ都市か村ぐらいまで絞り込む）など、出来るだけ詳しく決めることにより、対応策がよりはっきりしてきました。

それとともに、私たちが相手の国の社会生活や習慣などをいかに知らないかが、より身にしみてわかりました。まずは、相手のことを知ることが一番大切だということもよくわかりました。

子どもは一人一人違います。同じ国籍でも、さまざまです。それを、国籍などで大きくくくることで、よく見えてくる場合と、逆に見えなくなってしまう場合があります。ただ、ことばは心の架け橋です。ぜひ、外国のことばに親しんでください。

中国語の場合は、「普通話」という共通語があり、それを勉強すれば、おおむねどこの地方の人でもコミュニケーションが可能になります。ぜひ、勉強をしてみて下さい。

（2007.10.3.北京にて）

コラム

韓国人・中国人の姓のよみかた

（原語の発音〔カナ〕と漢字の音読み〔かな〕、筆画順）

	韓国語	中国語
丁	チョン	てい・ティン
王	ワン	おう・ワン
元	ウォン	げん・ユエン
文	ムン	ぶん・ウェン
尹	ユン	いん・ユン
申	シン	しん・シェン
田	チョン	でん・ティエン
白	ペク	はく・パイ
辺	ピョン	へん・ピエン(边)
全	チョン	ぜん・チュエン
朴	パク	ぼく・ピァオ
呉	オ	ご・ウー(吴)
車	チャ	しゃ・チョー(车)
辛	シン	しん・シン
宋	ソン	そう・ソン
沈	シム	しん・シェン
李	イ	り・リ
金	キム	きん・チン
周	チュ	しゅう・チョウ
林	イム	りん・リン
胡	ホ	こ・ホー
洪	ホン	こう・ホン
宣	ソン	せん・シュエン
南	ナム	なん・ナン
柳	ユウ	りゅう・リウ
姜	カン	きょう・チアン
高	コ	こう・カオ
徐	ソ	じょ・シュイ
孫	ソン	そん・スン(孙)
馬	マ	ば・マー(马)
黄	ファン	こう・ホアン
郭	クァック	かく・クオ
許	ホ	きょ・シュイ(许)
康	カン	こう・カン
曹	チョ(曺)	そう・ツァオ
張	チャン	ちょう・チャン(张)
陳	チン	ちん・チェン(陈)
梁	ヤン	りょう・リアン
崔	チェ	さい・ツィ
馮	—	ふう・フォン(冯)
楊	ヤン	よう・ヤン(杨)
賈	カ	か・チア(贾)
趙	チョ	ちょう・チャオ(赵)
権	クォン	けん・チュエン(权)
鄭	チョン	てい・チョン(郑)
劉	ユ	りゅう・リウ(刘)
鄧	ドゥン	とう・トン(邓)
盧	ノ	ろ・ルー(卢)
韓	ハン	かん・ハン(韩)
厳	オム	げん・イェン(严)
謝	サ	しゃ・シエ(谢)
羅	ナ/ラ	ら・ルオ(罗)

オルティンドーと江差追分
――音楽を通した他者理解の可能性と方法

加藤富美子

音楽を通した他者理解は可能だろうか。音楽の嗜好は人さまざまであり、自分の嗜好とはまったく異なった音楽を嗜好する他者を、音楽を通して理解することは難しいように思われる。ここでは、所属する文化や個人ごとによる音楽嗜好の違い、日本人にとって音楽の「異文化」「自文化」とは何か、という二つの問題をふまえながら、大学の授業での試みをもとに、学校教育における音楽を通した他者理解に向けての学習段階を提案していく。

1．教室における音楽を通した他者理解

学校教育において、音楽を通した他者理解をめざす教育が進められている。

世界の学校では、同じ教室で席を並べる文化的背景が異なったこどもたち同士が少しでも相互理解を深めることができるよう、音楽を通した多文化教育が推進されてきている。たとえば、ドイツの中等教育段階の音楽教科書をみると、世界の諸民族の音楽のうちトルコの伝統音楽や伝統舞踊に特に焦点をあてて取り上げていることが分かる。ドイツではある時期に外国人労働者としてトルコから多数の働き手を迎え入れたため、ドイツに定住するトルコ国籍のこどもたちが増え、このこどもたちを差別することなく同じ教室で仲良く学んでいけるようにするための教育的配慮にもとづくものであるといえる。[1)]

一方、わが国の音楽教科書でも、音楽による国際理解のねらいのもと、アジアやアフリカをはじめとする世界の諸民族の伝統音楽を幅広く教材として採択するようになってきた。そのねらいは、「世界には多様な音楽が存在する。その異なった美的価値を認め、世界を知ろう！」といった、国

際理解教育のもとに位置づけられたものであり、多文化教育の一環としてのものとは言えないにせよ、音楽を通した他者理解をめざす教育であることは確かである。

以上にみられるように、異なった文化的背景を持つ者同士の相互の他者理解をめざした音楽教育が進められてきている現状において、その可能性と方法を探ることが本稿の目的である。

2．音楽嗜好と異文化—自文化

まず初めに、音楽を通した他者理解に関わる基本的問題の整理を行っておきたい。一つは、音楽の嗜好と他者理解の関わりについてである。音楽の嗜好はそれぞれが帰属する文化により、また個々人により大きく異なる。異なった音楽嗜好を持つ者同士が、どうすれば音楽を通して他者理解につなげることができるのかという問題である。

私がモンゴルの民謡オルティンドーと初めて出会ったのは、1976年に東京で開催された「アジア伝統芸能の交流」であった。モンゴルから招かれた人間国宝級の歌い手によるオルティンドーという声楽曲の技巧と表現力に強く打たれ、そのことがきっかけとなってモンゴルの人々のくらしと歌の深いつながりにずっと関心を抱いてきた。また、バリ島のガムラン音楽のきらびやかで精緻なリズムアンサンブルについても同様である。初めてその音楽にふれた時、こんなにすぐれた超絶技巧をもった人々が私の知らなかった土地にいることに強い衝撃を受けた。バリの人々＝音楽や芸能にすぐれた資質をもつ尊敬すべき人々という構図が、その時私自身のなかに生まれたのである。

しかしその後、音楽の嗜好は実に多様であることに気づかされることになる。オルティンドーやバリのガムランを「素晴らしい音楽」と伝えようとしても、その反応はさまざまであった。また、相手の音楽の素晴らしさや面白さをとらえた時に初めて他者理解につながるという考え方に対しても、多くの反論を受けてきた。

二つ目は、音楽における異文化性、他者性とは何かという問題である。

日本人として、日本の伝統音楽は自文化であり、日本以外の諸外国の音楽はすべて異文化であるという構図が成り立つとすれば、話は簡単である。しかし、現代日本社会の音楽的環境を考えた場合、この構図が成り立つとはまったく言えない。明治以来の西欧の芸術音楽を基盤とした音楽教育により、また、欧米から移入されてきたポピュラー音楽により、欧米の音楽様式を基盤とした音楽に親しんでいる人がもっとも多いのが日本社会である。このような音楽環境で育ってきたわれわれにとって、何が自文化の音楽なのかをとらえることはとても難しい。これにともなって、何が異文化の音楽かを判断することは容易ではないことがわかる。

この問題はもちろん音楽に限ったことではなく、異文化間教育の分野ではこれまで盛んに論じられてきた。たとえば佐藤郡衛は、「これまでのように文化を「国家文化」「民族文化」だけに限定することなく、しかも、「異」と「自」という二項対立的な思考の枠からいかに脱却するか」[2)]が現在の異文化間教育の重要課題となっていることを指摘している。

以上にあげた、1) 帰属する文化あるいは個による音楽嗜好の違い、2) 日本人にとって音楽の「異文化」「自文化」とは何か、という 2 つの基本的問題をふまえながら、音楽による他者理解の可能性とその方法について、東京学芸大学の開設科目「多文化音楽教育論」における試みをもとに考察をしていくことにする。

3．理解の段階

「多文化音楽教育論」では、以下のような講義の趣旨とねらいに基づき、1) 自分にとって受け入れがたい、自分にとって異文化の音楽も、いくつかの理解の段階を設けることにより受け入れられるようになっていくのではないか、2) そのプロセスを通して、音楽を通した他者理解の道筋が見えてくるのではないか、という仮説を設けている。この仮説のもと、音楽を通した他者理解のプロセスならびに方法を下記のように想定している。なお、「音楽を通した他者理解のためのプロセスと方法」の (2) ～ (5) は理解に向かう学習体験の種類であり、理解の段階や順序を示すものではない。受講生により、あるいは対象とした音楽により、(2)～(5)の学習体験が他者理解にどのようにつながっていくかは、さまざまな様相を見せることになる。

「多文化音楽教育論」の趣旨、ねらい

(1) 趣旨

多文化音楽教育とは、自分と異なった文化の音楽に関心を持つことにより、相手の文化を尊重し、その文化の担い手である人々の理解へとつながるような音楽教育をさす。音楽を通した多文化教育について理論と実践を通して学ぶ。

(2) ねらい

音楽を通して、自分と異なった文化に属する人々とコミュニケーションができるようになる。

・異文化の尊重、尊敬—自分とは異なった音楽を大切にする人々がいることを知り、そのことを尊重するとともに、相手の素晴らしさを尊敬する。

・自文化の自覚—自分たちの文化の音楽とは何かを自覚し、それを身につける。

音楽を通した他者理解のためのプロセスと方法

(1) 音との出会い：「世界は何て広いんだろう！でも好きでないものもたくさんある」

(2) 映像を通した理解：演奏を取り巻く情報が加わると、異文化の音楽理解は変わる？

(3) 文化・人についての理解：音楽を取り巻く文化・社会・人についての情報が加わると、他者理解が変わる？

(4) 生の演奏や話による理解：異文化の人の生の演奏や話を聴くと、他者理解が深まる？

(5) 表現による理解：演奏や楽器づくりなど表現に挑戦してみると、異文化の音楽理解、他者理解が深まる？

4. 理解の諸相

先に挙げたモンゴル民謡のオルティンドー、バリ島のガムラン音楽を中心に、音楽を通した他者理解の諸相を見ていくこととする。

(1) 音との出会い

講義の第1回目には、「声の嗜好・音の嗜好と異文化理解　ワークシート」を用いて、世界中のさまざまな地域の伝統的な声楽、器楽曲を音だけから出会わせ、その印象を「音色のイメージ」「惹かれる点・耳障りな点」などについて記入させることから始めている。

平成15年度～18年度の4年間を対象として見ていくことにする。受講生のほとんどは東京学芸大学で音楽を専攻とする学生であり、これまでの自身の音楽体験は西洋の芸術音楽のピアノや声楽、あるいは管楽器のジャンルが中心となっている。年度によっては、この他に多言語多文化教育を専攻とする学生も含まれている。[3)]

1）声楽曲では、声の音色、技巧をとらえて嗜好が分かれる

オルティンドーへの嗜好は以下のように分かれる。

＊プラス評価

・揺れもまっすぐな声もきれい　・気持ちの良いくらいの歌声、響きを大切にしている　・声のビブラートが存在感を強調していて面白みがあった

＊マイナス評価

・人間の自然な声とは思えない　・声がすごく震えていて高い　・大きなゆれを多用しているのがいや　・声が揺れすぎ、ビブラートというよりただの揺れ声

高音で声に独特のビブラートをかけるオルティンドーの声楽技巧について、嗜好はさまざまに分かれることが読み取れる。

朝鮮半島の語り物音楽であるパンソリに対しては、「粘着力のある歌声があまり好きではない」「しゃべっているみたいに感じた」「のどの奥でつぶしている感じ、音がそれぞれ違っていて少し気持ち悪い」など、その独特な発声技巧をとらえて「とても嫌い」「嫌い」と答えた学生が多かったが、その中にあって「大陸の大地の沸き上がるような熱い感じがいい」とした者もいた。また、神秘の声の合唱として豊かな響きをもった地声の合唱で世界に知られるブルガリア女声合唱についても、「布の織物のようなイメージ、全てが重なり編み込まれている感じ」「あまり広がりやふくらみを感じず、単調に感じた」「地声に聞こえた、恐ろしい感じの声、一つの音の強弱がいやらしく感じた」など、自分にとってはその発声が受け入れがたいとした者が多かった中で、「神秘的なイメージ」「ほぼ地声に近いけど、すごくハーモニーがきれいだった」「聖歌のようなイメージ、ハーモニーの美しさ」と答えた学生もいた。

以上のように、声楽曲では、発声法の違いによる声の音色の違いや、装

飾的な声の技巧について、その嗜好が大きく分かれることがわかる。

2）器楽では楽器の音色、楽器法などについて嗜好が分かれる

器楽についても楽器の音色、楽器の組み合わせ方などについてさまざまに嗜好が分かれる。以下はバリ島のガムランの例である。

＊マイナス評価

・キンキンした音がひたすら似た音形をくり返すところを異文化として感じる　・低めにひびく音のひびき方が怖かった（K）　・ちょっとうるさい感じ、音色が一杯だが全体に金属の音がする　・不協和音がとても耳ざわり、打楽器がいきなり入るのもいや

＊プラス評価

・金属の楽器が豊富で、くっきりとした金属の音が混ざりあっている。強弱がはっきりしていて、細かいズムが楽しい（K）　・テンポが早くて音もはっきりしていて好き、低音もしっかり響いているので、ただ上で鳴っている音だけが目立たずによかった（K）　・転がるような音が楽しい（K）　・ガラッと曲のイメージが変わるところや、音の強弱やテンポが変わるところがよかった（K）　・キーンキーンとした音がきれい（K）　・鉄琴、木琴、太鼓の三種類の異なる音が混じり合って奇麗なハーモニーをつくり出している（K）

（（K）は多言語多文化教育専攻の学生）

金属打楽器を中心とするガムランの楽器の音色や奏法、あるいは楽器編成をとらえて耳障りな点としてあげた学生がいた一方、同じ演奏の同じ要素をきれい、楽しい、面白いととらえている学生が大勢いることが分かる。

3）異文化、自文化について

これまで耳にしたことのない音楽を初めて聴いた時、何を異文化、何を自文化として感じるのだろうか。それは音楽嗜好とどのような関わりがあるのだろうか。

ここでもまず最初に、オルティンドーを例にとらえてみたい。先に述べたようにオルティンドーのリズム様式は、日本民謡にみられる追分様式という拍の長さが自由なリズムである。その共通性をとらえて、「日本の追分と似ている」と紹介されることも多かった。よく似た音楽的特徴をもつ二つの曲

を聴き比べた時に、日本民謡を自文化、モンゴル民謡を他文化と感じるかどうか、各自の音楽嗜好との関わりはどうかについて見ていく。

＊《江差追分》

・日本独特のこぶしの歌は今までも慣れ親しんできた気がする　・言葉が日本語に聴こえない　・声のゆれかたがあまり好きではない　・キンキンする高い声が耳障り　・ねばりの強い声は気持ち悪くてあまり好きではない

＊「オルティンドー」

・こぶしがしつこく入る訳でもなく、伸びる声と曲想が心を落ちつかせる　・聴いていて癒される　・のびのびとした音楽でなかなか良い感じ　・声が鼻にかかっている感じが気にかかった

《江差追分》のこぶしをつけた歌い方に日本を感じたものが１名いたが、一方で、日本語が聴き取れないことから日本の歌と感じないとするものがいる。また、声の装飾技法については、《江差追分》のこぶしを耳障りとするものが多かったのに対して、オルティンドーの高音につけられたビブラートをのびのびとしている、癒されるとしてプラスにとらえたものが多かった。

ここからは、日本民謡を自文化、モンゴル民謡を他文化として、日本人にとって自文化の日本民謡の方がより理解しやすいということは言えないこと、類似した声の装飾技法についても、その嗜好をみると、自文化として慣れ親しんでいるから受入れやすく、他国の民謡のものは受入れにくいという構図は成り立たないことが分かる。

次にバリ島のガムランを例に見ていくことにする。

＊異文化として感じた点

・不思議な音程／日本にはない音階／音程がはっきりとしないように感じるところ／西洋楽器のピッチでない／１オクターブがずれている　・テンポの急激な緩急の変化　・強弱の変化がストーリーをかんじさせる　・金属音の響き／キンキンした音　・ひとつの音にたくさんの響きが聞こえる（倍音）　・いつも流れているように感じる　・ひたすら同じ音形を繰り返す

＊自分のものとして受容できた点

・聴くのに不快感はなかったけれど、特に受容できるところもなかった　・迫力ある演奏、リズムに血が騒ぐ　・強弱のつけ方、リズム感

異文化として感じた点として、音階、リズム、強弱、楽器法などについて、自己のこれまでの音楽経験と異なった音楽的特徴をそれぞれ挙げている。一方で、自分のものとして受容できた点としては、異文化と感じた音楽的特徴を「血が騒ぐ」ほど受け入れているものもいれば、特に受容できるところもなかったとするものもいる。

異文化として認識することと、それを自分で受け入れるかどうかは別の問題であるということがここから分かる。

(2) 映像を通して演奏に関わる周辺情報を加えた理解

映像により、楽器の形状や奏法、演奏者の表情、演奏している場の様子などの周辺情報を加えると、音だけを耳にした出会いから、理解はどのように変わっていくであろうか。バリ島のガムランを例に、上と同様に異文化、自文化の観点について見ていくことにする。

＊異文化として感じた点

・指揮者なしの集団演奏

＊自分のものとして受容できた点

・一つの楽器も奏法によっていろいろな音色を出している　・アンサンブルに緊張感があり、パーカッションアンサンブルと同じように感じた　・複雑なリズムをみなで作っている　・多人数が一体となって音楽を作っている点　・集団で演奏する一体感　・集団で演奏しているのを見ると、盛り上がるポイントが分かり音楽の面白味が増した　・複雑な音の絡み合いで成り立っている事が、映像を見てしっかりと理解できた

・ひとりひとりが出す音が重なって、一つになっていくのはすごい、感動した　・その土地の空気に音楽の質がぴったり来る

異文化として感じた点も、自分のものとして受容できた点も、バリ島のガムランにおける集団で一つの音楽をつくりあげていく一体感に感想が集中している。映像で演奏の様子を見ることにより、音楽のつくり方が分かっ

たことによるものが大きい。また、寺院の庭で演奏しているという演奏の用途、状況が分かったことから、その土地の音楽として受け入れることができたという感想も大切な点である。

(3) 文化・人についての情報を加えた理解

音楽の演奏だけではなく、その土地の気候風土、宗教、くらしなどの情報を加えると理解はどのように変わってくるだろうか。以下は、ガムランが演奏される儀礼の全体像やくらしの一シーンなどをとらえたＢＳ放送によるバリ特集の映像を視聴した後の、ある学生の感想である。

- 何の説明もない映像と音楽なのになぜ一体感があるのだろう。あの独特な踊りと音楽と動きは、バリの暑い気候と色彩豊かな植物、その強いインパクトに負けることもなく競うこともなく支配しようとすることもない、うまい調和の象徴が出ていると思った。
- 踊りの衣装や獅子舞のような踊りの装飾の強い色と金属のような飾り、それ自体から発せられた音がガムランの音と似ているような気がした。
- ケチャやガムランは、同じフレーズやリズムが何度も何度も速く繰り返され、それが徐々に陶酔していくような感覚に陥って、その内からくる穏やかな興奮状態が神的な部分と強いつながりがあるように思った。 (K)

多言語多文化教育を専攻する学生だったためか、音楽を自然や社会あるいは宗教など、バリの全体的な世界観のなかでとらえている点がすばらしい。ここからは音楽を通した他者理解の可能性を強く感じとることができる。

(4) 異文化の人の演奏や話しを聴くことによる理解

音楽を通した他者理解にとって、当該の文化の演奏者による生の演奏や音楽にまつわる話を聴くことが大きな理解へとつながることは自明と言ってよいだろう。「多文化音楽教育論」でも、留学生などに協力してもらい多くの機会を設けてきた。以下は内モンゴルからの留学生の演奏と話に接した後の学生たちの感想である。

- モンゴルの歌を実際に目の前で聴いた時、微妙な音程のところがあって、西洋の音階や日本の音楽には無いものだったので、不思議な感覚を覚えたし、同時に感動した。
- 同じ歌でも西洋のもの日本のものとこれだけ違うのかと実感し、歌の風土をなんとなく感じることができた。歌は素晴らしいなと改めて実感し、また違う国でこれだけ違う発達をしていくものかと驚いた。

・文化の違いを強く感じた。モンゴルでは嬉しい時も悲しい時も常に歌っているのに、「日本人はどうしてもっと歌を歌わないのだろう」と言われて考えてしまった。自国の音楽を堂々と紹介していたのにも心を打たれ、自分に「これぞ日本の音楽だ」と胸を張って言えるものが果たしてあるかどうか、考えさせられた。

音との出会い、映像を通した周辺情報を加えた理解などの段階を経て、モンゴル民謡に接してきていた学生たちであったが、実際に内モンゴルからの留学生の演奏と話に接したことで、微妙な音程に初めて気づいたり、歌の風土を感じたり、歌と人々のくらしの強いつながりを知って自分を振り返ってみたりと、異文化理解、他者理解を深めるとともにそれを通した自分理解へと大きく踏み出していっている様子がわかる。

(5) 表現（演奏・楽器づくりなど）を通した理解

自分にとって異文化の音楽を実際に演奏したり、楽器をつくってみるなど、表現に自ら関わってみることは、音楽を通した他者理解のプロセスではとても重要である。楽器の奏法のほんの初歩だけでも、それを身につけようと自ら楽器に向かい合うことで、相手についての理解は大きく変わる。「今までに演奏したことのない楽器に何か一つチャレンジしよう」「楽器づくりも手がけてみよう」という内容を加えることを心がけてきた「多文化音楽教育論」ではその実際例は枚挙にいとまがないが、ここでは竹の楽器づくりを通した感想をあげておきたい。

・フィリピンの竹の楽器であるバリンビンを実際につくることによって、その国の自然物でできる音楽の素晴らしさを感じた。フィリピンの人々にとっては、自らつくった楽器を自ら演奏することにより、音楽の繊細さを作り出すことができるのではないかと感じた。（K）

・竹の楽器を作った時、日本と竹との関わり、他文化における竹との関わりは、似ているところもあれば異なる部分も多い事を知った。人々の住んでいる環境、風俗によって、竹に対する扱いが変わり、音色も変わる。どのようなことを竹を通して感じ、そのような形が生まれていったのか、それを考えながら楽器をつくり、音を味わう。それによって、ただVTRを見たり、完成した楽器を演奏するだけでは得られない理解が生まれると思う。

4. 学校教育における音楽を通した他者理解の可能性と方法

あくまでも大学生を対象とした事例であるとはいえ、以上に見てきた音楽を通した他者理解の様相は、学校教育における音楽を通した他者理解の可能性と方法を考える上でいろいろな示唆を与えてくれる。音楽嗜好、異文化–自文化という二つの基本的問題をふまえつつ、学校教育における応用の方法を加えながら、本稿をまとめてみたい。

1) 音楽の嗜好は帰属する文化や個々人によりさまざまに異なるが、嗜好の差異が他者理解を妨げるのではなく、嗜好の違いに気づくことから他者理解がはじまる。嗜好の差異から他者として認識することと、それを自らに受け入れることができるかどうかは別の問題である。またここでは、日本の音楽＝自らの音楽、諸民族の音楽＝他者の音楽という構図が成り立つとは言えない。

   →方法：さまざまな音楽の音との出会いの場を準備し、クラス内で嗜好の違いを話し合ってみる。そのことにより、相互に理解しあうためには、嗜好の違いを理解しあうことが大切であることを分かりあう。

2) 演奏に関わるさまざまな情報、音楽を取り巻く社会や人についての情報が加わることにより、他者理解が深まっていく。

   →方法：DVDなどにより世界の諸民族の音楽を映像により鑑賞するとき、演奏形態、演奏技法、楽器の形状や装飾、身体の動きなど演奏に関わるさまざまな情報に目を向け、それらの要素と音楽の関わりを感じ取れるように工夫する。調べ学習などを取り入れ、音楽を取り巻く社会、文化、人間について関心をもつようにする。

3) 自分にとって異文化の音楽について、その音楽の担い手による生の音楽の演奏を聴き、音楽にまつわる話を聞くことで、他者理解が深まっていく。

   →方法：在日の外国の人々をゲストティーチャーとして迎え入れ、演奏や話をしてもらう機会をつくる。

4) 自分にとって異文化の音楽を自ら表現してみることで、その難しさやすごさが分かり、それにともなって他者理解が深まっていく。

→方法：教室にある楽器を代替楽器として、自分にとって異文化の器楽音楽に挑戦してみる、自分にとって異文化の歌をその発声や声の装飾技巧をまねて歌ってみる、身近な素材でつくれる異文化の楽器をつくってみる。

【注】

1）Musik aus der Türkei、*Sound Check 1*，Schroedel Verlag,1999, pp174-175 ほか

2）佐藤郡衛・由谷武志編『ひとを分けるものつなぐもの–異文化間教育からの挑戦–』京都：ナカニシヤ出版、2005 年、pp3-4

3）音楽専攻とそれ以外の学生間の音楽的嗜好の差異については、今後検討する必要がある。

多文化社会アメリカにおける「平等保護」のためのアプローチ
――多文化教育の「コンプリヘンシブ」概念でみるハワイの教育改革

川﨑　誠司

かねてより欧米のカリキュラムの研究が進められ、その蓄積は重要な意義と価値をもっている。筆者が危惧を覚えるのは、カリキュラムや教科書の構成を解釈して紹介することをもって、学習者の学びのプロセスを安直に憶測的に論ずるものが散見されることである。本稿ではハワイの小学校でのフィールドワークによって明らかにした具体的現実をもとに、多文化社会で必要な社会認識と平等保護のためのアプローチについて明らかにする。

1．問題の所在

日本国内の多文化化の進展に伴い、異文化との共存のための文化理解のあり方が重要な課題になっている。すなわち、国際化、グローバル化により文化的背景や価値観の異なる様々な異文化が流入し、多文化社会を形成しつつある。その場合、教育においてそれらの異文化をどのように理解させ、相互に尊重し合い、「共存」していくかということが重要な課題となる。それを究明する方法として、多文化教育を思考モデルとして考察することも重要と考える。本研究では、多文化社会の先例としてのアメリカ合衆国（以下アメリカ）に学ぶ観点からこの問題について分析する。

アメリカは先住民の大地に「東西」からの大量の移民が流入して形成された多文化・多民族社会である。1776年に独立を果たしたが、その後新たに併合した西部に奴隷制を持ち込むかをめぐって北部と南部が対立し、1861年から65年にかけては南北戦争が勃発した。[1] 結局、農業経済維持のため奴隷制を維持してきた南部が敗れ、それ以降アメリカでは「人種の平等」をどう考えるかが社会的課題として浮上してくる。南北戦争終結後憲法の修正が行われて、黒人解放のための修正14条が採択され、そこに初めて平等保護条項が挿入された。それにもかかわらずその後約半世紀の間、アメリカ社会では黒人差別が公然と多方面にわたって多様な形で繰り広げられていく。1960年代に公民権運動が成功を収めた後も現在に至るまで、依然として人種・民族差別は根強く残っているのである。社会制度が改革されても人心は容易には改まらない。ここに教育の重要性が存在すると考える。

アメリカでは、1960年代頃から文化的多元主義や多文化主義に基づく文化理解のためのアプローチによる教育研究が進められた。多文化社会の進展や国際情勢の変化、多文化主義をめぐる議論の展開などとともに、そのアプローチの仕方や多文化教育の課題は変遷してきた。その変遷について概観したうえで、「公正さ（equity, 以下エクイティ）」と、近年現れた概念である"comprehensive"（以下コンプリヘンシブ）という観点から、ハワイの教育実践と州の教育改革の取り組みを手がかりにして、多文化社会で求められる社会認識のあり方と平等保護のためのアプローチのあり方について明らかにしたい。それをもとに、教育現場における「コンプリヘンシブ」概念の重視が多文化主義の進展によるものであることを論ずる。

2．多文化教育の中心課題の変遷

(1) 多文化教育の史的背景

南北戦争終結後の19世紀後半、ルイジアナ州法においては、鉄道の車両など公共輸送機関を黒人と白人で分離することを定めていた。黒人が白人専用の客車内に立ち入ったり、座席に座ったりすることは禁じられていた。この分離規定の合憲性が1896年に争われた。これが人種・民族関係に関わって、アメリカ史上最悪の判決と言われる「プレッシー対ファーガスン事件（プレッシー判決）」である。

連邦最高裁判所は、列車内において人種を理由に黒人と白人とを強制的に隔離しても、各人種に与えられた施設・設備が等しければ、そのこと自体は修正14条の平等保護条項に違反するものではない、とした。つまり黒人と白人とは別扱いされているが、黒人が排除されているわけではないので平等性に問題はないという考え方である。この判決によって、それ以降約半世紀にわたって人種隔離を合憲とする「分離すれども平等(Separate but Equal)」の原則が成立したのである。

プレッシー判決の原則を覆し「公立学校における人種隔離制度は修正14条の平等保護条項に違反する」としたのが、1954年の「ブラウン対トピーカ教育委員会事件外三件（ブラウン判決)」である。連邦最高裁判所は、「公立学校における人種隔離制度は、黒人の子どもたちに対し不利益な効果を有するものであり、平等な教育上の機会を剥奪するものである。彼らが人種的に統合された学校において享受しえた利益のうちのあるものを彼らから剥奪する傾向を有するものであって、法の下の平等に反する」との判断を示した。

プレッシー判決では法の下の平等を「形式的平等」と考え、平等の均等な取り扱いを保障しさえすれば平等は達成されたとする。一方ブラウン判決ではそれを「実質的平等」と考え、人種関係の歴史、現実、既得権、既成の不利な条件等を考慮しなければ平等は達成されないとしている。両方の考え方ともに論理的には矛盾がない。しかしながら、時代的な要請として多様な価値体系間の平等を追求することが求められる現代にあっては、それぞれ単独では十分に機能しえない。そこで両者を包含する新しく多元的な平等保護概念として「エクイティ」が用いられるようになっているのである。それは学会や学術文献・雑誌等に見られる教育スローガンの変化にも表れている。1980年代から90年代にかけては「平等と学力（Equality & Excellence）」が掲げられることが多かったが、1990 年代後半あたりからは「エクイティと学力(Equity & Excellence）」という表現に変わっているのである。[2)]

(2) 多文化教育の中心課題

上述のような史的背景を持つ多文化教育は、これまでどのような課題を抱えてきたのであろうか。多文化教育は一般に次のように捉えられている。

> 文化的多元主義(cultural pluralism)や多文化主義(multiculturalism)を思想基盤とする教育改革運動である。一国内の多様性を尊重し、人種、民族、社会階層、性別等あらゆる文化集団への理解と受容を促進することを

通して、差別や偏見を軽減し、等質の教育の機会と文化的選択を提供することを目的として、彼／彼女らの文化的帰属性や特質を尊重して行われる教育の総体をいう。具体的には、各文化集団の学習スタイルに適合した教授法の開発、多様な文化集団の視点からの教育内容の再編成、教師を含む学校スタッフの資質養成及び学校の多文化的人員構成への取り組みなど教育思想、改革運動、教育実践にわたる広範囲な教育論である。1970年代以降その展開は世界的に広がりを見せているが、国によってその理論的・実践的展開はさまざまである。アメリカ、イギリス、カナダ、アジア諸国、オーストラリアなど、国内に多様な民族集団を抱える「多民族国家」において多文化教育は積極的に推進されてきた。現在では、人種・民族だけでなく、女性、同性愛者、高齢者、白人貧困層、障害者など、より広範囲の集団間の共存と相互理解、平等保護を目標とする教育運動として展開されている。[3)]

1960年代の公民権運動の成功を契機として、それまで抑圧されてきた少数派たちの権利主張が強まっていった。少数派には黒人や先住民だけでなく、女性や子ども、高齢者など社会的弱者とされる集団も含まれるようになってゆく。このことは保守主義側には、西欧の伝統的価値観にまとまっていたアメリカが分裂の方向に向かおうとしているように映ったのであった。

そのことを背景として 1980 年代には多文化主義やそれに理論的基盤を置く多文化教育に対する批判が強まった。多文化教育の世界的指導者といわれるバンクス(James A. Banks)[4)] は、「分裂を招くという批判があるが、アメリカはそもそもまとまっていたことがあるのか」と疑問を呈するにとどめ、批判の原因は保守主義側の理解力の無さと誤解にあるとして正対しようとしなかったが、しばらく後に多文化教育の目標構造の不明確さにもその原因があると考えて、「多文化教育の次元」を構造化して示した。[5)] またバンクスは、多文化教育は少数派だけに必要な教育ではなく、アングロサクソン系など白人も含め全ての市民に必要な教育であるとしている。

筆者はこうした1960年代の終わりから1980年代半ばまでのバンクスの理論展開と、1980年代後半から1990年代までのそれとを比較して、多文化教育の中心課題とその変化を明らかにした。[6)] 紙幅の都合で詳細は論じられないが、それによれば、多文化教育の中心課題は「エクイティ」の認識の深化と偏見の軽減にあることがわかる。そして「エクイティ」の認識の深化は、究極的には国民統合を目指すものとしての位置づけにあることが明らかになった。このことは、多文化教育は全ての市民に必要とされることと完全に符合している。

(3)「エクイティ」の達成の要件

多文化教育論者たちによる「エクイティ」に関する理論展開の分析によれば、「エクイティ」の達成の要件は次の通りである。[7] バンクスは「出力」変数、すなわち教育の結果に重点を置き、マイノリティの子どもたちのエクセレンス（学業成績）がマジョリティの子どもたちのそれと同等にならなければ、「エクイティ」は達成されたとは言えないという立場に立っていた。しかしながらそのためには、「過程」変数、すなわち学習のプロセスの改革が最も重要だと主張するようになった。[8]

また、ベネット(Christine I. Bennett)[9] とゲイ(Geneva Gay)[10] は近似した立場に立つ。両者とも、「エクイティ」とエクセレンスを一体的に捉えるべきと考え、「出力」変数としてのエクセレンスの達成のためには、「入力」変数、すなわち教育の機会や環境の整備が不可欠であるが、その実際化に当たっては「過程」変数が最も重視されなければならないと考えている。[11] 同様に、ガルシア(Jesus Garcia)も「エクイティ」の達成には、学習のプロセスの改善が最も重要と考えている。[12]

「エクイティ」とは何かという問いに対しては、「入力」変数の平等と考えるゲイや、比較的それに近い立場に立つベネットと、「出力」変数の平等と考えるバンクスというように、論者によって考え方に違いがある。しかしながら、「エクイティ」を達成する要件は何かという問いに対しては、「過程」変数の改善という点で考え方は一致しているのである。

また、インターネット上で行われている多文化教育の議論における「エクイティ」に関する事例の分析[13] によれば、「エクイティ」に関する問題には前述したように「形式的側面」と「実質的側面」の二側面が存在し、このいずれを重視するか、またどちらにどの程度比重を置くかという比較衡量的な図式で議論が交わされていることが明らかになった。

以上のことから、人種や民族など多様な価値観を持つ集団が存在する現代アメリカでは、集団間の平等の実現が緊急に求められているが、「エクイティ」の達成を目指すことによってそれに迫ることができると考えられる。その際には、「形式的側面」と「実質的側面」とのバランスをどう図るかが課題となる。また学習指導においては、「エクイティ」とエクセレンスとの関係に配慮し、一方を追求することにより片方を損なうことのないよう留意することが求められる。そのためには、学習のプロセスの改善こそが重要で、マイノリティの子どもたちに対して教師が高い期待を抱き、肯定的な態度をとったり、カリキュラムに社会の文化的多様性を反映させたりするなどして多文化化することが肝要である。

3．平等保護に果たす「エクイティ」認識の意義

(1)「エクイティ」をめぐる教育の背景

以上述べてきたように、多文化教育における「エクイティ」の課題は、多様な人種・民族・その他の集団にとって公正な学習環境をどう保証するか、という点に置かれてきた。つまり「入口」の保証であり、それすらもマイノリティに与えられてこなかった歴史的事実からすれば当然のことと言える。これは南北戦争以降の中心的な教育課題であり、公民権運動以後も一層重要性が増してきた。日本の多文化教育研究もここから始まっている。[14)]

これに対して、学習者に「エクイティ」そのものの理解を深めさせる、すなわち「学習論としての多文化教育」をどうするかという課題は残されている。たとえば社会科はその発足以来現在に至るまで、学習指導要領において「公正な社会的判断力の育成」をねらいとして示してきた。社会科の究極の目標である「公民的資質の育成」の中核と言ってもよい。しかしながら管見によれば、「公正な社会的判断力」に関する研究はほとんど全く存在しない。「社会的判断力の育成」の研究はわずかにあっても「公正さ」について検討することなく進められているのが現状なのである。多文化教育研究において、社会科教育という教科教育の観点を持ってアプローチする意義はここにもある。

(2)「エクイティ」認識のための学習方法
—授業分析の視点の生成—

1970年代以降の多文化教育論の検討により、多文化教育の中心課題は「エクイティ」の認識の深化と偏見の軽減とにあることがわかった。とりわけ「エクイティ」の認識の深化においては、「エクイティ」の二側面、すなわち「形式的側面」と「実質的側面」のバランスに配慮して進めることがとくに重要であることが明らかになった。[15)]

ここで次のような疑問が生じる。「形式的側面」と「実質的側面」のバランスに配慮するとはどうすることか、ということである。[16)] 筆者は、この疑問に対する解を得るために小学校の社会科の授業観察と記録分析を行った。それを継続する中で、次のような仮説を得た。

小学校6年生の憲法学習で基本的人権の理解を深める場面（学習問題：「私たちのくらしが憲法でどのように決められているのかを調べよう」）を数時間継続して観察した時のことである。児童の発言をもとにトランスクリプトを作成して分析してみると、「エクイティ」の認識は、「形式的」な判断から始まって「実質的」な判断へと移行し、さらに「実質的」な判断をするための基準として、よりミクロで「形式的」な判断指標を求めるという流れを有することがわかる。このことは、どちらから始まるかという順序性の確定はできないが、「形式的」な判断と「実質的」な判断との間をジグザグもしくは螺旋的に行き来しながら、「エクイティ」の認識は深まってゆくのではないか、という新たな仮説が生成されたと言うことができる。[17)]

筆者はこの仮説を持って、2001年から2002年にかけてハワイの小学校において参与観察を行い、その後も継続して行った授業記録の分析をもとに、この仮説が検証されたことを論じた。[18)] 公立小学校において、そして州教育局の影響下にない私立小学校においても、上記のような「エクイティ」認識のパターンが観察されたのである。また同時期に行われたハワイ州社会科カリキュラム改革は、「エクイティ」を一層重視する形で進められていた。

4．「コンプリヘンシブ児童生徒支援システム(Comprehensive Student Support System)」の展開にみる多文化教育の進展

これまで述べてきた「エクイティ」に加えて、ハワイ州ではそれを補足する概念として「コンプリヘンシブ児童生徒支援システム(Comprehensive Student Support System)」（以下CSSS）という考え方が現れてきた。ここでは、筆者が調査を続けているアメリカ・ハワイ州のK小学校を事例として取り上げ、「エクイティ」と「コンプリヘンシブ」の異同を検討するとともに、ハワイ州の公立学校における取り組みを検討したい。それにより、多文化社会における「平等保護」のあり方を明確化するとともに、「エクイティ」から「コンプリヘンシブ」への流れが多文化教育の進展と読み取れることを論ずる。

(1)ハワイK小学校のAction Planにおける「平等保護」観 —「エクイティ」と「コンプリヘンシブ」の異同—

筆者は1996年に初めてK小学校を訪問して以来、毎年訪れ、2001年から2002年にかけて連続的な授業観察・学校観察を実施した。授業観察時は児童らと学習活動をともにしながら記録をつけ、学校行事（遠足、文化祭、学校集会など）には可能な限り参加し、職員会議等にもオブザーバーとして出席した。その後も短期の訪問を毎年続けてきている。

吉良直(2006)は、2002年1月8日に成立した「どの子も置き去りにしない法（No Child Left Behind Act、以下NCLB法)」を解説する中で、アメリカでは教育について合衆国憲法上の規定がなく、権限が州政府に委ねられる地方分権型の教育制度が伝統的にとられてきたが、1980年代前半の学力問題をきっかけにして、1991 年に出された「アメリカ 2000」の構想を経て、学力向上を至上命題とする連邦教育法「2000年の目標」が1994年に成立したことを論じている。[19] 史上初めて全米の教育目標が設定され、連邦政府の地方教育行政への介入が明確化されたということである。

これを日本的に受け止めると、中央集権化が急進展し連邦政府の教育施策に一元化されたように感じられてしまう。だが実際には、それまで学区の教育委員会に委ねられていた権限が州政府に移り、そこに連邦政府の指導的介入が入るようになっている。したがって、教育行政の権限の主体は変化した

が、依然として地方分権型の形式は、後退しつつも維持されていると言ってよい。

筆者が観察を続けているハワイ州では、州教育局の教育計画に基づき、学区の教育委員会が地域の実情や学校の抱える問題状況を把握したうえで、各学校を訪れてワークショップを開催する。学校はワークショップで得られたアドバイスを踏まえて、独自のアクションプランを作成する。これが子どもたちの学習に直接影響を与える学習指導計画ということになる。

1995年に改訂されたハワイ州社会科カリキュラムは、多文化主義や多文化教育の影響を色濃く反映したものであった。[20] 人種・民族の多様性を尊重し相互理解を深めることを通して、社会の安定を図るねらいをもつものであった。ただ、多文化主義や多文化教育はカリキュラムの大枠としての役割をもつのみで、具体的な下位概念がカリキュラム中に示される形にはなっていない。

2001年から2003年にかけて行われた州社会科カリキュラム改革では、多文化教育が具体的に深化した。その現れの一つとして、「エクイティ」の重視が見出せた。[21]「公平」「正義」といった「エクイティ」とその周辺概念が取り上げられ、これらの概念を子どもたちが自分たちの生きる現実世界に適用して理解することが求められているのである。

このカリキュラムの趣旨を受け、筆者が観察対象としていた教師が責任者となって策定したのが『K小学校アクションプラン』(2002年版)である。これが2005年には後任の教師を中心にして改訂されつつあった。

2005年10月27日のことである。筆者はK小学校に赴いて改訂版のアクションプランの草稿をもらい、それについてこの教師と議論する中で、アクションプランの中に「エクイティ」とともに「コンプリヘンシブ」が書き加えられていることに気がついた。カリキュラム・コーディネータの役割を担うこの教師によれば、「エクイティ」は「ハンディのある人の必要に応じて」対応するという意味合いが強いが、「コンプリヘンシブ」は「全員に分け与える。全員でその必要性に応じて分かち合う。それによって全員がわずかでもいくらかの向上を果たす」というニュアンスで使用されるとのことである。「与えられない」者が存在しないということである。

K 小学校は「エクイティ」に加えて「コンプリヘンシブ」にも重点を置きつつある。この学校には特別支援学級だけでなく、幼稚園課程、その前の就園前課程も設けられ、ニーズに積極的に応えようとしている。ハワイでは一般的なことだが、この小学校では昼食だけでなく朝食も提供している。家庭の事情で食事を満足に摂ることのできない子どもも少なくない。法律の定めるところにより、家庭の所得状況に応じて食費が無料になったり半額免除になったりもする。所得が水準以上の家庭の子どもは規定通りの料金を支払う。これは「エクイティ」の観点に立つものといえる。

特定の教科に英才クラスも設けられているが、このクラスの存在は「コンプリヘンシブ」の考え方に立てば説明がつく。能力の高い子どもが通常のクラスではその能力を十分向上させられない場合、伸びるはずの能力は失われたのと同じと考えられるのである。「エクイティ」の考え方に、優秀な子どもへの一層の教育の必要性という視点が内包されていないわけではないが、「コンプリヘンシブ」の視点から捉えると、よりわかりやすい。「コンプリヘンシブ」は全員がその対象であり、優秀な児童も能力に応じて向上させられるべきという論理である。

こうなると、児童全員に対する詳細な評価が必要となる。たとえば K 小学校では以下の項目をもとに児童全員を評価している。[22)]

○ESL の必要性

○特別支援教育の必要性

○朝食・昼食の無料化または割引

○リハビリテーション法 504 条への配慮[23)]

○出席状況

○読解

○算数

○行動

○自立

これら諸点について個々の児童を評価し、「出席状況」から「自立」までの項目については、年度当初と年度末とを対比して変容を確認できるようになっている。K 小学校において 2006 年 8 月 24 日に行われた CSSS 担当者会議では、CSSS が特別支援教育ではないことを全員で確認したうえで、議論が展開された。

教科学習において一定の目標を達成した児童の扱いをどうするか、という教員からの質問に対して、校長は「差異化・個別化」が重要であると回答し、習熟度別の学級編成を教科毎に行う可能性も示唆した。その後も学習の個別化に関する議論が続き、児童全員を同じ段階に揃えるのではなく、チェックポイントとしての「評価」を「どう」通過させるかが重要という考え方に収束していった。

(2) ハワイ州における CSSS

2006 年 8 月 30 日にオアフ島北東部の E 小学校で行われた、学区の教育委員会による CSSS に関するワークショップの配布資料("CSSS In-Service")によれば、CSSS は 1996 年に始められ、1999 年に州全体で実施に移されたとされている。また、『CSSS 評価報告書 2003 年―2004 年（Comprehensive Student Support System (CSSS) EVALUATION REPORT 2003-2004)』には、州教育局による二年間の試行を経て、1999―2000 年度（1999 年 8 月～2000 年 6 月）に完全実施となったことが記されている。[24)]

1996 年は先述したように、学力向上を至上命題とする連邦教育法「2000 年の目標」が成立（1994 年）した直後である。CSSS の実際化にあたってその影響があることはいうまでもない。

また、このハワイ州の CSSS は広く注目を集めており、各州から視察に訪れることも多い。2002 年に成立した NCLB 法に影響を与え、CSSS の 6 つの要素がそこに組み込まれてもいる。[25)] その 6 要素とは、

1．個に応じた学級環境：個別のニーズと背景に対応する。教授・学習活動の評価を頻繁に行う。
2．予防と早期の発見：学習の障害を発見し早期に対処することにより、深刻な問題に発展しないようにする。
3．家族の十分な関与：学校と家庭の連絡を密にすることによって、学校教育のあらゆる場面に家族が関与するようにする。

4．自立への支援：転校したり学級を移動したり、プログラムが変更になったりする際に、子どもたちが感じる混乱を最小限に抑える。
5．コミュニティの支援・ボランティア・協力：住民や行政機関は地域の学校に積極的にかかわって貢献する。
6．特別な援助、危機・緊急サポート、継続的な支持

である。[26] これを見ると、学力問題に取り組むためには学校だけの努力に留まらず、家族や地域の協力が不可欠であると考えられていることがわかる。冒頭の 1 に「個に応じた学級環境」が謳われ、全体として学習や評価、ニーズなどについて、子どもたち個人個人に焦点が当てられていることを見ても、CSSS では「個別化」が重視されていると判断できるのである。

目標は、

1．個別の支援を行う。
2．学校と家庭・地域との連携をとる。
3．公共機関および私的機関の人的・財政的資源を統合する。

とされており、6 要素の 1 と同様に「個別化」が目指されているのである。[27]

CSSS は次の 5 段階に分けて進められることとなっている。[28]

第 1 段階　全ての子どもへの基本的支援をする：学校の全職員（主として教員）が学級に生じるニーズに対応。支援やガイダンスを与えたり、家庭の子育てについて支援する。

第 2 段階　他の教職員と共同で非公式な追加支援を行う：援助の要請に応じて支援をし、記録に残す。

第 3 段階　学校およびコミュニティのプログラムを通じたサービス：第 1、第 2 段階では適切な解決ができないニーズをもつ子どもたちのために、書面によるアクション・プランを開発する。特定の集団やニーズに対応する。（例）ESLL や特定の動機づけプログラムなど。

第 4 段階　州教育局やその他の機関による特別のサービス：特別支援教育など。

第 5 段階　集中的で複合的な機関サービス：学校外で治療的・教育的プログラムを受けることのある子どもたちへの配慮。

CSSS の基本的な前提は「子どもたち全員を対象とする」ところにあり、

個々の子どもたちの必要性に応じて、段階を追って深刻な問題にも十分対応することができるような構造になっている。

以上のことから、ハワイ州における「コンプリヘンシブ児童生徒サポートシステム」の特徴は、大きく「全員が対象」かつ「個への対応（個別化）」ということができ、その実現に向けては、州教育局や教育委員会、学校だけで取り組まれるものではなく、家庭と地域の協力が不可欠と考えられているということになる。

(3) CSSSにみる多文化教育の進展

先に引用した吉良はNCLB法を説明する中で、「法案の前提や実施方法などに様々な批判が噴出している」としている。すなわち、罰則を課せば進捗度を達成できるとする前提には無理があること、そしてそれは教員の質的な低下をもたらしていること、学力の低い生徒の受験を妨げ、彼らを中途退学に追い込むような方策もとられていること、学校側がテスト科目を重視した知識偏重の授業を実施するため、生徒の豊かな学びの機会や幅広い学習体験の場が制限されている、というのである。結果、「教育現場において最も被害を受ける者こそ、まさにNCLB法の支援対象となっている低所得者やマイノリティの生徒たちである」と述べている。このため、多文化教育関係者たちの間では、NCLB法は極めて評判が悪い。[30]

実際、筆者の知人が副校長を務めるW小学校では、算数や理科の授業時間が増加し、音楽や芸術の時間はなくなった。K小学校でもE小学校でも同様である。ほとんどの小学校で遠足は行われなくなったりもしている(W小学校では僻地校のため校長裁量で年 4 回行っている)。学校訪問をして教師たちに近況を訊くと「テスト、テスト、テスト。子どもたちのテストだけでなく学校もテストされるので大変だ」とやはり評判が悪い。こうした状況は、教職の魅力を失わせるばかりか、とくにハワイの学校において有能な教員の確保が難しくなっていることの遠因ともなっている。

ただCSSSはNCLB法に重要な一部として組み込まれたとはいうが、一部であって全体ではない。CSSSに関する資料にはNCLB法に関する説明はほとんど出てこないし、CSSSとNCLB法とを関連づけて捉えようとすることも少ない。NCLB 法に対して批判的であるにもかかわらず、CSSS は K 小学校の教職員の間で概ね肯定的に捉えられているようである。CSSS に関する職員会議の議論はしばしば白熱したりもする。多文化社会ハワイにおける子どもたちの多様性に対応する方策として、重要なものの一つと考えられているように思われる。さらに、州教育局の教育政策の中でも年々充実する一つともなっている。

では多文化主義・多文化教育の視点から「コンプリヘンシブ」をみるとどうなるだろうか。

松尾知明(2007)は、アメリカの多文化教育を対象として、1980 年代から 90 年代に展開した「文化戦争」に着目し、「文化多元主義」から「多文化主義」への移行の意味するところを解明しようとしている。そのなかで、文化多元主義を「サラダボウル」、多文化主義を「ジャズ」ととらえて、さらに 2000 年代に入りポスト多文化主義ともいうべき新たな多文化主義が出現していることを論じている。そしてポスト多文化主義は、集団への属性は重視しつつも個人の位置取りを問題にすること、すなわち複数の集団のポリティクスの中で、個人が自分自身をどう位置取るかというところに焦点を当てることを指摘している。[31] 集団を背負いつつも個人の位置取りに着目するという意味で、集団から個へと視点が移行する「個への還元」が見られるということである。

従来多文化主義は、マイノリティへのケアを企図することによってマジョリティへの逆差別を生む場合があるために、二律背反の状態を内包していると指摘されてきた。差別の積極的な是正が新しい差別を生むということである。ここにコンプリヘンシブの考え方が加わることによって、たとえば先述したように、K 小学校のような英才クラスの存在をマジョリティへのケアと捉えることができるようになる。マイノリティ、マジョリティによらず「全員」をケアの対象とすることを目指せば「二律背反」は解消の方向に向かうということである。

多文化社会において、全員を同じに扱うことは必ずしも「平等保護」に迫ることにはならないが、異なる扱いによって「平等保護」に迫ろうとする「エクイティ」の考え方は、すでに多文化教育の中心課題になっている。

ハワイでは「エクイティ」に加えて「コンプリヘンシブ」という概念を用いることによって、子どもたち全員を対象とし、ニーズに応じて学習を「個別化」しようとしている。それにより学習における全体の底上げを実現し、かつ優秀児は能力に応じてよりいっそう学力を伸長する機会を得られる構造となっている。多文化主義や多文化教育の理論面で進行する個別化の流れを、具体的な教育実践の場においてもみることができるのである。それは単なる個別化ではなく、全員を対象とした個別化である。

【注】

1) 小田隆裕ほか編(2004)『事典 現代のアメリカ』大修館書店、pp.153-154
2) 2000 年にアメリカ・フロリダ州オーランドで開催された全米多文化教育学会(National Association for Multicultural Education)年次総会では「エクイティ」と学力を一体的に捉えることが常識となっていた。2007 年にメリーランド州ボルチモアで開催された年次総会においても「エクイティ」がテーマに掲げられるなど、これまで複数回「エクイティ」をテーマにして年次総会が行われている。
3) 桐谷正信(2000)「多文化教育」『社会科教育事典』日本社会科教育学会編、ぎょうせい、pp.90-91
4)バンクスはアメリカのみならず、世界的にも多文化教育の指導的立場にあり、シアトルのワシントン大学教授および同大学多文化教育センター長を務める人物である。1982 年には 41 歳にして全米社会科協議会(NCSS; National Council for the Social Studies)の会長となり、とくに 1976 年と 1991 年には同協議会の民族カリキュラムガイドライン委員会委員長として、『多文化教育のためのカリキュラムガイドライン』の作成に携わっている。1960 年代半ばより、100 篇を超す社会科教育や多民族教育及び多文化教育に関する論文をこれまでに発表し続けているが、黒人という抑圧を受けてきた立場から民族や文化の理解のための教育について研究しながらも、イデオロギー的に中庸を保ち、左翼のアフリカ中心主義に傾かないところに研究上の特色がある。
5) Banks, J. A. (1994). *Multiethnic Education Theory and Practice* (3rd ed.) Allyn & Bacon. p.5、近年の文献としては、Banks (2006). *Cultural Diversity and Education: Foundations, Curriculum, and Teaching* (5th ed.) Allyn & Bacon. p.5 がある。なお後者は第 4 版から前者の題目を変更して内容を引き継いでいる。
6) 拙稿(2001)「異文化間トレランスの育成に果たす Equity Pedagogy の意義」『異文化間教育』15 号、異文化間教育学会、pp.69-85
7) 拙稿(1997)「アメリカの多文化教育におけるエクイティ論の展開」『東京学芸大学紀要　第 3 部門　社会科学』第 48 集、pp.273-281

8) Banks, J. A. (1983). Multiethnic Education And the Quest For Equality. *Phi Delta Kappan*, vol.64 No.8, p.583.

9) インディアナ大学教授。一国内の多様な集団の共存・共栄関係に焦点を当てる多文化教育について研究をしているが、グローバルな視野の育成を目標にするところに独自の視点がある。インディアナ州など中西部を中心に、教師教育プロジェクトを広く行っている白人の教育学者である。

10) パーデュー大学を経て、現在ワシントン大学教授。カリキュラム理論と教師教育に造詣が深く、インディアナ州のパーデュー大学時代には、ベネットとともに教師教育プロジェクトを展開した。バンクスと同様、ワシントン大学多文化教育センターのスタッフも務める黒人の教育学者である。

11) Bennett, C. I. (1995). *Comprehensive Multicultural Education: Theory and Practice* (3rd ed.). Allyn and Bacon. p.16., Gay, G. (1994). *At the Essence of Learning: Multicultural Education*. Kappa Delta Pi, p.127.

12) Garcia, J. and Amber Walker (1995). The Status of Social Studies and Multicultural Education in the United States: A Review of the 1980s and 1990s. 『社会科教育研究』No.72, pp.1-8、(川﨑誠司訳「アメリカにおける社会科教育と多文化教育の展開 ―1980、90 年代の検討を通して―」 同書、pp.9-15)

13) 前掲注 7)

14) 小林哲也・江淵一公編(1985)『多文化教育の比較研究 ―教育における文化的同化と多様化―』九州大学出版会

15) 前掲注 6)

16) 管見によれば、この点に関してなされた研究は存在しないばかりか、言及したものも存在しない。また筆者は 2004 年にバンクスが責任者となって進められたプロジェクト、"Democracy and Diversity: Principles and Concepts for Educating Citizens in a Global Age"(ワシントン大学多文化教育センター)に国際評価委員として参加したが、そこで「バランス」論は取り上げられたものの具体的な方策は解明されなかった。このプロジェクトは 2005 年に同名の報告書がワシントン大学多文化教育センターから刊行され、翌年『民主主義と多文化教育 ―グローバル時代における市民性教育のための原則と概念―』(明石書店) という題で邦訳も出されている。

17) 拙稿(2000)「社会科授業研究における質的研究法の意義 ―『公正さ』はどう認識されるか ―」『筑波社会科研究』第 19 号、筑波大学社会科教育学会、pp.51-61

18) 拙稿(2005)「多文化社会アメリカにおける文化理解のためのアプローチ ―『エクイティ概念』でみるハワイの教育実践」佐藤郡衛・吉谷武志編著『ひとを分けるもの つなぐもの』ナカニシヤ出版、pp.191-219

19) 吉良直(2006)「どの子も置き去りにしない法」矢口祐人・吉原真理編著『現代アメリカのキーワード』pp.236-240、中公新書

20) 拙稿(1999)「ハワイ州社会科における日系人学習の展開」森茂岳雄編著『多文化社会アメリカにおける国民統合と日系人学習』明石書店、pp.33-48

21) 前掲注 18)

22) K 小学校(2006). *CSSS Report, End of Year Status for Active Students with Current RFAs* (2005-2006)

23) 連邦政府の補助を受けている基金やプログラムにおいて、それに参加する障害者に対する差別を禁止した法律。

24) ハワイ州教育局(2005). *Comprehensive Student Support System (CSSS) EVALUATION REPORT 2003-2004*, p.1

25) ワークショップ配布資料"CSSS In-Service"

26) Office of Curriculum, Instruction and Student Support, Department of Education, State of Hawaii (2005). *Comprehensive Student Support System (CSSS) EVALUATION REPORT 2003-2004*. p.1、詳しくはハワイ州教育局発行のパンフレット *Comprehensive Student Support System* (CSSS)参照。

27) ワークショップ配布資料"CSSS In-Service"

28) 前掲注 26) *EVALUATION REPORT 2003-2004*、pp.1-2

29) ワークショップ配布資料 *CSSS In-Service* にも、"a system of coherent supports for ALL students"や"focuses on the WHOLE child"という表記が見られる

30) Deborah Meier et.al. (2004). *Many Children Left Behind: How the No Child Left Behind Act Is Damaging Our Children and Our Schools*. Beacon Press, Boston. など、類似の文献が多く出されている。

31) 松尾知明(2007)『アメリカ多文化教育の再構築 —文化多元主義から多文化主義へ—』明石書店

インタビュー

学校を「ヘイブン」に
―ハワイ・オアフ島の僻地校の取り組み―

川﨑　誠司

2001年から2002年にかけてハワイ・オアフ島で滞在型の調査をしたときのことである。筆者はアメリカの多文化教育を思考モデルとして，多文化社会における社会科教育のあり方，とくに文化理解のための「公正」認識の研究をしている。調査における基本作業は専ら授業（とくにランゲージ・アーツと社会科，調査半ばからはランゲージ・アーツのみ）の参与観察であるが，観察を継続するうちに授業観察だけでは多文化社会の学校を十分に把握できないばかりか，授業そのものすら理解できないように思われた。授業観察によって授業が理解できないのでは滞在する意味がないので，観察すべき授業がないときには様々な学校行事に参加し，職員会議にも出席し，さらに事務室やカフェテリア（日本の学校の給食室に相当）で職員と積極的に関わるように心がけた。

人間関係を広げるにつれて，観察している学校以外の教師と友人になることが増えていった。そうした友人たちの勤める学校で，最も印象的だったのはホノルルからフリーウェイを使って1時間以上かかる僻地校である。旧くは日本人移民が最初に入植した地といわれ，オアフ島で最後までサトウキビ栽培が行われていた田舎の町にある小学校である。

筆者の友人のAimee先生はこの小学校では副校長職にある。彼女はMilken Awardという優秀な教員に与えられる全米的な表彰を受けている。従妹のC先生も重要な役割を担うスタッフである。ともに学校から車で数分の集落に住んでいる。

2001年の冬に初めて学校を訪問したときに，日本では考えられない学校の取り組みについて話を聞くことができた。それ以後毎年訪問しているが，2006年11月と2007年9月には3名ずつ学生を連れて見学に行き，話を伺うこともできた。校内を案内してもらいながら聞いた話，オフィスでディスカッションする中で聞いた話，これらをとりまぜてここに紹介してみたい。

♥インタビュー　Aimee Kumura先生（聞き手：川﨑）

Q：この学校の取り組みについてお教え下さい。

A：この学校にはホームレスの子どもが何人もいます。ホームレスといっても必ずしも放浪している家族を指すのではなく，ビーチにテントを張って暮らしていたり，車で寝泊まりしていたりする家庭のことですね。そこからこの学校に通ってくるのです。

Q：家庭の状況はどうですか。

A：ホームレスの家庭に限らず，家庭に問題を抱える子どもも多いです。親のドラッグ中毒の問題は深刻です。両親が親としての役目を果たさないために，祖父母が面倒をみるだけではなく，養子縁組をして孫を子どもとして登録し養っている家庭もあります。妊娠中のドラッグの使用が原因で，先天的な障害を背負っている子どももいます。

Q：そうなると金銭面など生活の水準はどうなっていますか。

A：これが頭の痛い問題です。朝食，昼食を学校で用意することになっています。家庭の収入に応じて全額免除になる子ども，半額免除になる子ども，免除なしの子どもと三段階に分かれています。温かな食事を摂れるのは学校でだけという子どもも少なくないため，栄養面への十分な配慮も要求されています。

Q：問題は食事だけでしょうか。

A：とくにホームレスの子どもは衣類など生活用品を買うお金がありませんから，学校で何とかしなければならなくなります。学校にスクール・ストアを設けて，Tシャツ，下着，サンダル，タオル，歯ブラシ，歯磨き粉，ノートや鉛筆などの文房具，缶詰など食料品など，いろいろな物をストックしてあります。ここでは現金の取り扱いはなく，スクール・マネーで購入することになります。スクール・マネーは，たとえば休み時間などに掃除を手伝わせたり，本棚や倉庫の整理をさせたりして，その報酬として与えることになっています。

Q：スクール・ストアにストックされている物はどうやって集めるのですか。

A：タオル類はホテルからの寄付で賄えます。ハワイにはホテルがたくさんありますからね。またアカデミーと呼ばれる課外活動で植物を育てています。それを文化祭で販売して学校が収入を得て，それを購入資金に充てたりもします。

Q：スクール・ストアの運営からわかる児童の状況はどのようなものでしょうか。

A：ぬいぐるみや本を買っていく子どもは，比較的家庭が安定していると判断できます。文房具もそうですね。タオルやTシャツ，下着などを買う子どもは要注意です。最も注意を払わなければならないのは，缶詰を買っていく子どもです。そういう子どもの家庭は破綻していることが多く，親がいなかったり，いても役目を果たしていなかったりします。栄養面でも非常に心配です。小学生にして家庭を養っているとみることもできるわけで，慎重な配慮が必要です。

この発言とまったく同様の取り組みや視点を，2007年6月10日放送のテレビ東京『アロハガール』で，オアフ島西部ワイアナエ地区の小学校を取り上げて紹介していた。

Q：家庭が安定していない子どものケアが重要な課題ですね。

A：そうです。ですからこの学校は『学校をヘイブン(haven)に』というスローガンを掲げてそれに対応しようとしています。ヘイブン，すなわち避難所，安息地ですね。学校を，あらゆる不幸な出来事からの逃げ場，駆け込み寺にするというものです。ドメスティック・バイオレンスや性的虐待といった家庭のトラブルから逃げられるシェルターにするのです。教員は授業が終わると2時か2時半には帰宅しますが，学校自体は規則で5時まで開けておく義務があります。それをサービスで9時まで延長しています。延長した時間帯に学校に来る子どもはそれほどいませんが，夜まで学校が開いていることは精神的な安定を与えているようではあります。いずれにしても，学校を楽しい場所だと思わせることが重要です。

Q：その他，近年の教育改革の流れについてお考えはありますか。

A：学力重視の流れ，テスト中心の歪んだ教育，問題は山積しています。幸い私は予算を獲得するのが得意ですから，他の学校よりも多少は運営しやすいですが，テストや学校評価によって予算の締め付けを行うブッシュの教育政策は，現場を疲れさせるだけで何も良いことはありません。そういうことをしなくても，昔から私たちは懸命に努力してきているし，これからもずっと同じです。評価は必要ですが，評価の観点を間違えると教育はどんどん悪い流れになって行きます。日本も同じようなことが起こっているでしょう？

Q：具体的な最近の変化について教えてください。

A：遠足ですね。校外学習も含めて。規則では年間2回行うこととされています。学力重視の流れで廃止にする学校もある中，この学校では4回行っています。田舎の子どもたちには都会の経験を含めて，多くの経験をさせることが重要だからです。また，算数や理科を極端に重視し始めたために時間が足りなくなって，音楽や図画工作の時間がなくなりました。学校の理想には反するけれど，算数や理科の成績が評価されるとなれば，見苦しい結果は出せませんからね。不本意ですが。

2007年に訪れた際，インタビューの最中に校長が突然部屋に入ってきて，また新たな予算がついたと報告した。副校長のAimee先生は小躍りして，これで5年生をボールゲーム観戦に連れて行くことができる，と喜んでいた。アメリカンフットボールのウィンターリーグの一試合に学年ごと招待されたのであった。この学校が多様な予算獲得に努力していることがこのことからも伺い知れる。それは必ずしも現在アメリカ全土を巻き込んでいる教育改革の流れに沿うものではない。

教育改革を推進する連邦政府が，全米隅々の学校の実状まで知っているはずもない。あるべき教育改革の姿は時代により異なるが，全体を統一的に一方向に向かわせることではなく，個々の学校の実状に応じてなされる個別の取り組みを促すことではないだろうか。その独自性こそが評価の対象とされるべきなのである。

フランスの多文化社会と公教育

藤井　穂高

フランスは「移民大国」であり、その社会は多様性を基調とする一方で、その国民は民族的・宗教的・文化的属性を捨象した普遍的な「市民」から構成されると考えられている。公教育は多様な人々を共和国に統合する中心的な役割を担ってきた。本章では、こうしたフランスの公教育の特徴をその歴史から跡付けるとともに、今日的課題としての市民性教育の概略を紹介し、最後にもっとも困難な課題である公教育と宗教の衝突を取り上げる。

1．はじめに

多文化社会における公教育は、一般に、ベクトルの異なる 2 つの課題を担っている。1 つは、民族、宗教、文化など様々な面での多様性を学校教育の中で尊重し、それに応じた教育を保障することである。もう 1 つは、多様性による分裂を回避し、共に生きる作法を身につけさせることである。ここではフランスを事例として特に後者の課題について考えてみたい。

フランス人の 4 人に 1 人は祖父母のいずれかが外国人であるといわれるほど、フランスは「移民大国」である。1 世紀以上も前から移民を労働力として積極的に受け入れてきており、現在ではその数は 500 万人近くにのぼる。内訳を見ると、EU 諸国とマグレブ諸国（アルジェリア・チュニジア・モロッコ）の出身者がそれぞれ 3 割強を占め、またアフリカ諸国とアジア諸国からの移民もそれぞれ 1 割程度いる。このようにフランス社会は民族的・宗教的・文化的な多様性をその基調としている。

その一方で、フランスの国家体制は、憲法第 1 条に「フランスは、不可分の、非宗教的民主的かつ社会的な共和国である」と謳われるように、「一にして不可分の共和国」を理念としている。すなわち、共和国は、個人の民族的・宗教的・文化的属性を捨象した普遍的な「市民」から構成されると考える。それは、文化的多様性を尊重したまま移民を包摂するイギリスモデルに対して、フランスモデルと称されることも多い。

多様化が進む社会の現実と普遍性を志向する国家体制の理念は、そう簡単に折り合うものではない。しかも、フランスの場合、「共和国が学校をつくり、学校が共和国をつくる」という言葉があるように、公教育は共和国への統合の役割を中心的に担ってきた。それゆえに「学校問題」が深刻な社会問題となったケースも少なくない。

そこで本稿では、まず、フランスの共和制における公教育の役割を確認し、次に、今日特に求められる市民性教育を概観したうえで、「イスラームのスカーフ事件」を素材に、多文化社会における公教育の課題を検討する。

2．フランスの共和制と公教育

フランスの公教育は、その共和制という国家体制と分かちがたく結びついている。ジョエル・ロマンによると、「共同体的自由主義」と名づけられるこの共和制モデルは、理性だけに従うものと想定された個人の自律を何よりも高く評価するという意味で「自由主義的」であり、同時に個人が歴史的特殊性（フランス的特殊性）に刻まれること、そして国家によって個人が引き受けられることを個人の解放の条件としているという意味で「共同体的」である。

この共和制と公教育の結びつきは、フランス固有の歴史的事情によるところが大きい。フランスは大革命を通じて政治制度を民主化すると同時に、教会などの中間団体を徹底的に破壊してそのくびきから個人を解放するという社会変革を達成した。従来の社会的紐帯が破壊された必然的帰結として、それに代わる社会の統合原理を国が公教育を通じて提供しなければならない。国が教育を通じてあるべき社会秩序及び市民を創出することが共和主義の理念であり、「共和国が学校をつくり、学校が共和国をつくる」といわれる所以である。

フランス国家にとっての公教育の重要性は、「国民」の概念構成を見てもわかる。たとえばドイツの国民概念がドイツ民族を中心とした人種や民族という多分に血統主義的なものであるのに対して、フランスの国民概念はきわめて開放的で普遍主義的な性格を持っているといわれる。フランスのそれは、「フランス共和国の掲げる諸原理の遵守」を市民としての個人が誓約することを基本とする「市民契約的」なものである。ただし「市民契約的」であるためには、フランス共和国の「社会性と市民性に関するコード」の習得が不可欠の前提であり、しかもそれが公教育を受けてきたという事実により推認されるのである。

たとえば、今日の共和主義の諸価値については、『共和主義ガイド　今日の共和主義理念』(Guide républicain　L'idée républicaine aujourd'hui, Delaglave, 2004) が参考になる。国民教育省中央視学局の協力により編集された本書では、最初に共和主義の理念が識者により簡潔に解説されている。具体的な項目を見ると、反人種差別主義、反ユダヤ主義、市民性、市民的行為と反市民的行為、市民精神、共同体主義、人類に対する罪、公私区分、差異への権利、人権、学校と共和国、平等、機会の均等、ヒューマニズム、人道主義、個人主義、統合と契約、正義と正しさ、非宗教性、自由、法、男女共学、道徳、国民、宗教、共和国、反女性差別、寛容がそれに当たる。

こうしたフランスの公教育について、レジス・ドブレは、「フランス革命に由来する共和制 (répubulique) の理念」と「アングロサクソンの歴史がモデルとなっている民主制 (démocratie) の理念」を対比させ、次のように描いている。

> répubuliqueでは、社会が学校に似るのであって、学校の任務は、自分たち自身の理性で判断できるような市民を育てるところにある。démocratieでは、学校が社会に似るのであって、その第一の任務は、労働力市場に適応する生産者を育てるところにある。この場合、「社会に開かれた」学校、さらには「アラカルトの教育」が要求される。répubuliqueにあっては、学校は、それ独自の壁とルールで仕切られた閉じた場所でし

かありえない。……républiqueは学校を愛しそれを名誉とするが、démocratieは学校を怖れそれを軽べつする。（樋口陽一1994:108-109）

共和主義からの強烈なバイアスのかかった民主制の学校像の是非は措くとしても、ここには「共和国の学校」というフランスの学校像が明確に主張されている。

3．フランスの市民性教育

フランスの公教育を、市民の育成という側面から少し具体的に見てみたい。ここでは直截的に市民性（シティズンシップ）教育を取り上げる。

シティズンシップという言葉には、政治共同体の成員としての市民が平等に享受すべき諸権利という意味（「市民権」の側面）と、権利主体である市民による一定の義務の履行や公的な市民社会への貢献という意味（「市民性」や「市民的資質」の側面）が同時に含まれている。したがって、シティズンシップ教育とは、そのような権利と義務を担った市民としての自覚を養い、権利の行使の仕方や公的な市民社会にコミットする際のスキルを学ぶことを通じて、他者との共生の作法を子どもたちのなかに培っていく教育のことであるとされる（シティズンシップ研究会　2006:i）。

こうした市民性教育の要請はフランスに限られるものではない。たとえば、ユネスコの「21 世紀教育国際委員会」の報告書は、社会的結合に重大な危機をもたらす種々の現象から免れている国は今日ほとんどないとした上で、教育は個人や集団の多様性を尊重し、かつ排除をもたらさないように配慮することによって、社会的な結合を推進する役割を果たしうること、そしてそのためにも、一人ひとりに人生を通じて社会の営みに積極的に参加する術を教える公民教育及び市民性の実践が重要であるとしている。

フランスにおいても、1990 年代の半ば以降、公民教育の重要性に対する認識が高まり、「市民性教育」としてその内容が見直されることになる。ちょうど次に見る「イスラームのスカーフ事件」への対応が社会的論争の焦点となった時期と重なる。その背景には、マグリブ系移民の第 2 世代（いわゆる「ブール世代」）の問題がある。この若者たちは、フランスで生まれ育った世代であり、フランス社会への接近、現代文化の受容を特徴とする。にもかかわらず、差別や失業などに表れる「社会的統合の欠如」により、フランス人として生きることに困難を見出し、その結果として逆方向とも言えるイスラームへ退却する。こうした社会的分裂の危機がフランスにおいても生じている。

公教育において育成すべき市民としての能力を見てみよう。今日のフランスでは、2005 年 4 月に制定された新しい教育基本法に基づき、義務教育段階の基礎学力保障が教育改革の柱の 1 つになっており、国民教育省は、すべての者が義務教育段階で習得すべき知識・技能を「共通基礎」として明示した。共通基礎は 7 つの能力群からなり、その 1 つが「社会的・市民的能力」である。その意義は次のように述べられている。

> 生徒たちの真に市民的な道のりを築き上げることが重要である。その道のりとは、社会的職業的生活に効果的・積極的に参加し、他人の権利を認識した上で自由を行使し、暴力を拒否することができるために必要な価値、知識、実践、行動からなる。そのために生徒は、普遍的原則（人権宣言）と国の規則（法）とその社会的利用（市民的行為）の違いを明確にすることを学ばなければならない。また、国、EUへの愛着の念を、個々人の選択の多様性を尊重しつつ、深化させなければならない。

この「社会的・市民的能力」は「社会で生きる」と「市民的生活を準備する」の 2 領域に分けられており、ここでは後者の内容を紹介しておきたい。その目的は「共和国の基礎となっている基本原則と原理を知ることにより現在の民主主義制度の理解を促進し、生徒をわが民主主義社会の責任ある行為者になるようにすること」として、具体的な内容を知識、能力、態度に分けて次のように示している。

> **知識**……市民は自由を行使するために教養がなければならない。フランス語の習得、人文的、科学的教養は責任ある市民生活を準備する。こうした基本的知識、特にフランスとヨーロッパの歴史に加え、以下のことを知らなければならない。
>
> 人権宣言
> 国連子どもの権利宣言

共和国の象徴とその標章（国旗、自由・平等・友愛のモットー、国歌）

民主的生活の基本的規則（法、代表制原則、普通選挙、投票、多数決、反対する権利）。これらは、小学校から日常生活の様々な場面の中で学習し、コレージュ（中学校）では生徒代表の選挙において追求される。

政治的社会的生活における規則の尊重と共和国の基礎をなす諸価値の間の関係

基礎的な法的概念（個人の身分、国籍、責任の原則と契約の概念）

管理にかかわる概念（個人の財産の形成、負債）

司法の機能（民事と刑事の区別、司法裁判と行政裁判の違い）

大規模な国際組織

EU（加盟国が共有する目的、その諸制度の特徴）

国家組織の特徴（共和国の主要な制度、非宗教性の原則、人口と経済に関する主要統計、公共財政の収入と支出、社会サービスの機能）

能力……生徒は判断力と批判的精神を持たなくてはならない。これにより、次のことができるようになると想定される。

言説、物語、報道の主観的部分や偏った箇所を見抜く。

合理的議論と権威的議論の違いを見分ける。

本質を見極め、分類し、序列をつけ、情報を批評し、そこから距離をとることを学ぶ。

仮想と現実を区別する。

メディアから学び、その位置づけと社会への影響を知る。

個人の意見を明確にし、それを再考し調整することができる。

態度……生徒は法の価値とその履行の価値を認識する必要がある。そこには次のものが含まれる。

権利と義務の認識

公共生活と社会の重要問題への関心

投票と民主的決定の重要性

市民生活に参加する意志

このように、自由を行使するための教養として知識を習得し、判断力や批判的精神を身につけ、法の価値を認識することにより、市民生活への準備を図ろうとしているのである。

そのための教育内容・方法の特徴についてもいくつか触れておきたい。

まず、小学校では、低学年の「基礎学習期」（第1・2学年）において、集団生活の意義やルール、友達との対話や他者の尊重等を教えるために「共に生きる」という教科が2002年に新設された。「深化学習期」（第3・4・5学年）においては、「公民教育」が設けられているが、教科ではなく、すべての教育活動を通じて行われる「横断領域」として週に1時間が配当されている。また、コレージュでは、教科「歴史地理・公民」において、社会制度や共和国の基本原理に関する知識のみならず、実際生活において市民としての権利と責任を十分行使し、活用できる能力の育成が重視されている。さらに、1996年以降は、「市民性教育」という考え方がカリキュラムに導入された。そこには、従来の公民教育に加えて、「市民的イニシアティブ」という活動も取り入れられ、暴力やアルコール・麻薬などの問題行動に対して学校と地域の関係機関が連携した対策プログラムが実施されている。

4.「イスラームのスカーフ事件」が提起したもの

こうした市民性教育の取り組みにもかかわらず、フランスの公教育は多文化社会の中で困難に直面している。次に、「イスラームのスカーフ事件」を素材に、その課題を考えてみたい。

「非宗教性」（ライシテ、laïcité）は、はじめに見たように憲法第1条に掲げられるフランス共和国の基本原則である。しかし、この原則は、憲法的原則であるにもかかわらず、あるいは憲法的原則であるがゆえに、世論を二分するほどの社会的論争の的であり続けた。そして、現代の公教育をめぐる最大の争点の1つは、依然として「イスラームのスカーフ」をめぐる問題である。

「イスラームのスカーフ事件」は、1989年秋に、ある公立コレージュにおいて、イスラーム教徒の女子生徒がその宗教的アイデンティティの象徴であるスカーフを授業中にも着用できるよう要求したことに端を発し、非宗教性原則に抵触するとの理由から問題化した。その後、退学に至る類似の事件も頻発し、その対応をめぐり学校現場での混乱が続き、2004年春には、公立学校内でのスカーフの着用を禁止する法律まで制定された。

フランスの非宗教性原則は、本来は簡潔なものである。1905年の「教会と国家の分離に関する法律」（いわゆる「政教分離法」）は、共和国が、良心の自由を保障する（第1条）とともに、いかなる宗教に対しても公認をせず、俸給を支払わず、補助金を交付しない（第2条）と定めている。良心の自由を保障するための政教分離の原則である。同様に、フランス教育法典も、「あらゆる信条の平等な尊重のもとに」、国が子どもの教育を受ける機会を保障することを明記するとともに、公教育機関においても国が「信仰および宗教教育の自由を保障するために有効なあらゆる措置を講じる」ことを定めている（第141-2条）。

イスラームのスカーフ事件が最初に発生した当時、対応に苦慮したジョスパン国民教育相は、宗教的共同体への帰属を表す標章の着用が非宗教性と両立するか否かについて、コンセイユ・デタ（政府の諮問機関兼最高行政裁判所）に判断を求めた。1989年11月27日に提出されたコンセイユ・デタの意見では、「教育機関において生徒がある宗教への帰属を表明しようとする標章の着用それ自体は、それが宗教的信条の表明、表現の自由の行使を構成する限りにおいて、非宗教性の原則と相容れないものではない」として、その標章の着用を認めた。これを受けて、ジョスパン国民教育相は同趣旨の通達を出すが、結果として移民たちの再イスラーム化を促進することになる。

イスラーム原理主義への批判の高まりを受けて、1994年にはバイルー国民教育相が新たな通達を出した。同通達は、「ともに生きる」ことを学ぶべき学校において、その共同生活の規則から一部の生徒を引き離すことを意味する「これ見よがしの標章」は受け入れられないとして、生徒への教育的な「説得」を強調しつつも、「それ自体で改宗勧誘または差別の要素を構成する、これ見よがしの標章は禁止する」との規定を学校内規に設けるよう校長に求めた。

しかしその後も、スカーフ着用による退学処分に抗議した事件が相次ぎ、2004年春には、この問題の決着を図るべく、「非宗教性の原則の適用により公立初等学校、コレージュ、リセにおける宗教的帰属を表明する標章及び服装の着用を枠付ける法律」(以下、「非宗教性原則適用法」と略記)が定められた。同法は、マスコミにより「スカーフ禁止法」と報道されたように、公立初等及び中等教育機関において、児童・生徒による「宗教的帰属を目立つように表明する標章及び服装の着用」の禁止を明記しており、2004年9月の新学期から施行されている。

イスラームのスカーフ着用を禁止する場合、本来、子どもの良心の自由を保障するためにある非宗教性原則がなぜその自由を侵害するのか、がまずは問われるはずである。

イスラームのスカーフについては、それが女性差別あるいは女性蔑視の象徴であるとしばしば批判される。しかし、個人の自由意思の表現としてスカーフを着用する女性がいることも事実である。したがって、スカーフ禁止の立法化に当たって、どのような問題状況が想定されていたのかを確認することは重要であろう。以下では、若干長いものの、その問題状況を典型的に示していると思われる、スタジ委員会報告書から引用する。

> 「都市部における少女たちの状況は真の惨事である。」こう述べて、ある団体の指導者は、社会的状況の悪化の最初の犠牲者が女性であることを明るみに出した。ある別の少女は、脅迫の対象となることを恐れて非公開とした聴聞において、状況を次のようにまとめた。「共和国はもはやその子どもたちを守っていない」と。
>
> 少女たちは、さまざまな圧力や、言語的、心理的あるいは身体的な暴力により、女性差別の再現の犠牲者となっている。若い男たちは、彼女たちに、体を覆い隠し性を感じさせない服装を身につけ、男性の面前では下を向くよう強要する。そしてそれに従わなければ、「売女」の烙印を押される。複数の団体は、その環境により団体への関わりを禁じられる外国出身の参加者の退会がますます増えていることに不安を感じている。
>
> こうした文脈において、自発的にスカーフを身につける少女あるいは女性もいるが、他の者は強要あるいは圧力によりそれを着用する。同様に、思春期前の少女にも、しばしば暴力により、スカーフの着用が強要される。少女たちは、スカーフを着用すれば、そうでなかった以前のように罵声を

浴びせられたり、さらにはいじめられたりすることを恐れることなく、集合住宅のエレベーターに乗り、公道を歩くことができる。このように、スカーフは、逆説的に、共和国が保障すべき保護を彼女たちに提供する。スカーフを着用せず、それを女性を閉じ込め隔離する劣等視の標章とみなす者は、「ふしだら」さらには「異教徒」と指さされる。……

女性の基本的権利は、今日、わが国では、日々踏みにじられている。こうした状況は受け入れがたい。

ここには、イスラームの女子生徒が日常生活において良心の自由を侵害されている具体的状況が描き出されるとともに、彼女らの自由を保障するのは共和国であるとする強力な姿勢が端的に表れている。

非宗教性は、本来は良心の自由を保障するための政教分離という簡潔な原則である。しかし、そこから、宗教も含めた諸価値を一掃した上で、科学に基づく知識のみを教授する公教育像を引き出すならば、それは今日の非宗教性原則とは大きく異なる。むしろ、公立学校では、「共和国の価値」が強力に教え込まれることが想定されている。このことは、先に述べたように、フランスの共和国が、それを構成する市民の一人ひとりが共和国の原則を共有することによってのみ成立する抽象的な一体性を前提とすることからの論理的必然である。

非宗教性原則適用法の審議過程からこの点を確認しておきたい。たとえば、先に引いたスタジ報告書は、非宗教性を「共和国協定の礎石」と位置づけた上で、それと切り離すことができない「3 つの価値」として、良心の自由、政治権力の中立性とともに、「精神的・宗教的権利の平等」をあげている。さらに「非宗教性の主要原則」には、「共生」、すなわち、「ともに生きる、共通の将来を築き上げる」ことも含まれている。そして共和国には、こうした社会的関係を基礎づける「共通価値」を強固にする使命が課せられる。

非宗教性は、それ自体が共和国の価値であり、またそれは他の共和国の諸価値の条件でもある。たとえば、「自分たちだけで閉じており互いに排他的な共同体のモザイクを併置する代わりに、一つの同じ国土で、同じ信条を共有するのではない諸個人を共存させるための手段」として非宗教性が意義付けられる。フェリー国民教育相が、法案の趣旨説明において、「非宗教性の原則は、フランス共和国のアイデンティティの中心にある」と強調するのは、こうした文脈においてである。

そして、こうした非宗教性を含む共和国の諸価値が、自生的に後続世代に伝えられるものでない限り、伝達手段が必要不可欠であり、それが公立学校であることは言うまでもない。

たとえば、国民教育相による法案の趣旨説明書では、学校は「我々の共通価値の獲得と伝達の特権的な場所、共和主義理念を根付かせる代表的手段」であり、シラク大統領の「非宗教原則に関する談話」においてもこの点が次のように強調されている。

> 何より肝心なことは、学校が、我々の共有する価値を獲得し伝達する場であることである。共和国の理念を根づかせる代表的な手段である。批判、対話、自由に向けて明日の市民を養成する場である。そこでは自ら開花し自分の未来を支配するための鍵が与えられ、各人にはより広い地平線が拓かれる。

さて、この度の立法化については、法的、政治的、実務的の 3 種の理由により正当化が可能である。法的正当化とは、法律のみが自由の行使を制約することができるという意味である。政治的正当化とは「非宗教性を守る」こと、実務的正当化とは解決策を提供することである。このうち法的効力の形式に係る問題は措くとしても、残りの 2 つの正当化の実質については疑問の余地なしとしない。

まず、実務的正当化については、たしかに、違反か否かの判断を委ねられた学校現場からの「明確な基準」の要請に対して、スカーフ自体の禁止により応えたという意味では解決策を提供したと見ることもできる。しかし新たな基準も曖昧さから逃れることはできない。一つには、宗教的標章の禁止と容認を分ける「目立つ」と「目立たない」の区別が明確ではない。個別具体的な宗教的標章について「目立つ」と「目立たない」を誰がどのように判断するのか。もう一つには、キリスト教の十字架等の自明性とは異なり、スカーフはその宗教性についての解釈が入り込む。先述の通り、女性の中には個人の自由意思の表現としてスカーフを着用する者もいる。この場合スカーフはそもそも宗教的標章なのか。

「非宗教性を守る」とする政治的正当化については、一層の疑義が生じうる。問われるべきは、統合をめざすはずの非宗教性が排除を生み出すという逆説である。スカーフ問題の当事者は、先に述べたマグリブ系移民の第２世代に属する少女たちである。彼女たちは、自分たちがフランス人であるにもかかわらず、差別や失業の危険に晒され、イスラームへと退却する。こうした状況において「解放」を目的とする学校からの退学処分（exclusion）は、社会的な意味では文字通りの「排除」（exclusion）となる。

5．おわりに

フランスの非宗教性原則はしばしば「フランス的例外」といわれる。しかし、今日の非宗教性が、同じ信条を共有するのではない諸個人が共に生きるためのフランス流の挑戦であるとするならば、その課題は、一国に限定されるものではない。

フランスの移民政策は、当初、フランス社会へ「同化」を中心としたが、その後、多文化主義の影響の下で「差異への権利」を認め、共存を図る「編入」の段階へ移行した。しかし、それも各エスニック・マイノリティごとの世界をつくり出し、結果として隔離や差別を誘発するとの反省から、1990年代以降、「統合」を原則としている。この「統合」では、非宗教性原則と同様に、公私区分を原則とする。

公私区分は、一般に、私的領域において各人が自分の価値観・世界観により生きる自由を保障しつつ、公的領域では社会の全構成員に共通する利益を議論し、それを実現する道を探る枠組みである。この枠組みは、各人が大切にする価値観・世界観の相違にもかかわらず、お互いの存在を認め合い、社会生活の負担を公平に分かち合うために不可欠である。ただし、この枠組みは人々に無理を強いるものでもある。この意味で、フランスの非宗教性は、国を挙げての壮大な、しかも本来的にきわめて困難な試みであるが、それだけに日本からは比較の素材として学ぶべきものも多いと思われる。

【参考文献】

石井洋二郎・工藤庸子編『フランスとその〈外部〉』(東京大学出版会、2004)
小泉洋一『政教分離の法』(法律文化社、2005)
小林順子編『21 世紀を展望するフランス教育改革』(東信堂、1997)
シティズンシップ研究会編『シティズンシップの教育学』(晃洋書房、2006)
谷川稔『十字架と三色旗　もうひとつの近代フランス』(山川出版社、1997)
中野裕二『フランス国家とマイノリティ』(国際書院、1996)
二宮皓編『市民性形成論』(日本放送出版協会、2007)
長谷部恭男『憲法と平和を問いなおす』(ちくま新書、2004)
樋口陽一『近代国民国家の憲法構造』(東京大学出版会、1994)
藤井穂高「フランス公教育における非宗教性原則の問題構成」『日本教育制度学会紀要』15 (2005)
三浦信孝編『普遍性か差異か』(藤原書店、2001)
宮島喬『移民社会フランスの危機』(岩波書店、2006)
文部科学省『フランスの教育基本法』(国立印刷局、2007)
ユネスコ「21 世紀教育国際委員会」『学習：秘められた宝』(ぎょうせい、1996)

コラム

ドイツの公立学校における十字架・スカーフと日本の学校

斎藤　一久

20XX 年

学校の教室には神棚が備え付けられている。週 1 時間、宗教の授業があり、生徒はそれぞれ神道、仏教、キリスト教、イスラム教などのクラスに分かれて授業を受け、成績も評価されている。

ある小学校では、イスラム教の女性教師がスカーフを纏って授業を行い、またある小学校のイスラム教の生徒は給食の時間に一人だけ弁当を持参している。さらにある中学校ではイスラム教の女生徒が他人の前で肌を露出することは嫌だと言って、体育の水泳を拒否したり、家庭科の授業内容や美術の時間に静物画を描くことは宗教上の信念に合わないとして授業を欠席するという問題も起こっている。

現在のドイツの教育現場を日本に例えると、このような場面として描けるであろうか。ドイツでは、公立学校での宗教教育が正規の授業科目として認められており、主としてカトリック、プロテスタントといったキリスト教が教えられている。これはドイツの憲法である基本法 7 条 3 項「宗教の授業は、……公立学校においては正規の授業科目である」に基づいている。これに対して日本では、私立学校は別として、公立学校で宗教教育が行われることは、日本国憲法 20 条の政教分離原則、そして教育基本法 15 条の宗教教育に関する規定から禁止される。

もっともイスラム諸国で見られるような政教一致がドイツの教育において実施されているわけではなく、あくまで公立学校とキリスト教との分離の程度が日本よりも緩やかであるにとどまる。ただし、公立学校においても州の学校法にキリスト教的色彩を帯びた教育目標が設定されているなど、様々な宗教の中で、キリスト教優位は揺ぎない。しかし、このようなドイツの学校も、移民の影響などによって、多文化社会と直面せざる得ない状況となっているのは確かである。ここではそれを象徴する２つの裁判判決を紹介したい。

一つは、バイエルン州で起こった事件である。同州の公立小中学校の教室に掲げられていた十字架に対して、ルドルフ・シュタイナーの人智学を信奉する親が、子ども通っている学校の十字架撤去を求めて裁判を提起したのである。この事件について、ドイツの最高裁判所にあたる連邦憲法裁判所は、十字架はヨーロッパの伝統ではなく、あくまでキリスト教という一宗教の象徴であり、宗教的少数派が十字架を見たくないという自由を保護する観点から、十字架の設置を違憲と判断した。判決はマスコミで大々的に取り上げられるなど、ドイツ社会に波紋を呼んだ。新聞の世論調査では、54%の人が判決に反対し、賛成はわずか 22%にすぎなかった。

その後、バイエルン州は違憲判決にも関わらず、十字架を学校から撤去することはせず、むしろそれを正当化する法律を制定したのである。その中で、十字架に反対する者がいる場合には、あくまで多数派の意思を尊重することを前提に、校長や教育庁が調整を図るという規定を盛り込み、宗教的少数派の自由は十分に守られない形のままとなった。

もう一つは、バーデン・ヴュルテンブルグ州での事件である。イスラム教を信じる女性教師が、授業中のスカーフ着用は教師としての適格性を欠くとして、教員採用を拒否されたことについて裁判所に提訴した。連邦憲法裁判所は、女性教師がスカーフを授業中に着用することは信教の自由から認められるとしても、それは法律による一定の制限を受けるとし、十字架判決における裁判所への批判も意識してか、最終的な判断は下さず、スカーフ着用を認めるか否かは州議会の決定に委ねられるとした。これを受けて、同州の議会は学校の中立性を危うくするような宗教的表明は原則としてすべて禁止されるが、キリスト教・ヨーロッパ的な教育・文化価値ないし伝統は例外的に許容されるとして、実質的にスカーフ着用を禁止したのである。

日本と比較して見ると、十字架判決は宗教の問題ではあるが、日本の国旗・国歌の強制問題と類似性を有する。つまり、十字架、国旗・国歌を信奉する多数派からすれば、それらは何ら価値対立を生じるはずのない「中立」的な象徴であったとしても、少数派からすれば耐え難い、そして自己の信念との間で葛藤を迫る象徴でありえ、それゆえ少数派が信教の自由または思想・良心の自由から反対しているという構図である。教育が多数派の文化を前提として行われることが自明であるとしても、そこで少数者の人権をどれだけ配慮できるかという問題がここには潜んでいる。

また、スカーフの問題を代表とするイスラムと日本の学校文化の衝突は、パキスタン、バングラディシュ、イラン、インドネシアなどのイスラム圏出身者の増大により、近い将来、確実に起こりうる問題である。とくに日本の政教分離原則は、国家と宗教を厳格に分離しなければならないと解釈されている以上、公立学校でのスカーフ着用や授業免除は政教分離原則と緊張関係にある。

とくにスカーフについては、フランス同様、許されない可能性が高いが、ドイツで有力に主張されているように、スカーフだけでは政教分離原則違反とは言えず、あくまで授業時中にイスラム教を積極的に支持するような言動が具体的にあった場合にのみ禁止されるに過ぎずないとも考えられる。他方、授業免除についてドイツの教育現場では概ね認められているようであるが、日本ではエホバの証人剣道拒否事件に関する最高裁判所判決が参考になろう。これはエホバの証人を信じる学生が剣道実技を拒否したために留年し、最終的に退学となったという事件である。最高裁は、剣道実技の代わりにレポートなどの代替措置を認めても政教分離原則に反せず、むしろ学校としては代替措置を検討すべきであったと判断している。この点からすれば、宗教上の理由に基づく、給食における弁当持参、授業の一部免除については認められる余地が十分にある。

20XX 年まで行かずとも、日本の学校文化と多文化の衝突はすでに生じており、多文化という観点から、学校、そして教員の教育的配慮が常に求められている。その意味では、ここで紹介したような諸問題は、本来、司法の場ではなく、学校現場での自律的な解決が求められる事案であろう。

なお 20XX 年になったとしても、また教育基本法が改正されたとしても、日本国憲法が改正されない限り、公立学校の教室に神棚を設置したり、特定の宗派の教義に基づく宗教教育を実施することはできないことを念のため付記しておく。

またドイツの教育制度について関心のある読者は、ヘルマン・アベナリウス（結城忠監訳）『ドイツの学校と教育法制』（教育開発研究所、2004 年）を参照されたい。

多言語・多文化社会への誘い
――あとがきにかえて

本書に収められた論文は地球をほぼ一周するように連なる地域に関するものである。それらは同時に文化、宗教、社会を始めとして歴史、教育、思想、藝術、家族の在り方など多方面からの分析を提示するものとなっている。このような形にまとめることになったのは、地球規模での価値観や歴史の多様性を多角的な側面から分析し、各地域の人々の生き方や社会の多様な姿をより総合的に感じ取ることができるアプローチの仕方はないものかという著者たちの思いからである。引いては我々の住む日本のなかの多様性と他者との深いつながりの契機にあらためて気付くことにつながればというひそかな願いも託されている。

ひとつの家族のなかに多様な個性があるように、教育の現場には多くの異なる個性が集まっている。さらにひとつの社会のなかにはそれを上まわる感じ方、考え方、生き方の多様さがある。そして地球規模で見出すことができる世界の多様性と人々の生き方の深さ、かけがえのなさを身近なものとすることができるとしたら、そこには身近なところに生きている多様な個性、文化、宗教、歴史とのより親密な向き合い方へと通じる道筋が見えてくるかも知れない。

本書は日本から出発して韓国・朝鮮、中国、台湾、タイ、インドネシア、モンゴル、インドへとアジアを旅する物語であるとともに、イスラム圏を経由してヨーロッパへと足を伸ばしオーストリア、ドイツ、スウェーデン、オランダ、フランス、スペインなどを訪ねる旅程でもある。さらには南北アメリカ大陸を経てハワイ、オーストラリア大陸へと思いを馳せる道筋ともなっている。これが地球の様々な地域の人々の生活、文化、思想、歴史との出会いの端緒となることができるとすれば筆者たちにとってこれほどの幸福はない。そしてそれが日本社会の内なる多様性と他者との共生への歩みのためのささやかな道標となり得るとすればこれに勝る幸運はない。

（荻野文隆）

あとがき

ことの起こりは、ちょうど5年ほど前のことだったと思います。

本書の編者の赤司英一郎氏が中心となり、学内の教育研究重点研究費を申請し、「異文化理解教育」に関する共同研究がスタートしました。その主だったメンバーは、その数年前に開設された教養系の「多言語多文化専攻」の教員たちで、毎月1回ほどのペースで発表と討論が行われました。5年ほどでその研究会が無事終了し、その成果を公に問うてはという声に背中を押されるようにして、公開出版を考えるようになりました。ただ、原稿の整理はなかなか進まず、また出版元探しも難航し、いったんは頓挫しかけました。

その後、赤司氏を中心に、改めて荻野文隆氏や同僚たちと相談するうち、さらに広く学内全体に声をかけ、「異文化理解教育」に関心のある多くの先生方にこぞって参加していただくことで、さらに魅力的なものになるのではないか、という結論に達し、さっそく皆さんに原稿をお願いしました。幸い、木村守氏の仲介を得て、白帝社の小原専務、佐藤多賀子編集長にお会いし、本書の刊行をご相談したところ、快諾を得、さらに編集作業に力が入りました。

本書はもちろん、研究成果の公開が中心ですが、同時に各地の小学校や中学、高校での「異文化理解教育」になるべく役立つよう、全体の構成や囲み記事などに工夫を凝らしました。この編集作業は、赤司、荻野、木村の三氏が、精力的に進めました。

ここに、経緯の一端を記して、参加してくださった皆様に感謝を申し上げるとともに、読者の皆様の温かく、しかし忌憚のないご意見を心からお願い申し上げます。

（松岡榮志）

執筆者プロフィール

赤司英一郎（あかし　えいいちろう）　東京学芸大学教授

【専門】ドイツ文学、オーストリア文化　【著書など】『陽気な黙示録—オーストリア文化研究』（共著、中央大学出版部）、『ムージル読本』（共訳、法政大学出版局）、『クラウン独和辞典』（共編、三省堂）

李　修京（い　すぅぎょん）　東京学芸大学准教授

【専門】日韓近現代史、東アジア比較文化、国際人権教育　【著書など】『帝国の狭間に生きた日韓文学者』（緑蔭書房）、『韓国と日本の交流の記憶』（白帝社）、『韓国の近代知識人と国際平和運動』（明石書店）

石木　隆治（いしき　たかはる）　東京学芸大学教授

【専門】フランス文化、フランス文学、フランス地域研究　【著書など】『マルセル・プルーストのオランダへの旅』（青弓社）、『マルセル・プルースト』（清水書院）、『博物学者ビュフォン』（翻訳、白水社）

稲見　正浩（いなみ　まさひろ）　東京学芸大学教授

【専門】インド哲学・仏教学　【著書など】*A Study of the Pramāṇavārttikaṭīkā by Śākyabuddhi Part I*（共著、東洋文庫）、On the Determination of Causality（*Dharmakīrti's Thought and Its Impact on Indian and Tibetan Philosophy*）、The Problem of Other Minds in the Buddhist Epistemological Tradition（*Journal of Indian Philosophy 29*）

荻野　文隆（おぎの　ふみたか）　東京学芸大学教授

【専門】フランス文化・思想、ヨーロッパの歴史、社会人類学的アプローチ　【著書など】『他者なき思想』（共著、藤原書店）、『来るべき〈民主主義〉』（共著、藤原書店）、「ヒロシマ・ナガサキの歴史性」（『環』1）

加藤富美子（かとう　とみこ）　東京学芸大学教授

【専門】音楽教育学、民族音楽学　【著書など】『授業のための日本の音楽・世界の音楽』（音楽之友社）、『横断的・総合的学習にチャレンジ』（音楽之友社）、中学校音楽教科書『音楽のおくりもの』（全3冊）（教育出版）

川﨑　誠司（かわさき　せいじ）　東京学芸大学准教授

【専門】社会科教育、多文化教育、ハワイ研究　【著書など】『ひとを分けるもの　つなぐもの』（共著、ナカニシヤ出版）、『新時代を拓く社会科の挑戦』（共著、第一学習社）、「異文化間トレランスの育成に果たすEquity Pedagogyの意義」（『異文化間教育』15）

木村　守（きむら　まもる）　東京学芸大学准教授

【専門】中国古典文学、中国語情報処理　【著書など】『現代中国漢字学講義』（共著、三省堂）、『マンガ世説新語』（共訳、凱風社）、『歴代漢方医書大成』（開発協力、新樹社）

久邇　良子（くに　よしこ）　東京学芸大学准教授

【専門】政治学　【著書など】『フランスの地方制度改革－ミッテラン政権の試み』（早稲田大学出版部）、『リージョナリズムの国際政治経済学』（共著、学陽書房）、『行政の未来』（共著、成文堂）

斎藤　一久（さいとう　かずひさ）　東京学芸大学准教授
【専門】憲法学、比較憲法学、教育法学　【著書など】『よくわかる憲法』（共著、ミネルヴァ書房）、『憲法のレシピ』（共著、尚学社）、『子ども中心の教育法理論に向けて』（共著、エイデル研究所）

齋藤ひろみ（さいとう　ひろみ）　東京学芸大学准教授
【専門】日本語教育　【著書など】『多文化共生の学校づくり　横浜市立いちょう小学校の挑戦』（共著、明石書店）、『外国人児童の「教科と日本語」シリーズ　小学校JSLカリキュラム「解説」』『外国人児童の「教科と日本語」シリーズ　小学校「国語科」の授業作り』（スリーエーネットワーク）

菅　美弥（すが　みや）　東京学芸大学准教授
【専門】アメリカ史、移民・エスニック研究　【著書など】「人の移動をめぐるトランスナショナル・ヒストリー（越境史）」（『アメリカ史研究』30）、"Diversity within “Nikkei”: the Demographic Background and Multiple Identities of the Japanese Population in the U.S.," （*The World of Transnational Asian Americans*, the University of Tokyo）

諏訪部浩一（すわべ　こういち）　東京大学大学院准教授
【専門】アメリカ文学、アメリカ文化、言語態　【著書など】*A Faulkner Bibliography*. Buffalo, New York: Center Working Papers

林　邦夫（はやし　くにお）　東京学芸大学教授
【専門】スペイン中近世史　【著書など】『エル・シッド　中世スペインの英雄』（翻訳、法政大学出版局）、『コルドバの殉教者たち　イスラム・スペインのキリスト教徒』（翻訳、刀水書房）、『学問への旅　ヨーロッパ中世』（共著、山川出版社）

藤井　健志（ふじい　たけし）　東京学芸大学教授
【専門】日本近代宗教史　【著書など】「戦後台湾における日本宗教の展開」（『宗教と社会』13）、『日中両国の視点から語る植民地期満洲の宗教』（共著、柏書房）、「戦前における仏教の東アジア布教」（『近代仏教』6）

藤井　穂高（ふじい　ほだか）　東京学芸大学准教授
【専門】教育制度論　【著書など】『フランス保育制度史研究』（東信堂）、「フランスにおける義務教育の問題構成」（『比較教育学研究』27）、「フランス公教育における非宗教性原則の問題構成」（『日本教育制度学会紀要』12）

松岡　榮志（まつおか　えいじ）　東京学芸大学教授、一橋大学大学院連携教授
【専門】魏晋南北朝文学、中国語教育、中国語文献情報処理　【著書など】『超級クラウン中日辞典』（編集主幹、三省堂）、『歴史書の文体』（樹花舎）、『漢字とコンピュータ』（共著、大修館書店）

吉野　晃（よしの　あきら）　東京学芸大学教授
【専門】社会人類学　【著書など】『中国・東南アジア大陸部の国境地域における諸民族文化の動態』（共著、国立民族学博物館）、『中国の民族表象‐南部諸地域の人類学・歴史学的研究』（共著、風響社）、『講座　世界の先住民族‐ファースト・ピープルズの現在‐02東南アジア』（共著、明石書店）

多言語・多文化社会へのまなざし
ー新しい共生への視点と教育

2008年3月31日　　初版発行
2009年1月13日　　第2刷発行

編　者　赤司英一郎・荻野文隆・松岡榮志
発行者　佐藤康夫
発行所　白 帝 社
〒171-0014 東京都豊島区池袋2-65-1
電話　03-3986-3271　FAX　03-3986-3272
http://www.hakuteisha.co.jp/

印刷 (株) 平文社　製本 若林製本所

Printed in Japan 〈検印省略〉6914　　ISBN978-4-89174-917-0